普通高等教育"十四五"旅游与饭店管理及会展策划与管理专业系列教材

总主编 刘 住

U0719714

旅游资源学

主 编 唐云松
副主编 肖爱连

西安交通大学出版社
XI'AN JIAOTONG UNIVERSITY PRESS

内 容 提 要

　　旅游资源学是旅游专业的基础课程，是培养旅游专业人才的起点。本书由教学经验丰富的教师团队参与编写。全书体例完整、结构清晰、内容充实，比较系统地讲解了各类旅游资源的特点、成因、评价方法、开发条件、开发模式选择。全书总共分为九章，以独特的视角分析评价旅游资源，发掘旅游资源特色，利用美学理论、文化学理论、经济学理论、市场学理论、可持续发展理论指导该书的编写。同时，注重国内外旅游资源利用成功案例的分析，注重理论与实践相结合，注重教学的实用性，注重学生国际视野、动手能力和创新能力的培养。

　　本书可作为普通高等院校旅游管理、酒店管理及相关专业的教学用书，也可作为旅游职业教育、旅游行业的培训教材，还可作为一般旅游服务人员和旅游爱好者的参考用书。

前言 Foreword

　　"旅游资源学"是旅游专业的基础课程,也是培养旅游专业人才的起点课程。对旅游资源的正确认识、超前认识,可以给旅游开发工作带来巨大的经济效益、社会效益、环境效益。基于此观点,我们组织编写了本教材,希望能够为培养新型旅游管理人才服务。

　　旅游资源是旅游开发的基础,是不可再生的资源。如何保护性开发、可持续利用旅游资源? 如何避免"开发就是破坏的开始"? 如何创新性地开发各种传统旅游资源? 如何整体性开发旅游资源? 这些都是本教材要探讨和解决的问题。本书由教学经验丰富的教师团队参与编写。全书体例完整、结构清晰、内容充实,比较系统地讲解了各类旅游资源的特点、成因、评价方法、开发条件、开发模式选择。全书总共分为九章:第一章介绍了地质地貌旅游资源,第二章介绍了水体旅游资源,第三章介绍了气象气候旅游资源,第四章介绍了生物旅游资源,第五章介绍了历史文化旅游资源,第六章介绍了中国园林旅游资源,第七章介绍了民风民俗旅游资源,第八章介绍了乡村旅游资源,第九章介绍了旅游资源开发。

　　本书由湖南大学唐云松和湖南涉外经济学院肖爱连、谭丹、陈奎、陈胜科、刘浪浪参与编写。其中,唐云松编写了第二、四、五、八章内容,肖爱连编写了第一章内容,谭丹编写了第三章内容,陈奎编写了第六章内容,陈胜科编写了第七章内容,唐云松、刘浪浪编写了第九章内容。全书由唐云松担任主编并负责全书的统稿工作,由肖爱连担任本书的副主编。

　　本书是编者长期教学实践的成果,是集体智慧的结晶,力求学习者能对旅游资源等相关知识有较深刻的理解和全面的把握,以达到培养高素质、复合型旅游人才的目的。本书可作为高等院校旅游管理、酒店管理等专业的教学用书,也可作为行业从业人员的学习参考用书和相关企业的岗位培训教材。

　　本书在编写过程中得到了有关领导、专家、研究生的大力支持和帮助,在此表示最诚挚的感谢。在编写过程中,我们参考了大量相关教材、著作、论文和网络资料,在此向相关作者一并表示衷心的感谢。另外,特别感谢西安交通大学出版社李逢国编辑对本书所付出的认真、细致的编辑工作。

　　由于编者的能力和学术水平有限,加之时间仓促,书中难免有疏漏和不足之处,肯请广大读者批评指正,以期本书能够不断完善、提升。

唐云松

2018 年 12 月于长沙岳麓山下

目录 Contents

绪　　论

随着经济发展,人民的收入水平得到了提高,加上交通的现代化,现代旅游业得到了迅速发展,中国的旅游业发展尤其为甚。2013 年,中国旅游业增加值占全球 GDP 的 9.5％,对全球经济增长的贡献达 3.1％,创造了 1 亿多个直接就业岗位。旅游业对住宿餐饮业的贡献率超过 90％,对民航和铁路客运业的贡献率超过 80％。文化和旅游部预测,中国的旅游业还存在巨大发展潜力,未来将成为全球最大国内旅游市场。

任何产业的发展,都是基于资源之上的,如工业的发展是基于矿产资源之上,农业的发展离不开土地资源,旅游业的发展离不开旅游资源。旅游资源是区域旅游业产生和发展的基础,旅游业的兴旺发达,在一定程度上取决于旅游资源的丰度和资源开发价值的大小。在此形势下,对如何合理地利用和科学地管理旅游资源的研究对国民经济和旅游业的健康持续发展是十分有意义的。

第一节　旅游资源概述

一、旅游资源的概念

旅游资源在国外被称作吸引物(tourist attraction),是指旅游地吸引旅游者的所有因素的总和。在我国,随着旅游业的发展,"旅游资源"这一名词已被人们所认同,并广泛得到应用。许多学者对这一概念,进行了诸多积极探讨,然而到目前为止,由于人们着眼点不同,对旅游资源这一概念的具体界定存在着明显不同的认识,提出了许多关于"旅游资源"的概念的阐述。例如:

凡事足以吸引旅游者的自然因素和社会因素均统称为旅游资源。

凡能为人们提供旅游观赏、知识乐趣、度假疗养、娱乐、休息、探险猎奇、考察研究及人们之间友好往来和消磨闲暇时间的客体和劳务都可以称为旅游资源。

凡能激发旅游者旅游动机、能为旅游业所利用的,并由此而产生经济效益和社会效益的自然和社会的实在物也可称为旅游资源。

在现实条件下,凡是能够吸引人们产生旅游动机并进行旅游活动的各种因素的总和称为旅游资源。

凡是能够吸引旅游者进行各种旅游活动的自然和社会因素及其产物都可以称之为旅游资源。

在自然和人类社会中,凡是能够激发旅游者旅游动机并进行旅游活动,为旅游业所利用并能产生经济、社会和生态效益的客体称为旅游资源。

在特定时代和地域空间中,人类认知能力所能够发现的一切具有旅游吸引力的客观存在称为旅游资源。

由旅游地资源、旅游服务及其设施、旅游客源市场三大要素构成的相互吸引、相互制约的有机系统称为旅游资源,它是有关这三大要素相互吸引向性的总和。

原国家旅游局资源开发司与中国科学院地理研究所1992年出版的《中国旅游普查规范》中将旅游资源定义为:"自然界和人类社会凡能够对旅游者产生吸引力,可以为旅游业开发利用,并可产生经济效益、社会效益和环境效益的各种事物和因素,都可视为旅游资源。"

此外,中国科学院遥感应用研究所阎守邕等人1986年利用微机建立中国旅游资源信息系统时,除传统的自然、人文资源外,还将旅游商品、旅游设施、交通设施也列入旅游资源。中国科学技术出版社1992年出版的《中国地理环境与自然资源》中,将饮食业、旅游业、商业列入旅游资源。谢彦君在1995年发表的文章认为,旅游资源除了旅游地吸引物外,还应包括旅游者和各种能传达旅游相关信息的标识物(如广告、宣传品等)在内。

20世纪90年代初期,国家为开展旅游资源普查,组织旅游及各方面专家对旅游资源的内涵和外延进行了广泛研究,在上述观点的基础上,对"旅游资源"定义认为:"自然界和人类社会凡能对旅游者产生吸引力,可以为旅游业开发利用,并可产生经济效益、社会效益和环境效益的各种事物和因素,都可视为旅游资源。"

上述定义,多从旅游资源的功能和个别特性出发,没有反映旅游资源的本质属性。要给旅游资源下一个能反映其本质特征的概念,应该先从旅游资源的内涵入手,只有正确地把握旅游资源的内涵,充分理解其外延,才能对旅游资源这一概念提出科学的定义。

二、旅游资源的特征

旅游资源的内涵是旅游资源各种特性的总和,是旅游资源各种特性的综合反映。从强调学科理论系统和经济意义的角度出发,与其他所有的产业资源进行比较,可以认为旅游资源具有六个方面的基本特性,可以被表述为广泛多样性、不可移动性、环境依存性、可直接消费性、塑损两面性和被动外向性。

1. 广泛多样性

旅游资源既是旅游产品的前提和基础,又是旅游产品的核心构成。根据前面的定义,旅游业可以凭借和利用的资源的广泛丰富是其他任何产业无法与之相比的。旅游业所凭借和利用的资源可分为两大类,一类是与三大产业共享的资源,另一类是旅游业独享的资源,即通常特称的旅游资源。旅游资源包括自然性资源、历史性资源和社会性资源。几乎没有什么事物和因素不可以为旅游业所利用,从而意味着旅游业是一个潜力巨大的产业。

2. 不可移动性

除了现代人造旅游资源外,旅游资源是天生地设的、先人遗留的或传统形成的,既具有地理位置的固着性,又具有历史时代的传承性,时空内涵是其独有的魅力和价值,从而使旅游产品之间不存在相互替代性(与一般产品相比)。无论现在还是未来,人们都不能对原生的、最能吸引大众旅游活动的自然和社会性旅游资源作移动利用,也无法对其作"传神"的仿制。

3. 环境依存性

不可移动性进一步表明,旅游资源无不是与所处环境相伴生辉的。环境是旅游景观中的大尺度吸引因素,环境是旅游产品必不可少的大包装。一般产业的资源和产品与环境可以分离,通常也必须分离,消费者消费资源和产品时通常不用考虑其环境,也不会消费环境。旅游资源和产品与环境却不可分离,只有处在其自身存在的自然环境、社会环境或文化氛围中,才能充分体现其价值,予人以完整的欣赏体验效果。旅游者消费旅游资源和产品时必然要考虑其环境,也必然要消费环境。这是旅游资源与一般产业资源的另一个显著差异,它意味着,旅

— 2 —

游业的发展比其他产业的发展更需要重视环境保护,越要发挥旅游资源的经济功能,就越应保持和发挥旅游资源的社会、生态和文化功能。

4. 可直接消费性

既然旅游资源可直接利用,那么,旅游资源就可构成旅游产品的核心部分直接供游客消费。一般资源不能在保持原有品质和形态的状况下,直接作为产品的部分供人消费,只能作为生产原料或元素经高强度的改造、制作或加工后形成产品,其品质和形态几乎完全消失在产品中。但旅游资源则可以在保持既有品质和形态的状况下直接供游客消费,带给游客满足。二者这种差异的根本原因在于,一般产业资源本身不是消费者吸引物,而旅游业所仰赖的旅游资源本身就是旅游消费者吸引物,本身就具有或可以具有直接供旅游者消费的旅游产品的使用价值,旅游消费者最愿意购买或消费的是旅游资源本身的使用价值。因此,就自然和社会性旅游资源而言,尽可能保持其本色和原貌,是使旅游产品具有强大吸引力和持久生命力的首要任务。

5. 塑损两面性

与一般产品的资源不同,旅游资源作为旅游产品的核心成分具有恒值性,其价值和使用价值可以不因旅游消费活动的影响而贬损或丧失,可以持续不断地供不同的旅游者消费,同时保持其吸引力。加上旅游资源的整合力,使其又具有很强的可塑性,从而说明旅游产业经济具有可持续发展的优势。但另一方面,旅游资源又因具有旅游产品的使用价值,尤其是观赏价值,以及不可仿制和复制,而比一般产业资源易受损害,并且一旦受损,就难以恢复,甚至永远消失。可塑性与易损性的并存是旅游资源的一个突出矛盾,它说明人们的行为既可以使旅游业成为"永远朝阳型"产业,也可以毁掉旅游业。旅游经济可持续发展观的提出正是对此矛盾的合理回应。

6. 被动外向性

一般资源和产品可以主动走向四面八方供生产和消费,但是旅游资源的不可移动性决定了旅游产品整体上不可移动,所以,旅游资源和旅游产品只能被动地呆在原地,等待旅游产品的主体——旅游者主动移动前来消费。满足旅游者大范围移动的需要,滋生了旅行社服务和导游服务,并为大量的一般性服务行业创造了新的机会,产生了非常巨大的经济乘数效应。同时,旅游者移动也给不同国家、不同民族、不同文化的大规模直接接触、交流、理解和认同创造了最佳途径。

旅游资源的这六大特性是相互联系、相互印证的,既直接体现了旅游资源的本质内涵,又能涵盖和说明旅游资源的诸多外部特征,也为进一步探讨旅游业的本质属性和产业地位,认识和刻画旅游产品、旅游供给和需求、旅游市场、旅游消费、旅游投资的特性特点,奠定了更系统而可靠的理论基础。

第二节　旅游资源学的研究对象、内容和方法

一、旅游资源学的研究对象与内容

旅游资源学是专门研究旅游资源的形成、特点、分类、分区、开发利用和保护建设的一门综合性学科。旅游资源学的内容涉及很多相关学科,因此它也是一门边缘学科。旅游资源学研究的内容包括:旅游资源形成的基本条件,旅游资源的特征、分类和分区,旅游资源调查与评价

的内容与方法,旅游资源开发规划的原则、内容、方式、程序、方法以及旅游资源和旅游环境的保护对策。

(一)研究旅游资源形成的自然环境、社会条件与历史背景

地球约有 45 亿年的历史,在漫长的演变过程中,经历了沧海桑田的巨大变化。地壳发展的历史是各种自然景观资源形成的历史,是不同时期地质作用的产物和自然记录。

1.内外动力地质作用

在地质历史中,地壳受到广泛的内力作用,产生变形或变位,使地面抬升或沉降,产生褶皱、节理或断裂,从而形成大陆和海洋、山脉和裂谷、高原和盆地以及火山等各种地貌形态。与此同时,来自地球外部的动力通过风化、剥蚀、搬运、沉积和成岩等作用,对由内力作用所形成的各种地表形态进行破坏、改造和精雕细刻。由于各种岩石的矿物成分、化学成分、胶结程度、结构构造、产出状态不同,它们抵抗风化和其他外力侵蚀作用的程度也不一样,反映在地表形态特征上,更是差异显著,从而形成了丰富多彩和具有旅游价值的地貌景观旅游资源。

从总的地壳发展来看,内力作用占着主导地位,其作用的趋势是在改造地壳的特质和构造的同时使地壳表面变得高低不平。地壳运动主要表现形式有垂直运动和水平运动,虽然这些运动在短时间内难以为人类所察觉,但长期的发展规模宏大且猛烈。地壳不同部位受到强烈挤压、拉伸或扭动,会产生褶皱、断裂或扭曲,从而塑造出各种造型的地质地貌景观。各种不同的岩石由于本身性质的差异,往往构成奇特的造型景观。外力作用是在内力作用的基础上改造地壳表面的物质,同时削高填注,从而使地表趋于起伏较小的平缓状态。风化作用十分普遍,造就了许多天然奇观和典型的地质景观。剥蚀作用与搬运作用形成的地质景观更是多种多样。由于地表水和地下水在可溶性岩区的溶蚀、沉积作用,造就了诸如桂林山水和昆明石林等喀斯特观赏景观。由于地表水的强烈冲蚀、切蚀、磨蚀等侵蚀作用,形成了诸如峡谷等有价值的景观。由于海水侵蚀作用,形成了海滩、海蚀崖、海蚀柱、海蚀洞穴等旅游胜地。雪山上的冰塔林、高山上的冰川湖和沙漠戈壁上的"蘑菇石"、沙海绿洲等是冰川剥蚀消融和风沙吹蚀等外动力地质作用铸造的奇观。

总之,在内、外力地质作用下,地壳物质组成、构造和地表形态不断在变化发展。目前地球上的各种自然风光资源,主要是内、外力地质长期作用、发展变化的结果,是不同时期地质作用的自然记录,也是研究地壳发展历史的最新"史料"。

2.不同区域的气候差异对旅游资源产生不同作用

旅游资源分布具有明显的纬度地带性、经度地带性、垂直地带性和集中性特性。

(1)纬度地带性特征主要是由于气候差异造成的。在气温高、降水充沛、气候湿热的热带和亚热带,地表和地下岩溶十分发育,可形成我国南方各种类型的岩溶地貌和溶洞、地下河。在中纬度沿海地区,由于海水温度适宜,阳光充足,形成了众多的海滨、海岛旅游景区和景点。温带气温较低,降水量较小,地表岩溶也较发育,如华北地区。由于人口密集,陆上旅游资源十分丰富,一些名山大川文化古迹,多在中纬度地区。

(2)经度地带性主要受气候干湿程度的制约。一般说来,距海洋越远,大气降水越少,植被覆盖越差,气候越加干燥,风沙作用也越大。造成了海滨沙丘旅游资源、内陆河湖景观、高原景观和沙漠中的残山、奇石、风蚀地貌景观。

(3)垂直地带性是由于气温和热量随高度变化而形成的。西北山区和青藏高原有著名的冰山雪峰,多为冰原或冰川覆盖,是登山旅游、科学考察和冰雪运动的理想之处。中高山地区,多深谷险滩,是探险旅游者漂流和进行深山考察的佳境。平原和山地交接地带,形成奇险的陡壁、悬崖、峡谷、深堑,往往成为幽洞、瀑布、深潭、温泉、溪流等风景秀美之地。众多名山即分布在这些地带。对于海拔较高的山脉自身也存在垂直分带性,形成不同类型的动植物组合的规律性分布。

(4)集中性特性是地球内外力综合作用的结果。资源有大范围的集中,也有小范围的集中;有团块状集中,也有条带状集中。我国碳酸盐类地层分布就是团状集中,而火山岩的分布则集中成条带状。矿泉和湖泊的分布也表现出明显的集中性。

3. 自然景观资源与人文景观资源的结合

人文景观资源是人类活动的历史遗迹,是人类改造自然的客观记录。因此,自然环境是人文景观资源的载体,对人文景观资源的形成有重大影响:一方面,自然环境是基础,有什么样的自然环境,形成的人文遗迹必然与之相适应。由于自然环境的差异,在不同自然环境基础上形成不同的人文旅游资源存在明显的地域分异规律,如我国西部的大漠风光和西部文化遗迹,黄河中下游古文化遗址,西南岩溶景观和少数民族风情旅游资源,青藏高原登山探险和宗教文化旅游资源等。另一方面,以自然景观资源为载体的人文景观资源,构成相互融合的旅游资源,必将大大提高旅游资源的整体价值,如我国陆上的丝绸之路,川西沪沽湖母系社会观光旅游资源等。

人文景观资源分为两类:一是人类生产、生活遗迹,二是文化等其他活动的遗迹。前一类人文景观资源,是人类在适宜的自然环境下,在改造自然基础上的人类活动遗迹,往往与人文景观所依托的自然条件共同构成整体旅游资源,如各类古代墓穴、古代水利工程等。这些人文遗迹是在一定条件下才保存下来,各种相关资源已经形成了一个相互联系和依托的自然系统。对这类资源的保护,离不开对地质条件研究基础上的系统规划。文化旅游资源与自然景观资源的融合,更加起到整体旅游资源升值的效果。如佛教、道教的各种庙宇以及各种名人故居,往往是以山川为载体。文化气息为山川增加了内涵,优美的自然环境衬托出文化的高深脱俗,二者的和谐本身就是极具特色的旅游资源。另外,像三峡自然景观中的文化遗迹、各种溶洞、石林中的名人书刻,无不成为自然景观资源的重要组成部分并为之添彩增色。

自然资源的景观能使游客形成属于自己的认识,体现景点的不同特质;人文景观的历史内涵,从亲身游感知和心理品味到感悟古人哲理思想内涵的完整过程,属于资源的最高层次,即理性层次。二者互相结合,互相依赖,达到具有更深的文化蕴涵与更高的审美魅力的层次,能够实现人文景观与自然景观的资源综合价值。

(二)研究旅游资源的合理保护对策

保护旅游资源是维系人类生存环境条件、继承和延续人类文明成果的重要方面,是衡量一个国家和民族是否具有远见卓识和文明觉悟程度的重要标志。要从可持续旅游发展的高度,切实保护好旅游资源。1995年通过的《旅游可持续发展宪章》指出:旅游可持续发展的实质是要求旅游与自然、文化和人类的生存环境成为一个整体,以协调和平衡彼此间的关系,在全球范围内实现经济发展目标与社会发展目标的统一。应当承认,经济开发与资源保护是有一定矛盾的,但如果能正确规划、科学安排,两者是有可能得到完满的统一的。一般地说,对资源的合理开发是一种最好的保护。我们既不能脱离国家和地方现有条件、水平和需要,离开经济建设和旅业业发展,单纯强调旅游资源的保护;又不能片面追求经济利益,忽视对旅游资源的保护;更不能以牺牲旅游资源和环境为代价,去换取一时的经济效益。

(三)旅游资源的分类

在中国,对于旅游资源的分类,不同的部门有不同的分类体系,执行不同的标准。主要有建设部门提出并归口的《风景名胜区规划规范》、旅游部门提出并归口的《旅游资源分类、调查与评价》、林业部门提出并归口的《自然保护区生态旅游规划技术标准》《中国森林公园风景资源质量等级评定》等。

1.住建部门的风景资源分类

住建部门在风景名胜区建设中,执行的是国家标准《风景名胜区规划规范》(GB 50298—1999)。该标准将风景资源分为自然资源和人文资源两大类,每一大类下面又分为4个种类,每个种类又分为若干小类,如表1-1所示。

表1-1 风景资源分类

大类	中类	小类
自然资源	1.天景	(1)日月星光;(2)虹霞蜃景;(3)风雨阴晴;(4)气候景象;(5)自然声象;(6)云雾景观;(7)冰雪霜露;(8)其他天景
	2.地景	(1)大尺度山地;(2)山景;(3)奇峰;(4)峡谷;(5)洞府;(6)石林石景;(7)沙景沙漠;(8)火山熔岩;(9)蚀余景观;(10)洲岛屿礁;(11)海岸景观;(12)海底地形;(13)地质珍迹;(14)其他地景
	3.水景	(1)泉井;(2)溪流;(3)江河;(4)湖泊;(5)潭池;(6)瀑布跌水;(7)沼泽滩涂;(8)海湾海域;(9)冰雪冰川;(10)其他水景
	4.生景	(1)森林;(2)草地草原;(3)古树古木;(4)珍稀生物;(5)植物生态类群;(6)动物群栖息地;(7)物候季相景观;(8)其他生物景观
人文资源	1.园景	(1)历史名园;(2)现代公园;(3)植物园;(4)动物园;(5)庭宅花园;(6)专类游园;(7)陵园墓园;(8)其他园景
	2.建筑	(1)风景建筑;(2)民居宗祠;(3)文娱建筑;(4)商业服务建筑;(5)宫殿衙署;(6)宗教建筑;(7)纪念建筑;(8)工交建筑;(9)工程构筑物;(10)其他建筑
	3.胜迹	(1)遗址遗迹;(2)摩崖题刻;(3)石窟;(4)雕塑;(5)纪念地;(6)科技工程;(7)游娱文体场地;(8)其他胜迹
	4.风物	(1)节假庆典;(2)民族民俗;(3)宗教礼仪;(4)神话传说;(5)民间文艺;(6)地方人物;(7)地方物产;(8)其他风物

2.旅游部门的旅游资源分类

对于旅游资源的分类,旅游部门执行的是国家标准《旅游资源分类、调查与评价》(GB 18972—2003),该标准从旅游资源单体入手,基本上涵盖了所有的旅游资源类型,既包括自然旅游资源,又包括了人文旅游资源。这个分类体系把所有的旅游资源分为了8个主类、31个亚类、155个基本类型,如表1-2所示。但该标准主要强调旅游资源的单体属性。

表1-2　旅游部门对旅游资源的具体分类

主类	亚类	基本类型
A 地文景观	AA 综合自然旅游地	AAA 山丘型旅游地;AAB 谷地型旅游地;AAC 沙砾石地型旅游地;AAD 滩地型旅游地;AAE 奇异自然现象;AAF 自然标志地;AAG 垂直自然地带
	AB 沉积与构造	ABA 断层景观;ABB 褶曲景观;ABC 节理景观;ABD 地层剖面;ABE 钙华与泉华;ABF 矿点矿脉与矿石积聚地;ABG 生物化石点
	AC 地质地貌过程形迹	ACA 凸峰;ACB 独峰;ACC 峰丛;ACD 石(土)林;ACE 奇特与象形山石;ACF 岩壁与岩缝;ACG 峡谷段落;ACH 沟壑地;ACI 丹霞;ACJ 雅丹;ACK 堆石洞;ACL 岩石洞与岩穴;ACM 沙丘地;ACN 岸滩
	AD 自然变动遗迹	ADA 重力堆积体;ADB 泥石流堆积;ADC 地震遗迹;ADD 陷落地;ADE 火山与熔岩;ADF 冰川堆积体;ADG 冰川侵蚀遗迹
	AE 岛礁	AEA 岛区;AEB 岩礁
B 水域风光	BA 河段	BAA 观光游憩河;BAB 暗河河段;BAC 古河道段落
	BB 天然湖泊与池沼	BBA 观光游憩湖区;BBB 沼泽与湿地;BBC 潭池
	BC 瀑布	BCA 悬瀑;BCB 跌水
	BD 泉	BDA 冷泉;BDB 地热与温泉
	BE 河口与海面	BEA 观光游憩海域;BEB 涌潮现象;BEC 击浪现象
	BF 冰雪地	BFA 冰川观光地;BFB 长年积雪地
C 生物景观	CA 树木	CAA 林地;CAB 丛树;CAC 独树
	CB 草原与草地	CBA 草地;CBB 疏林草地
	CC 花卉地	CCA 草场花卉地;CCB 林间花卉地
	CD 野生动物栖息地	CDA 水生动物栖息地;CDB 陆地动物栖息地;CDC 鸟类栖息地;CDE 蝶类栖息地
D 天象与气象景观	DA 光现象	DAA 日月星辰观察地;DAB 光环现象观察地;DAC 海市蜃楼现象多发地
	DB 天气与气候现象	DBA 云雾多发区;DBB 避暑气候地;DBC 避寒气候地;DBD 极端与特殊气候显示地;DBE 物候景观

续表 1－2

主类	亚类	基本类型
E 遗址遗迹	EA 史前人类活动场所	EAA 人类活动遗;EAB 文化层;EAC 文物散落地;EAD 原始聚落
	EB 社会经济文化活动遗址遗迹	EBA 历史事件发生地;EBB 军事遗址与古战场;EBC 废弃寺庙;EBD 废弃生产地;EBE 交通遗迹;EBF 废城与聚落遗迹;EBG 长城遗迹;EBH 烽燧
F 建筑与设施	FA 综合人文旅游地	FAA 教学科研实验场所;FAB 康体游乐休闲度假地;FAC 宗教与祭祀活动场所;FAD 园林游憩区域;FAE 文化活动场所;FAF 建设工程与生产地;FAG 社会与商贸活动场所;FAH 动物与植物展示地;FAI 军事观光地;FAJ 边境口岸;FAK 景物观赏点
	FB 单体活动场馆	FBA 聚会接待厅堂(室);FBB 祭拜场馆;FBC 展示演示场馆;FBD 体育健身馆场;FBE 歌舞游乐场馆
	FC 景观建筑与附属型建筑	FCA 佛塔;FCB 塔形建筑物;FCC 楼阁;FCD 石窟;FCE 长城段落;FCF 城(堡);FCG 摩崖字画;FCH 碑碣(林);FCI 广场;FCJ 人工洞穴;FCK 建筑小品
	FD 居住地与社区	FDA 传统与乡土建筑;FDB 特色街巷;FDC 特色社区;FDD 名人故居与历史纪念建筑;FDE 书院;FDF 会馆;FDG 特色店铺;FDH 特色市场
	E 归葬地	FEA 陵区陵园;FEB 墓(群);FEC 悬棺
	FF 交通建筑	FFA 桥;FFB 车站;FFC 港口渡口与码头;FFD 航空港;FFE 栈道
	FG 水工建筑	FGA 水库观光游憩区段;FGB 水井;FGC 运河与渠道段落;FGD 堤坝段落;FGE 灌区;FGF 提水设施
G 旅游商品	GA 地方旅游商品	GAA 菜品饮食;GAB 农林畜产品与制品;GAC 水产品与制品;GAD 中草药材及制品;GAE 传统手工产品与工艺品;GAF 日用工业品;GAG 其他物品
H 人文活动	HA 人事记录	HAA 人物;HAB 事件
	HB 艺术	HBA 文艺团体;HBB 文学艺术作品
	HC 民间习俗	HCA 地方风俗与民间礼仪;HCB 民间节庆;HCC 民间演艺;HCD 民间健身活动与赛事;HCE 宗教活动;HCF 庙会与民间集会;HCG 饮食习俗;HGH 特色服饰
	HD 现代节庆	HDA 旅游节;HDB 文化节;HDC 商贸农事节;HDD 体育节
8 主类	31 亚类	155 基本类型

虽然分类体系和标准不同主要体现管理部门的需要,但是其背后的科学机理是基本相同的:按照分类和分层相结合的思路,以多层级和多类型构成一个矩阵式的资源构造体系。

(1)分类层次基本一致。各种标准都将旅游吸引物分为2~3个层级,如《旅游资源分类、调查与评价》将旅游资源分为主类—亚类—基本类型三个层级,《风景名胜区规划规范》将风景资源分为大类—中类—小类三个层级。《中国森林公园风景资源质量等级评定》《自然保护区生态旅游规划技术规程》将风景资源分为两级。

(2)类型构成基本一致。各种类型分类方式都是将所有的旅游吸引物大致分为人文吸引物、自然吸引物两大类。根据格子的考虑有所侧重、突出或增加类型。如《风景名胜区规划规范》将风景资源分为自然资源和人文资源;《旅游资源分类、调查与评价》将旅游资源扩充为8个主类,地文、水文、天象、生物4个主类为自然资源,遗址遗迹、建筑与设施、旅游商品、人文活动4个主类为人文资源。

本书参考《旅游资源分类、调查与评价》《风景名胜区规划规范》等其他学者的分类,以复合资源分类法,先根据资源的类型、属性和成景条件将旅游资源分为自然景观和人文景观两个大类,再按照大类的功能、开发和活动方式来划分10个小类,并将这10个小类分成十章分别阐述,然后对旅游资源的开发条件和开发模式进行分析。所以全书的框架即为三部分,第一部分为自然旅游资源:第一章为地质地貌旅游资源,第二章为水体旅游资源,第三章为气象气候旅游资源,第四章为生物旅游资源;第二部分为人文旅游资源:第五章为历史文化旅游资源,第六章为宗教旅游资源,第七章为古典园林旅游资源,第八章为民风民俗旅游资源,第九章为都市城镇类旅游资源,第十章为乡村类旅游资源;第三部分为旅游资源的开发条件和模式:第十一章为旅游资源开发条件分析。

(四)旅游资源学的研究方法

对旅游资源学的研究,首先要从对旅游资源的认识开始,旅游资源的认识可以通过调查和联系历史等方式进行,目前主要的研究方法有三种,分别是实地调查法、社会调查法和3S技术。

1.实地调查法

旅游资源种类繁多,各自有着与所处环境适应的、特有的演化规律与进程。要认识旅游资源,掌握旅游资源的形成机制,揭示与比较旅游资源的历史、科学、艺术价值,就必须深入实地考察。尤其是自然旅游资源,它是由地质、地貌、水文、气候、动物、植物等自然条件在内外应力长期作用下形成的,是各种自然因子综合影响的结果。因此对它的认识与了解,更要从资源所在地域自然环境的考察、分析着手。通过考察、分析与比较,才能掌握各种旅游资源的特点与魅力,才能提出符合可持续发展要求的利用与保护策略。

2.社会调查法

社会调查法是有目的、有计划、有系统地搜集有关旅游资源现实状况或历史状况材料的方法。它综合运用历史研究法、观察研究法等方法以及谈话、问卷、个案研究、测验或实验等科学方式,对有关社会现象进行有计划的、周密的、系统的了解,并对调查搜集到的大量资料进行分析、综合、比较、归纳,然后依据在调查中所获得的第一手资料来分析和研究社会现象及其内在的规律。对诸如民俗风情、都市文化等人文类旅游资源的认识与利用,对旅游资源开发决策过程中客源市场的定位与分析,对旅游资源开发地区的社会经济、社会环境容量等方面,都必须进行深入的社会调查。社会调查可根据不同目的采用座谈访问、参与观察、社会测量、随机抽样等不同方法进行。

3.历史分析法

研究人类发展的历程,研究人类发展的遗存,了解人类过去的生活环境,判断已经消逝的社会经济形态和社会生活水平,都要采取历史分析的方法。人类及其社会的发展是互相联系而不可分割的整体,在人文旅游资源中,相当部分是人类社会各历史时期生产、生活、宗教、艺术等方面的文化遗产,并且有很强的地方性和民族性。对其研究,只有采用历史分析方法,才能正确判断其历史价值,才能真正了解其产生原因与演化历程。

4. 3S 技术

3S 技术指的是全球定位系统(global positioning system)、地理信息系统(geographic information system)、遥感技术(remote sensing)。它是空间技术、传感器技术、卫星定位与导航技术和计算机技术、通信技术相结合,多学科高度集成的对空间信息进行采集、处理、管理、分析、表达、传播和应用的现代信息技术。遥感技术具有不受地面条件限制、观测范围大、成像周期短等特性,可以弥补传统调查方法中周期长、野外劳动强度大的不足。遥感目前被应用于调查旅游资源现状、探索开拓新旅游资源、旅游资源监测和旅游地图导航图制作等方面。GPS具有观测点之间无需通视、定位精度高、观测时间短、提供三维坐标、全天候作业等特点,其在旅游业主要应用于辅助遥感技术进行旅游资源调查评价、测量高程和导航。GIS 在旅游业应用较为成熟,体现在旅游地理信息系统(TGIS)、旅游空间布局、生态旅游、旅游规划、旅游制图5 个研究方面。移动 GIS 技术在旅游空间定位服务、旅游交通宏观调控、旅游业管理等有着广阔的应用。

第一章 地质地貌旅游资源

学习目标

1. 了解地质地貌的形成及其与旅游的关系
2. 掌握地质地貌旅游资源的类型、成因和旅游价值

主要内容

1. 地质地貌的形成
2. 地质地貌与旅游的关系
3. 地质旅游资源的类型、成因和旅游价值
4. 地貌旅游资源的类型、成因和旅游价值

第一节 地质地貌旅游资源概述

一、地质地貌的形成

地球自形成以来,从未停止其变化和发展,形成地壳的物质及地表形态永远处于变化之中。地质作用(geological process)是地质地貌形成的根本原因。

地质作用是指由于自然动力(即地质营力)所引起的地质(包括地壳物质组成、地质构造)和地貌(地表形态)不断变化的作用。根据地质营力的来源不同,地质作用可分为外营力地质作用和内营力地质作用两大类。

(一)外营力地质作用(exogamic process)

外营力地质作用主要是由地球以外的能源(如太阳能及宇宙空间能等)引起的。其中,太阳的辐射能起着主要作用,它引起了大气圈、水圈、生物圈的物质循环运动,形成了风、流水、冰川等地质营力,从而产生各种地质作用。外营力地质作用主要表现为风化作用、剥蚀作用、搬运作用、沉积作用和成岩作用。

1. 风化作用

风化作用是指由于温度的变化以及大气、生物、水分等的影响,使地表岩石及矿物物理状态、化学成分在原地发生变化的过程。根据作用于岩石的因素和作用的结果,风化过程常分为物理风化、化学风化和生物风化等。风化作用能为其他外营力的作用创造有利条件,加速地貌的发生、发展和堆积物的形成。

2. 剥蚀作用

剥蚀作用也称侵蚀作用,是指流水、风、冰川运动等外营力,对地壳表层岩石、土壤产生破

坏,并使风化破碎的岩石离开原地的作用。按其营力的不同常分为风蚀、水蚀和冰蚀等。其中最常见、最强烈的是地面流水的侵蚀作用。

3.搬运作用

岩石经风化剥蚀形成的碎屑、土壤等,除部分残留在原地外,其余部分会被流水、风力、冰川、海浪等搬运至其他地方,这种作用称为搬运作用。在山坡,风化物在重力的作用下也可直接发生移动。

4.沉积作用

被搬运的物质到达一定场所,因环境变化(如动力减弱,形成超载),便要发生沉积(即卸载),这种作用称为沉积作用。沉积作用常分为机械沉积作用、化学沉积作用和生物沉积作用等。

5.成岩作用

成岩作用是指各种来源的沉积物经过搬运和沉积作用以后,还经过一定的物理的、化学的、生物化学的以及其他的变化和改造,固结成为坚硬的岩石的过程。成岩作用包括压固作用、胶体作用、重结晶作用等。沉积物通过沉积作用和成岩作用形成的岩石称为沉积岩。

外营力地质作用主要发生在地表,它使地壳表层原有的矿物和岩石不断遭到破坏,又不断形成新的矿物和岩石,同时也引起地表形态不断变化。

(二)内营力地质作用(androgenic process)

内营力地质作用是由地球内部的能源引起的。其主要的内能有地球的热能、重力能以及地球自转和转速变化的动能。内营力地质作用主要表现为地壳运动、岩浆活动、变质作用和地震。

1.地壳运动

地壳运动是指主要由内力作用所引起的地壳隆起、拗陷以及形成各种构造形态(如断层、褶皱等)的运动。根据地壳运动的方向性,常分为水平运动和垂直运动两种基本形式。水平运动是指地壳在水平方向的力(即与地面成切线方向的力,包括地壳的压缩和拉张)的作用下所发生的运动。水平运动主要使地壳的岩层弯曲和断裂,形成巨大的褶皱山脉和断裂构造。因此,水平运动又称造山运动。例如我国的昆仑山、祁连山、秦岭、喜马拉雅山以及世界上的许多山脉都是遭受水平方向的挤压力而褶皱隆起的。垂直运动是指地壳在垂直方向的力(即沿着地球半径方向发生的力)的作用下,而沿着地球半径方向发生的上升或下降运动。垂直运动常常表现为规模很大的隆起或拗陷,从而造成地势的高低起伏和海陆变迁。因此,垂直运动又称造陆运动。水平运动和垂直运动是分析地形形成的基础,但是,这两种运动常常是相伴产生、相互联系和相互影响的,运动结果都不能任意地加以分隔和区分。

2.岩浆运动

岩浆是来自上地幔软流层及地壳局部地段富含挥发性成分的、高温熔融状的复杂硅酸盐熔融体。由于岩浆处于地壳深处,所受压力很大,这就使得它总是力图冲破岩层的阻挡,向压力小的方向(一般在地壳上层)流动,即产生岩浆活动。在岩浆活动过程中,岩浆沿着地壳薄弱地带侵入地壳或喷出地表,最后冷凝成岩浆岩。如果岩浆在地壳内部即达到压力平衡,冷凝结晶而成侵入岩。如果岩浆一直上升,直至冲破上覆岩层喷出地表,即为火山喷发,喷发物冷凝而成喷出岩(亦称火山岩)。

3.变质作用

变质作用是指受到地壳运动、岩浆活动或地壳内的热流变化等影响,使地壳中原有岩石(无论是岩浆岩、沉积岩还是变质岩)的矿物成分、结构、构造发生不同程度的变化的作用。一般来说,变质岩的矿物成分比较复杂,既有原有矿物,也有变质过程中新产生的成分。主要的变质岩有大理岩、石英岩、片岩、片麻岩、板岩等。

4.地震

地震是大地的快速震动,属地壳运动的一种特殊形式。地球内能引起的地球内力,作用于地壳,当这种力超过岩层或岩体所能承受的限度时,地壳就会发生断裂、错动,同时急剧地释放出所积聚的能量,并以弹性波的形式向四周传播,引起地表的震动,即为地震。国际上一般用里氏震级(M)来衡量一次地震的大小。陆地上已发生的科学家公认的最大地震为8.9级。

内营力地质作用和外营力地质作用是相互联系的,内力地质作用形成了地表的基本面貌和大的形态,决定了地壳表面的基本特性和内部构造。如使地壳产生变形或变位,使地面抬升或沉降,产生褶皱、节理或断裂,从而形成大陆、海洋、高山、深谷、高原和盆地等各种地貌形态。外营力地质作用通过对由内营力地质作用所形成的各种地表形态进行破坏、改造和精雕细刻,进一步塑造地表形态,从而形成丰富多彩和极具旅游价值的地质地貌旅游资源。总之,地球表面的各种地质地貌,是在内外地质营力的相互作用下,以及地表物质的影响下形成和发展的。由于内外营力在各地区及不同的时间内的组合、作用强度、表现形式不同,各地的地质构造、岩性不同,因而就形成了千差万别的地质地貌形态。

二、地质地貌与旅游的关系

地质地貌不仅是一种重要的旅游资源,而且与其他自然景观的形成和旅游环境的建设有着密不可分的关系,成为影响一个地区旅游业发展的重要自然因素。

(一)地质地貌影响旅游环境

(1)地质地貌是自然环境重要的组成要素之一,不同的地质地貌条件影响到自然环境,进而提供不同的旅游环境。我国地域辽阔,地质条件复杂,不仅山地、丘陵、高原、平原、盆地等常态地貌都有分布,而且在我国独特的自然条件下,还孕育了典型的山岳冰川、冻土、风沙、黄土、红层、岩溶等地貌,以及多种类型的海岸地貌,这些地貌类型构成了各具魅力的自然景观,以及别具特色的社会风情,为开展各种类型的旅游提供了环境基础。此外,在景区景点规划中,景区的划分、道路的规划设计、建筑物及观景点的布设,要做到因地制宜,地貌条件是重要的依据之一。

(2)某些地质地貌变化过程会对旅游带来不利影响,甚至带来灾害。如地震、岩崩、滑坡、泥石流等,会阻塞旅游交通,降低旅游资源价值,威胁旅游者的人身安全,影响旅游活动的开展。因此必须加强对灾害性地质地貌过程的预测或防治。

(二)地质地貌条件影响自然景观的形成

(1)地质地貌是许多自然旅游资源形成的必要条件。除部分气象气候景观外,其他的自然景观总是孕育、诞生于特定的地质地貌中,并和一定特色的地质地貌联系在一起。泰山、华山是在地壳断裂隆起的作用下形成的,五大连池、腾冲温泉是火山活动的杰作。

(2)地质地貌是自然风景的骨架。我国北方多大山脉、大高原、大草原,南方多中小型山脉、丘陵,它们与小平原、盆地交错分布,形成"北雄南秀"的风景特点。砂岩峰林地貌造就"峰三千、水八百"的武陵源景区,岩溶地貌奠定"甲天下"的桂林山水。

(三)地质地貌可以直接形成旅游资源

许多特殊的地质现象,奇异的地貌形态及过程,对旅游者具有强烈的吸引力,直接形成地质地貌旅游资源,成为景区不可或缺的重要组成部分。

(1)有的地质地貌旅游资源成了景区的主景。如云南石林、西岳华山、周口店猿人遗址、自贡恐龙博物馆等。

(2)有的地质地貌旅游资源成了景区的重要配景。有些景区虽不是以地质地貌作为观赏、游览的主体,但地质地貌条件的有利配置,却能很好地烘托出主景,强化主景的美学特征,使林更幽、水更美、园林更自然。如杭州的西湖风景区和四川的九寨沟风景区,虽然吸引游人的主景是水,但其周围的山地对整个景区的秀丽之美却起到了重要的烘托作用。

(4)有的地质地貌旅游资源对景区意境的形成有很大影响。一定的旅游资源实体特征为旅游者所感受,使旅游者能获得一定的寓意和情趣,这就是意境。地貌之所以能起到增加意境的作用,是因为它具有强烈的立体形象感染力。地貌形态不同,往往给人以不同的、明晰的感受。游人身临其境,极易把景与情、境与意融为一体,形成一种思想感情和自然图景相互交融的艺术境界,从而形成不同意境。例如当你站在坦荡的平原或一望无际的高原上,一种视野无限、心胸开阔的感觉油然而生;当你走进深邃的谷地,自然会有一种幽静、深思之情;当你登上高山,举目远望,就会感到心旷神怡和伟大。

三、地质地貌旅游资源的旅游功能

旅游资源最基本的属性是对游客的吸引力,即能够满足游客开展某种旅游活动的需求。地质地貌旅游资源的旅游功能主要有以下几方面。

(一)具有美学观赏价值,可以开展观光旅游

地质地貌所表现出的千姿百态的形态,可以给旅游者以雄、奇、险、幽、旷等多种形态美的感受。如泰山天下雄、黄山天下奇、华山天下险、峨眉天下秀、青城天下幽。

(二)具有科学文化价值,可以开展文化旅游

各种地质现象、地貌形态及其过程,它们的形成、发生、发展,都有一定的规律性和哲理性。有的已被人们所认识,是人类智慧的结晶和宝贵的财富。例如,关于地球表面的基本形态及其成因,流水地貌、喀斯特地貌、风沙地貌、黄土地貌、冰川地貌、海岸地貌等的基本类型、特征及形成等,旅游者在观光游览的过程中,可以结合实际认识有关地质地貌现象,学习有关科学知识,以满足自己求知的需要。还有许多未完全认识的地质地貌现象以及许多藏在深闺人未识的地质地貌旅游资源,吸引着从事科学考察、科学研究和探险的专业人员及爱好者去开展科学考察、科学研究、探险等旅游活动。

(三)具有空间载体功能,可以开展康乐旅游

地质地貌是开展体育、探险等特种旅游活动的空间载体,如登山必须有一定相对高度的山地;海滨沙滩体育运动必须有广阔优质的海滨沙滩;赛车必须有一定起伏的地形;攀岩必须有悬岩峭壁等。

第二节　地质旅游资源

一、岩石矿物景观

(一)岩石景观

平常人们所说的石头,在地质学上叫作岩石。岩石是在一定的地质作用下产生的、由一种或多种矿物组成的地质体。按其成因可将地壳中的岩石分为三大类:岩浆岩(由熔融的岩浆冷凝而形成)、沉积岩(由成岩作用而形成)和变质岩(由变质作用而形成)。据统计,地壳中的岩石不下数千种,但在旅游资源中涉及最多、最易构景的主要有花岗岩、玄武岩、砂岩、石灰岩、页岩、大理岩等少数几种。

此处所言岩石景观以小型或微型类为主,主要有两类。一类是一些小型的奇石、怪石景观,如黄山的"梦笔生花""仙人下棋""猴子观海"等怪石,台北野柳的"女王头""仙女鞋""梅花石"等奇岩。另一类是以自然博物馆中陈列的岩石标本为主的岩石景观,可作为观赏品、参观物和收藏品而被利用。

(二)矿物景观

地壳中的化学元素在各种地质作用下,形成具有一定化学成分和物理性质的天然元素或化合物称为矿物。它是地壳的主要组成物质,大多呈固态的物质结晶体出现在地球外壳。目前世界上已发现的矿物有3000多种,但一般较常见并构成岩石主要成分的矿物数量并不多。矿物的鉴定主要是运用矿物的形态以及矿物物理性质等特征来进行的,一般先从形态(单体矿体、集合体)着手,然后再进行光学性质(颜色、条痕、透明度、光泽)、力学性质(解理、断口、硬度)及其他性质(比重、吸水性、磁性、手模有滑感等)的鉴别。

矿物景观主要是以室内的博物馆和陈列馆参观为多。有些观赏矿物可以经过人为的加工而作为人们的观赏对象,典型的如大理石等装饰材料。还有些观赏矿物不仅可作为微观观赏的对象,同时还具有较强的装饰性、较高的收藏价值,既可作为观赏旅游资源,又可作为旅游商品,如各类宝石。

宝石是矿物的特殊类型。在日常生活中,人们一般称那些颜色鲜艳美观、硬度高(一般在5度以上)、光泽强(金刚光泽和玻璃光泽为多)、折光率高、透明度好(透明的为主)、化学性质稳定和不具气体或液体包裹体的矿物为天然宝石。如金刚石(钻石)、红宝石(刚玉)、蓝宝石(刚玉)、海蓝宝石(绿柱石)、猫眼(金绿宝石为主)、橄榄石、绿柱石、石榴石、水晶等。宝石多原生于超基性或碱性岩浆岩及外生砂矿床中。而广义的宝石还包括各种玉雕石料甚至彩石料。玉通常专指"硬玉"(如翡翠)和"软玉"(如和田玉、蓝田玉、羊脂玉等)。随着时代的发展,宝玉石装饰品将会越来越受到人们的重视,而且人们不仅对珠宝的质量和颜色有所偏爱,同时对不同珠宝玉石品种的象征性也非常重视。

矿产是由一定的地质作用在地壳某一特定地质环境内产生的,并适合于当前开采利用的矿物堆积体。人类对地下矿产开发利用由来已久。矿产作为地质旅游资源,主要是作为科学考察的旅游内容。世界各国许多典型的矿床地每年都要接待大量的科学考察者,如我国的江西钨矿、广西大厂铅矿,南非的金矿,西非的金刚石矿,赞比亚的铜矿,北非的磷矿等。此外,一些贵金属矿、宝石矿产地和一些古代采矿遗迹,也对旅游者具有极大的吸引力,如缅甸的宝玉石产地,南非的金矿博物馆,澳大利亚的墨尔本疏芬山金矿采集遗迹历史公园和金矿博物馆,波兰的卡老盐矿博物馆——"盐晶宫"等都成了当今的旅游热点。我国也在湖北大冶铜绿山铜矿建立了古矿冶炼博物馆,以再现我国古代采矿冶炼的壮观场面,此地已列为国家重点文物保护单位。

二、化石地层景观

(一)化石景观

所谓化石,是指保存在地层中的地质时期的生物遗体、遗物和遗迹。古代生物并不是都能在地层中保存下来成为化石,形成化石的只是其中很小的一部分。这是因为化石的形成必须具备以下基本条件:一是生物死后,生物体必须迅速被掩埋,以防止外界的风化和破坏,一般在滨海、湖泊、洞穴等环境中死亡的生物较易被掩埋而形成化石。二是被掩埋后的生物遗体还要经过充填、交替、蒸馏等不同类型的石化作用才能形成化石,这个石化过程要经历相当长的时期。三是一般必须具有不易分解的生物硬件,如骨骼、牙齿、贝壳、树干、孢粉等。因为那些肌肉、皮肤等软组织不仅易腐烂分解或被其他动物吞食,而且在地层中受到温度、压力等作用,还会迅速分解挥发。可见生物死亡后变成化石并不是一件简单的事。有人作过一些统计,古代生物能够形成化石的比例大约不会超过 5%,也就是说,大部分生物遗体被风化或腐烂掉了。目前已知的保存下来的动植物化石物种,全世界只有 13 万种左右。

由于化石是地质时代留下来的,年代久远,反映了当时的生物及环境状况,对现代人来说具有一定的神秘感,也具有一定的科学研究价值,同时也是进行生物演化、环境变化等科普教育的活教材,因而具有较强的吸引力。许多典型的化石产地,已成为重要的旅游点(地)。

我国是古生物较多的国家之一,具有观赏价值的化石很多,大多都收藏在自然博物馆、地质博物馆和古生物博物馆中。北京地质及自然博物馆、山东山旺古生物化石博物馆、四川自贡恐龙博物馆等都是我国著名的古生物化石博物馆。此外,新疆的化石森林景观(硅化木群)、辽宁朝阳鸟类化石、甘肃合水板桥"黄河剑齿象"化石、新疆吐鲁番藏犀化石、内蒙古札赉诺尔松花江猛犸化石等,都具有重要的科学研究价值和旅游观赏价值。

(二)地层景观

地质工作者为了研究地壳的发展、变化规律,为了矿产资源的寻找和开发,根据生物化石和地壳运动在地层中留下的痕迹,将地球演化的历史顺着从老到新的次序依次划分为太古代、元古代、古生代、中生代、新生代五个大的演化阶段,再在每个代中又划分出若干纪。各代的命名,表示着生物在进化。古生代是指地球上出现古老生命的时代;中生代就是地球历史上生命处于承前启后的阶段;新生代是地球历史上生命发展的新时期;至于太古代和元古代,顾名思义,说明那段历史时期太(次)古老了。而一些"纪"的名称,它们有的来源于地名,有的来源于古民族名。

地层是指在地壳发展过程中形成的各种成层岩石的总称。属哪个地质时代所形成的层状岩石,便称为那个时代的地层。地层与岩层的区别,在于地层具有时代的意义,而岩层是总称,不具时代意义。在地层景观方面意义最重大的是全球层型剖面和点,它是地质旅游资源的重要组成部分,具有观赏价值、科学考察价值和科普知识教育的功能,对于研究某个特定时期的地质发展史、探索生命的起源以及与生命有关的矿产有着重要的意义,在科学研究及地学旅游方面均有较大的开发价值。

我国地层出露较全,许多在国际上具有代表性。如云南昆明晋宁梅树村前寒武纪地层剖面被誉为第一个国际地层剖面。长江三峡保存着从震旦纪到第三纪的地层剖面和丰富的古生物化石,西陵峡莲沱附近的下古生代震旦纪地质剖面被列为世界典型剖面之一。北京地区十三陵盆地元古界剖面,被誉为"天然地质博物馆"。天津蓟州区前寒武纪陆相剖面是世界公认的第一流的发育完善程度最好的中上古界地层,已列入国家级地质自然保护区。特别是2001年3月,国际地质科学联合会将我国浙江省长兴县煤山正式确定为全球二叠系(纪)—三叠系(纪)界线(也是古生代—中生代的界线,是地球历史上三个最重要的断代界线之一,历来是地质学研究的热点)层型剖面和点(CSSP),俗称"金钉子"(golden spike)。"金钉子"的确立标志着所在国的地层研究水平,是一项科学荣誉。这一"金钉子"设在中国,必将引起国际地质学界的重视,对提高我国地球科学的国际地位有重要意义,并将产生附带的社会经济效益。此外,内蒙古东胜区三迭系—中侏罗纪剖面、萨拉乌素组河湖相沉积剖面,宁夏六盘山地质剖面,陕西东秦岭岩相剖面、洛川黄土剖面,四川江油县龙门山泥盆系剖面,河北原阳泥河湾地层剖面,辽宁大连金石滩震旦纪、寒武纪沉积岩剖面等,都是具有科学考察价值和观赏价值的旅游资源。

三、地质构造景观

地质构造主要是指地球内营力地质作用形成的遗迹。典型独特的构造遗迹,不仅具有重要的科学研究价值,而且还具有很高的科普价值和观赏价值。地质构造景观从规模上讲可以分为三级:第一级为陆海构造(大陆与海洋景观);第二级为大地构造(山地、丘陵、平原、盆地和高原景观);第三级为小型褶皱和断裂。第一级和第二级地质构造景观规模较大,一般情况下难以观赏全貌,所以,下面主要介绍第三级地质构造景观。

(一)地壳升降运动遗迹景观

地壳运动的速度是极其缓慢的,除地震、火山喷发外,一般的地壳运动人们在短时间内是不易觉察到的。海陆交界处是观察地壳升降最为敏感的地带,这也是把地壳升降运动遗迹景观称为海陆变迁遗迹景观的原因。世界上最著名的地壳升降运动遗迹景观是意大利那不勒斯湾附近的波簇奥里城北面的塞拉比斯城镇的遗迹。该城镇建于公元前105年古罗马时代,曾遭地震破坏,公元63年修复,维苏威火山爆发后,小镇大部分被火山灰埋没。1749年小镇被从掩埋废墟中发掘了出来。在小镇的废墟中耸立着三根高12米的大理石柱。石柱底端的3.6米因被火山灰掩埋而光洁无痕。但再往上2.7米的一段却布满了被海生动物钻凿的无数小孔,这说明在某一时期内这三根石柱曾被海水淹没了6.3米。据考证,这一地区曾经几度沧桑,大约是在13世纪时下沉入海,18世纪中叶上升露出水面,19世纪初复又下沉,到1945年,三根石柱又已被海水淹没2.5米,现仍以年均17毫米的速度下沉着。再如我国的喜马拉雅山地区,在4000万年前还是一片汪洋大海,在2500万年前从海底升起,200万年前初具规模,现已成为世界上最高的山脉,而且现在还在上升。

(二)断裂景观

断裂是指地壳岩石受力后发生变形变位,形成节理(无明显位移滑动)和断层(有明显位移滑动)的构造。断裂景观以雄伟、陡峭为特色。

1.节理景观

节理又称裂隙,它普遍存在于任何岩石之中,并极少单个出现,往往成组出现。节理可以是内营力地质作用产生的(如由岩浆冷凝收缩而产生的原生节理或因构造运动而形成的次生节理),也可以是风化作用或其他外营力地质作用产生的次生节理。节理的存在,可以加速各种外营力的侵蚀过程,是形成地貌旅游资源的关键。由节理形成的风景旅游点颇多,如石蛋(如黄山的仙桃石)、一线天(如武夷山、黄山等处的一线天)、天然碑林(如福州鼓山喝水岩)、石柱(如海南的天涯海角)、石林(如云南路南石林)、峰林(如武陵源的石英砂岩峰林)等风景景观都与节理有密切关系。

2.断层景观

断层是岩层沿破裂面发生明显位移滑动的断裂构造。沿断裂面上升的部分(地块)叫"地垒",下降的部分(地块)叫"地堑"。大的断层可形成巨大的裂谷(如东非大裂谷)。断层可以使地面造成或大或小的落差,由此而形成气势雄伟的峡谷(如长江三峡)、陡峭幽深的湖盆(如昆明西山滇池)和断崖陡壁的断层山(如泰山、华山、庐山)等。许多断层本身就是著名的风景点,具有较高的观赏价值和重要的科研价值。如台湾的清水断崖,是世界第二大断崖(世界第一大断崖为澳大利亚海湾的纳勒斯平原的海岸),也是我国最大、最险和唯一的海岸断崖。它是由于沿海山地发生断裂,东侧断块陷落而成。这里除少数平原外,都是高峻突兀的基岩海岸,岸壁高达 1800 米,山峰海拔多在 1500～2000 米,其上摩危岩,云烟缭绕,下临海天一色的太平洋,波涛汹涌,景色无比壮观,为"台湾八景"之一。另外我国的郯庐深大断裂(自山东郯城至安徽庐江一线的大断裂)、宁夏银川西北红果子沟和苏峪口断层崖、台湾太鲁阁公园内的锥麓大断崖等也都具有很高的观赏价值和科研价值。

四、火山地震遗迹景观

(一)火山活动及其遗迹

火山喷发是指地下岩浆及有关气体沿着地壳裂缝经常地或周期地喷出地表的现象。火山爆发是世界上最宏伟壮观的自然现象之一,正在喷发的活火山,暂时间断活动的休眠火山以及地质时期活动,但现在已不再喷发的死火山都形成了大量的自然奇观。目前全球共有火山约3000 座,其中活火山 500 多座,它们多处于地壳板块的边缘结合部分,其中主要分布于环太平洋带和地中海—喜马拉雅山带两个地带上。

火山遗迹是指火山喷发留下的各种遗迹,如火山锥、火山口湖、堰塞湖、温泉、熔岩洞穴、熔岩台地等,为旅游者的休养与游憩创造了良好的自然条件。因此,世界各地都开辟有大量火山公园、火山自然保护区和火山旅游区。除此之外,观赏火山喷发、探险休眠火山口也成了当今世界旅游的新视点。如美国的夏威夷火山、日本的富士山、菲律宾的皮图博火山、意大利西西里岛上的埃特纳火山等都是观赏火山喷发、探险休眠火山的胜地。

我国有许多以火山喷发现象和火山活动遗迹为景点的旅游胜地,它们主要集中在东北大小兴安岭、长白山区,台湾,海南岛,雷州半岛,云南腾冲和山西大同等地。黑龙江的五大连池和吉林的长白山天池是我国最著名的火山遗迹奇观,素有"火山地貌博物馆"之称。海南岛北部和雷州半岛约有 100 座火山,以海口市琼山县马鞍岭火山口最为典型,这里熔岩隧道约有70 多条,景色壮观绮丽。云南腾冲火山口温泉群是著名火山温泉群,有大小火山、火山口、火山锥 20 处,周围有温泉群 80 多处,已建立了腾冲火山博物馆。山西大同火山群有火山 30 余座。台湾省北部的大屯火山群和基隆火山群也比较有名,前者已建成"国家公园"。此外,令人最感兴趣的应是黑龙江宁安境内的张广岭上的"地下森林",这里有不少第四纪火山喷发的遗迹,其中的第七个火山口,内壁因长期风化而剥落。由风力和动物粪便带来的植物种子,散落在火山剥离物形成的肥沃土壤中,发芽、生根、发育成茂密的森林。由于这里山高路险,人迹罕至,森林完好地保留至今。高 20～40 米的大树,巧妙地生长在火山口的"肚子"里,成为奇特的"地下森林"。

(二)地震活动及其遗迹

地震是一种常见的自然现象。说它常见,是因为全世界每年发生的地震多达 500 万次。但由于绝大部分地震发生在海洋里和人烟稀少的地方,加上地震的分布很不均匀,因此使人感到地震是罕见的。

地震遗迹旅游资源是一种独特的地质旅游资源。它是由破坏性的地震作用,以突然爆发的形式造成的具有旅游吸引功能的自然遗迹景观。地震遗迹旅游资源作为景点,其基本旅游功能是以地震科学考察和科普教育为主,通过考察、参观获得有关地震的知识。由于地震原因的多样性,使地震遗迹旅游资源也具有多样性、复杂性的特点。地震旅游资源从其类型可分为陷落型(如已列为东寨港国家自然保护区重要内容的海南琼州海底村庄)、现代建筑遗址型(如国家重点保护项目唐山地震遗址保护区保留了 7 处建筑遗迹)、古建筑遗址型、河流堰塞型(如"汶川 5·12 大地震"留下的唐家山堰塞湖、青川红光乡堰塞湖群、安县茶坪乡肖家河堰塞湖等)、山地构造型(如"汶川 5·12 大地震"留下的虹口乡、擂鼓镇、龙门山镇、东林寺、陈家坝等数十处地表破裂点构成了类型多样的破裂单元,形成了断层崖、断层陡坎、褶皱挠曲、地震裂缝与鼓包、跌水、反冲断层坎、地表水平位错等丰富的构造地貌景观)和地震博物馆(如为纪念"汶川 5·12 大地震"而兴建的汶川大地震博物馆,由"震撼 5.12—6.12 日记"、地震美术作品馆、地震科普知识馆构成,共有 30 多个展厅,5 万余件展品)等地震旅游资源。

第三节　地貌旅游资源

一、风景名山

山地旅游资源对旅游者来说有着较强的吸引力,是地貌旅游资源中重要的组成部分。我国风景名山很多,其中最著名、最有审美价值的有五岳(东岳山东泰山、西岳陕西华山、中岳河南嵩山、南岳湖南衡山、北岳河北曲阳恒山)、佛教四大名山(文殊菩萨的道场山西五台山、普贤菩萨的道场四川峨眉山、观音菩萨的道场浙江普陀山、地藏菩萨的道场安徽九华山)、十二旅游名山(安徽黄山、江西庐山、福建武夷山、浙江雁荡山、湖北神农架、湖南武陵源、台湾阿里山、吉林长白山、湖北武当山、江西龙虎山、江西三清山、江西井冈山)和珠穆朗玛峰等。

(一)主要类型

山地是在地球内外地质营力的共同作用下形成的,由于地质营力的性质、作用的方式和作用的强度不同,加之由于组成岩性及气候环境的不同,从而形成了各种类型的山地地貌。我国是个多山的国家,广义的山地面积占国土面积的 2/3 以上,而且构成山地的岩石类型齐全。按岩性来分,可将山地分为岩浆岩山地(包括花岗岩山地、玄武岩山地、流纹岩山地等)、沉积岩山地(包括喀斯特山地、丹霞山地、石英砂岩山地等)和变质岩山地三大类。

1.岩浆岩山地

(1)花岗岩山地。

花岗岩是一种分布十分广泛的酸性侵入岩,其岩体完整、体量整齐、质坚形朴,常形成山地的核心。我国众多的名山中,有不少是花岗岩构成的山岳景观,如黄山、华山、衡山、九华山、普陀山、崂山、莫干山、大兴安岭、贡嘎山、天台山、贺兰山、六盘山、祁连山、天柱山、三清山等。这些名山虽各有特色,但都具有花岗岩山地的共性:一是垂直节理发育的地方,风化过程中往往出现崩塌作用,因而形成石柱林立、孤峰擎天、悬崖绝壁等景观。二是被节理分割成块(立方块或长方块)的花岗岩,其棱角部位接触大气的面积多,最易风化,天长日久,棱角逐渐消失,方形石块变成球状石块,这种现象称为球状风化。球状风化是花岗岩最普遍、最典型的景观,也是花岗岩构景中最有代表性的景物。花岗岩山地的顶部轮廓圆滑,一座座山峰就犹如一枝枝含苞待放的莲花,故而花岗岩山多以花山命名,如华山、九华山(古代"华"同"花")、黄山的"莲花峰"等。三是在花岗岩节理和球状风化规律支配下,由于岩体各部位抵抗侵蚀作用的强度不同,经过长期的风化作用,就形成了许多奇特造型,如黄山的"猴子观海"、九华山的"观音峰"、苏州灵岩山的"乌龟望太湖"等。四是花岗岩山地都是构造运动中形成的断块抬升山地,加之垂直节理丰富,一经抬升便形成高大、雄伟、峭拔、险峻的景观特征,其主峰突出、群峰簇立、峰谷相间,蔚为壮观。

(2)玄武岩山地。

玄武岩是一种基性的火山岩,由于岩浆喷出地表后迅速冷凝,往往使玄武岩产生大量原生节理,使岩体分裂为根根方形柱体。如南京桂子山的玄武岩六方节理就因景点奇特,成为"金陵四十景"之一。我国著名的玄武岩山地有吉林长白山、四川峨眉山和黑龙江五大连池等。

(3)流纹岩山地。

流纹岩为酸性喷出岩,其成分与侵入岩的花岗岩相当,具有流纹状构造。有的流纹岩节理特别发育,往往构成奇峰异洞,造型极其丰富、逼真,而且在不同时间、从不同角度观看,常常会呈现不同形象,有变幻之妙。此地貌在闽、浙沿海分布很广,以浙江乐清雁荡山最为典型,它属致密坚硬的流纹岩山体,在外力作用下,形成丰富多彩的造型地貌和变幻造型地貌景观,被称为我国的"造型地貌博物馆"。

2.沉积岩山地

(1)丹霞山地。

从地质时期的侏罗纪到第三纪,我国很多地区(主要分布于东部及东南)发育了一套红色的砂砾岩层,简称红层(红层的形成是由于当时气候干热,干、湿季交替明显,沉积在地势低洼盆地中的碎屑物,经过强烈氧化,富集红色的氧化铁,使岩体呈现红色,由于氧化铁富集程度的差异,岩层出现有紫色、绛红、浅红等色彩变化)。红层胶结与固结程度普遍较差,岩石硬度较小,易受风化侵蚀。丹霞地貌就是红层在侵蚀、风化剥落、重力崩塌等的综合作用下,形成的方山、石墙、奇峰、石柱、赤壁、岩洞等奇险的丹崖赤壁地貌。这种地貌以广东仁化县的丹霞山最为典型,故称"丹霞地貌"。丹霞山除以"丹崖赤壁"著称外,还有顶平、身陡、麓缓的特点,这主要是因为:第一,丹霞山山顶是受水平岩层面控制的,岩层面即山顶面。加上砂砾岩透水性强,雨水落到地面很快就透入地中,成为地下水。地表没有流水的发生,冲刷不强,坡面少受侵蚀,所以山顶很平。第二,砂砾岩块状固结、垂直节理发育,侵蚀作用一般沿垂直节理进行,从而形成悬崖峭壁的山身。第三,其山麓由崩塌下来的岩石堆积而成,从而较缓,坡度一般在30°左右。另外,这类砂砾岩一般呈厚至巨厚层产出,有较好的整体性,岩石性能又可雕可塑,为凿窟造龛提供了理想的天然场所。故大量石窟、石刻如麦积山石窟(甘肃麦积山)、云冈石窟(山西大同武周山)、大足石刻(重庆)、乐山大佛(四川)等均分布于丹霞山中。

我国的丹霞地貌主要分布在广东、江西、福建、浙江、四川、贵州、甘肃等地,绝大部分都构成独具一格的风景旅游地貌。2010年第34届世界遗产大会审议通过将中国湖南崀山、广东丹霞山、福建泰宁、贵州赤水、江西龙虎山和浙江江郎山联合申报的"中国丹霞地貌"列入"世界自然遗产目录"。除此之外,福建武夷山、四川青城山、贵州梵净山、安徽齐云山、甘肃麦积山等都是比较著名的丹霞地貌。

(2)喀斯特山地。

喀斯特山地的基本特征有:山地高度不高,石峰林立或孤峰突起,而且造型丰富,景区内常有河、湖、溶洞等景观。著名的喀斯特山地有桂林峰丛、峰林等。

(3)石英砂岩山地。

石英砂岩硬度大,质地坚硬而脆,垂直节理极为发育。风化过程往往使节理裂隙扩大,经过崩塌及流水侵蚀、搬运等作用,形成直立的峰林。崩落后的岩壁,见棱见角,颇有质感。我国最典型的石英砂岩景区就是以"奇"而著称天下的被誉为"自然雕塑博物馆"的湖南武陵源风景区。景区80%以上为石英砂岩,形成独特的石英砂岩峰林峡谷地貌,其景观特点是奇峰林立、造型生动、沟谷纵横、植被茂密。

3. 变质岩山地

变质岩质地坚硬、棱角分明,所形成的山体浑厚雄健、峥嵘苍劲。但变质岩名山不如岩浆岩名山和沉积岩名山普遍。我国著名的变质岩名山有泰山、庐山、五台山等。

山地还可按高度分为极高山(海拔大于5000米)、高山(海拔3500～5000米)、中山(海拔1000～3500米)、低山(500～1000米)和极低山(海拔在500米以下)。

(二)旅游价值

山是风景地貌的骨骼,是原始自然美和风景自然美构成的重要基本要素。山地垂直高度大,地形起伏明显,气候复杂多变,动植物资源丰富,空气清新宜人,具有雄、奇、险、秀、幽等美学观赏特征,可开展观光游览、避暑消夏、度假疗养、登山探险、科考研修和宗教朝觐等多种旅游活动。

1. 观赏型山地

观赏型山地是以具有美感的、典型的山地自然景观为主体,渗透着人文景观美,是环境优良的山地空间综合体。也就是说是以优美的天然山水为基础,与悠久的历史文化相结合而成的,富有综合美感的山地旅游资源。综合美感,包括形象美、色彩美、动态美、听觉美、嗅觉美以及人为因素美等,其中以形象美为核心和基础。山地自古就是美的风景区和游览胜地,其旅游价值首先表现在,山地一般具有雄、高、重、幽、秀、险、奇、峻等特点,游人在山地可观赏奇峰异石、流云飞瀑、云雾晚霞、日出日落、珍稀生物等。其次,山地一般空气清新、森林翁郁、花草丛生,较多地保留着大自然的风貌,有助于健身、健心、康复精神元气。目前世界上兴起的"森林旅游""森林浴",其旅游对象就是环境优美的山地旅游资源。再次,山地垂直高度大,地形起伏明显,是人们登山健身的基地。最后,山地旅游资源不仅有自然观光的功能,而且有丰富的文化旅游内容,山地区域内分布有大量闻名遐迩的寺庙、宫观、古城垣、寨堡、古战场遗址、摩崖题刻及造像等,可进行历史、文化、宗教、科考等多方面的旅游活动。在我国观赏型山岳遍布各地,千姿百态,是我国地质地貌旅游资源的主要组成部分。

2. 登山探险型山地

登山探险型山地主要是指为专项体育探险登山和科学考察而开放的高大山峰。这些山地一般海拔较高(在 3500 米以上),山体险峻峭拔,终年冰雪覆盖,山区天气变化不定,空气中严重缺氧。这样恶劣的条件有益于锻炼人的意志与毅力、检验人的体力;这里的高山冰雪世界和冰川地貌的奇诡景象是世间难得的景观;这种人际罕至的地带还保留着丰富的科考资源。因此,冰山雪峰作为登山、探险、科学考察的对象,同样备受现代旅游者的青睐。

我国的极高山和高山很多,特别是拥有世界 14 座 8000 米以上山峰中的 9 座(其中 8 座与邻国共有),它们主要分布在兰州—昆明一线以西,特别是青藏高原,这些山险峻峭拔,终年积雪覆盖,冰川发育,山地气候多变,是开展体育登山旅游和探险旅游的最佳场所。自 1980 年以来,我国已经陆续开放了西藏的珠穆朗玛峰、希夏邦马峰,四川的贡嘎山,新疆的慕士塔格山、公格尔山、公格尔九别峰、博格达峰,青海的阿尼玛卿峰和许多高峰。它们正在成为包括科学考察在内的旅游审美对象。

二、喀斯特(Karst)景观

(一)成因

喀斯特原是前南斯拉夫西北部沿海一带石灰岩高原的地名,那里发育着各种奇特的石灰岩地形。19 世纪末,前南斯拉夫学者 J. Cijic(司威治)研究了喀斯特高原的各种石灰岩地形,并将这种地貌命名为喀斯特,之后喀斯特一词便成为世界各国通用的专业术语。喀斯特地貌,国内又称岩溶地貌,它是地表水及地下水对可溶性岩石所产生的化学作用过程(溶蚀和沉淀)和机械作用过程(流水的侵蚀、沉积、重力崩塌、坍陷和堆积等)中所形成的地貌。岩溶地貌形成的主要基本因素有:岩石的可溶性(如石灰岩、石膏、岩盐等);岩石具有透水性(破裂构造的存在);水具有溶蚀性(水中含有一定量的二氧化碳);水的流动性(不会很快地成为饱和溶液)。由此可见,影响岩溶地貌发育的因素主要有气候因素(主要是降水、温度和气压)、生物因素(生物的生长和活动可供给土壤大量有机质,土壤中有机质的氧化和分解可产生出许多二氧化碳)和地质因素(包括岩性、岩石结构和地质构造等方面)。

岩溶地貌在我国分布十分广泛。据统计,我国典型的岩溶地貌面积达 30 万平方公里,居世界第二位(欧洲、美国、南美洲分别居第一、三、四位),其中西南三省(云、黔、桂)占了 20 万平方公里,是世界上岩溶地貌分布最广泛、最典型的地区之一。除此以外,粤西、鄂西、湘西、川南、重庆、苏南、浙西、辽东以及北京、山东、河北、河南等地也有分布。岩溶地貌因具有较高的观赏价值和科研价值而对游客具有较大的吸引力,多成为旅游胜地。由云南石林的剑状、柱状和塔状喀斯特,贵州荔波的森林喀斯特和重庆武隆的以天生桥、地缝、天洞为代表的立体喀斯特共同组成的"中国南方喀斯特"第一期于 2007 年第 31 届世界遗产大会入选"世界自然遗产目录",2014 年第 38 届世界遗产大会审议通过"中国南方喀斯特"第二期项目,项目中的贵州施秉喀斯特、重庆金佛山喀斯特、广西桂林喀斯特及环江喀斯特均获准列入"世界自然遗产目录"。"中国南方喀斯特"第二期与第一期共同组成一个更加完整的系列遗产,包含从高原到平原最具代表性的喀斯特地貌,反映了一个完整而独特的喀斯特演化过程,同时展示世界上最壮观、最多样的喀斯特景观。

(二)主要类型及旅游价值

岩溶地貌可分为地表和地下两大部分。地表岩溶地貌有溶沟、石芽、漏斗、落水洞、竖井、溶蚀洼地、岩溶盆地、干谷和盲谷、天生桥、泉华、峰丛、峰林和孤峰等。地下岩溶地貌主要有溶洞、洞穴堆积物和地下河。在这些岩溶地貌中,最能吸引游客、最具有观赏价值的要数石芽、漏斗、天生桥、峰丛、峰林、孤峰、溶洞和洞穴堆积物。

1. *溶沟、石芽和石林*

地表水沿可溶性岩石的裂隙进行溶蚀、侵蚀,使岩石表面形成凹下的沟槽称溶沟,而沟间的突起为石芽。众多高大的石芽排列如林,称石林,它是亚热带岩溶的特殊类型。以号称"天下第一奇观"的云南石林最为典型、最为壮观,被称为巨大的"天然雕塑博物馆"。此外,四川兴文石林、福建永安石林也颇具特色。

2. *漏斗*

岩溶漏斗是一种主要由流水沿裂隙溶蚀而成的碟形或漏斗形的洼地,其直径一般约数米至数十米,深数米至十余米。重庆市奉节县小寨天坑、云阳县云阳天坑及兴文县天泉洞后洞大漏斗均较典型。

3. *天生桥*

天生桥是由溶洞或地下河的洞顶不断崩塌后,其中残余未崩塌的洞顶形成的天然拱桥。以桂林象鼻山最著名,而贵州黎平县天生桥高 78.8 米,宽 112 米,拱高 38.8 米,跨度 118.92 米,为世界跨度最长的天然拱桥。

4. *峰丛、峰林和孤峰*

峰丛和峰林都是由石灰岩遭受强烈溶蚀而成的山峰集合体。峰丛是一种连座的峰林,当峰丛基座被切开,相互分离就成了峰林。如果峰林形成后,地壳上升,峰林又将转化为峰丛。我国广西桂林阳朔漓江两岸的峰林最为典型。孤峰是岩溶地区孤立的石灰岩山峰,是岩溶作用发育到后期的产物,山峰呈圆柱形,边坡均陡峭,多发育于产状水平、厚层、质纯的石灰岩区,如桂林的独秀峰、伏波山、骆驼山等。

石灰岩丛、峰林的分布地,常形成"平地涌千峰"和"群峰倒影山浮水"的奇丽景观;分布于河边的孤峰,山水相映成景,清丽动人,均可成为重要的旅游资源。

5. *溶洞和洞穴堆积物*

地下水沿可溶性岩石的各种结构面(层面、节理面或断裂面)特别是沿着各种结构面互相交叉的地方,逐渐溶蚀和侵蚀而形成地下水孔穴。随着地下水的运动加快,溶蚀和侵蚀加强,地下小孔穴变成地下小河道,进而变成地下河。接着地下洞室就迅速扩大,如因地壳上升,地下河被袭夺或地下水位下降或其他原因,地下通道便没有水流,成了溶洞。由此可见,溶洞的形态和地下水的动态以及地质构造有关。在地下水垂直循环带中发育的溶洞多是垂直的,规模较小;而在水平循环带中形成的溶洞多是水平的,规模相对要大。溶洞的发育明显受断裂构造控制,若地壳多次间歇抬升,就会出现多层溶洞。

在洞穴中,通常会有许多洞穴堆积物。这些堆积物相应形成一些特殊的形态,尤以化学堆积物堆成的形态最为绚丽多彩,如石钟乳、石笋、石柱、石幕、石灰华等。石钟乳是地下水从洞顶渗出时,碳酸钙滞留在洞顶上的小水滴的四周沉积,以后逐渐积累伸展成悬挂状的突起,从洞顶向下悬挂。石笋是从洞顶滴落下来的水溅到洞底,其中碳酸钙逐渐沉积起来堆积而成,它形似竹笋而得名。当石钟乳和石笋各自向相对方向伸展,最后连接起来就成为石柱。从洞壁沿裂隙渗出的水,碳酸钙呈片状沉积,如同帷幕一样展开,故称石幕。石灰华则是洞壁上的层状碳酸钙沉积物。

洞穴旅游每年吸引着数千万游客,我国接待游客的游览洞穴已有约 300 个。洞穴之所以能吸引大量游人,其原因有:人们居住和活动的范围一般都在地表,对地下常年恒温、绮丽虚幻的洞穴,存在好奇心和神秘感;洞穴往往和古代寺庙建筑、摩崖佛雕、古代诗文及书法艺术等结合在一起,游览洞穴可增长古代文化、艺术、宗教、建筑等方面的知识;洞穴还可给人们提供探险、科学考察、治疗某些慢性疾病的条件与机会。

我国长洞穴、大洞穴最为发育的地区为南方湿润热带和亚热带气候区,黔、桂、滇和川、湘西、鄂西和粤北等是我国洞穴分布最为集中的地区,我国东南沿海的皖、赣、苏、浙、闽、琼、台等省,碳酸盐岩呈岛状或条状零星分布,加上气候条件有利,洞穴也较多,但其规模和发育密度远逊于西南地区。我国有名的溶洞较多,目前已知的最大洞穴系统是广西乐业百朗地下河洞穴系统,已探测到总长达75公里的洞穴通道,其次是湖北利川县腾龙洞,水洞和旱洞总长度为52.8公里。另外,广西桂林七星岩和芦笛岩、柳州白莲洞、南宁伊岭岩,贵州织金洞、安顺龙宫,浙江桐庐瑶琳仙境、金华双龙洞,湖南桑植九天洞、张家界黄龙洞、冷水江波月洞,广东肇庆七星岩,云南建水燕子洞,重庆武隆芙蓉洞,四川兴文天泉洞和神风洞,江苏宜兴三洞,江西萍乡孽龙洞、九江狮子洞,陕西柞水溶洞等都是我国著名的自然风景名胜区。

三、风沙地貌

风剥蚀破坏岩石,并把破坏了的碎屑搬到别处沉积,这一过程中形成的地貌,称风沙地貌。风沙地貌主要分布在干旱气候区,因那里日照强,昼夜温差大,降雨少而集中,岩石裸露,所以风的地质作用就成了干旱区塑造地貌的主要营力。我国干旱风沙地貌主要分布在西北、内蒙古等省区的内陆盆地或高原地区。

(一)主要类型

风沙地貌包括风蚀地貌(由于风的侵蚀和搬运作用而形成的地貌)和风积地貌(由于风的搬运和沉积作用而形成的地貌)。主要的风蚀、风积地貌旅游资源有以下几种。

1.沙漠

沙漠是指整个地面覆盖着大量流沙的荒漠。组成沙漠的沙源有当地的,也有外地吹来的。在世界各干旱地区,都有沙漠的分布。而干旱区的形成,主要与南纬15°～35°副热带高压控制区有关。该高压带内,对流层气流下沉,大气稳定而少雨,空气相对湿度减小,分布着世界著名的沙漠(如非洲的撒哈拉沙漠)。另一种情况是温带大陆内部,远离海岸或受山脉阻塞,来自海洋的潮湿温暖气流到达不了此地,并受北方高压冷气团影响,形成温带干旱区,我国西北沙漠和中亚沙漠就属于这一类。由此可见,世界的气候状况基本上决定了世界沙漠的分布格局。

浩瀚的沙漠,广袤千里。新月形沙丘、纵沙垄、格状沙丘、鱼鳞状沙丘、金字塔形沙丘等各种形态的沙丘风姿绰约。奇特的沙生植物和沙漠动物,埋没其间的古文化遗址,近年来兴起的沙疗、沙浴活动,可以锻炼人的体魄、磨练人的意志的恶劣的自然环境,这些都促使了沙漠探险、沙漠科学考察等旅游活动的日趋增温。

我国沙漠面积广大,约有100万平方公里,在世界居第二位(非洲、澳大利亚、西亚分别居第一、三、四位),主要分布在新疆、内蒙古、青海、甘肃、宁夏等地,著名的有塔克拉玛干沙漠、古尔班通古特沙漠、巴丹吉林沙漠、腾格里沙漠、乌兰布和沙漠和毛乌素沙漠等。但沙漠旅游在我国还刚刚兴起,仅限于沙漠的边缘地带,现在作为旅游景点开发的仅有宁夏中卫沙坡头,甘肃敦煌鸣沙山、酒泉沙漠公园,陕西榆林的毛乌素沙漠景观专线旅游等。在我国开发短距离的沙漠观光旅游资源,潜力巨大。

2. 风蚀蘑菇和风蚀柱

孤立突起的岩石,或水平层理和裂隙发育的岩石,特别是下部岩性软于上部的岩石,在长期风蚀的作用下,由于近地面气流中砂粒含量高,因此,岩石或地层下部被磨蚀较多,形成顶部大、基部小、形似蘑菇的岩石,称为风蚀蘑菇。垂直节理发育的岩石经过长期的风蚀,裂隙扩大,形成孤立的柱状岩石,称为风蚀柱。我国的新疆分布较多且较为典型。

3. 风蚀壁龛（石窝）

风沙对岩壁表面进行磨蚀或吹蚀形成形状各异的小凹坑,使岩石表面成窝状的外貌,称为风蚀壁龛或石窝。在干旱区的花岗岩和砂岩分布地区最为发育。

4. 风蚀垄槽（雅丹）

雅丹是来自孔雀河下游库普克山前平原的一个地名。因为这里的河湖相岩层在中新世已被抬升成高地,受东北风吹蚀,形成典型的崎岖小丘地形而得名。维吾尔语称"陡壁小丘"为"雅丹",因此,国际上通统之为"雅丹"地形(Yadang)。雅丹地貌是河湖相岩层经风力吹蚀而形成的大片险峻崎岖地形。干枯的湖区地层都可能被侵蚀成雅丹地形,其中尤以新疆的罗布泊最为典型。

5. 风蚀城堡（风城）

在产状近似水平的基岩裸露的地形隆起地面,由于岩性软硬不一,垂直节理发育不均,在强劲的风蚀作用下,被分割残留的平顶山丘,远看宛如颓毁的城堡的片断及方形建筑物,故被称为风蚀城堡或风城。在我国新疆吐鲁番盆地哈密西南就有典型的风城地形。

6. 戈壁

戈壁是指地面由砾石所覆盖的荒漠。它是干旱风沙地貌中另一特殊的、具有吸引力的景观类型。这里植被稀少、石砾满布,给人以野旷辽阔之感。戈壁中最负盛名的是"蜃楼幻影",它虽是太阳光强烈照射下形成的一种幻影,却能带给游人无比美好的遐想和向往之情。

7. 黄土地貌

黄土是干旱、半干旱气候条件下的多源多相的沉积物,主要是风成的,也可以是流水作用形成的。黄土的矿物成分以石英、长石和碳酸盐矿物为主,一般为粉砂级,并含一定数量的细砂与粘土。黄土具有孔隙率大及垂直节理的特点,干燥时较坚固,遇水易于剥落、易受侵蚀,使地表支离破碎。

黄土地貌独具特色,它沟壑纵横,壁垒迭嶂,姿态万千。其主要的形态有黄土塬(地面较平坦,沟谷不甚发育的大面积的原始黄土地面,如陕西北部的洛川塬)、黄土墚(长条形的黄土高地,宽约数百米,长可达数公里)、黄土峁(一种孤立的黄土丘,若干峁连接起来形成和缓起伏的墚峁,统称为黄土丘陵,多见于陕北、晋西一带)。此外,由于黄土垂直节理发育,在流水的地质作用下,黄土地区的沟谷地形很发育,使黄土地面被切割得支离破碎,形成黄土桥、黄土柱、黄土塔、黄土墙、黄土洞、黄土林等形态各异的黄土小地貌,有的还发育有黄土漏馅地形(如漏洞、地道、陷穴)。

黄土在我国的分布甚广,约占我国总陆地面积的 6.6%,主要分布在西北地区,更有黄土高原之称。黄土高原(loess plateau)是黄土及黄土地貌分布最集中的地区,也是世界最大的黄土区。它北起长城,南抵秦岭,西起青海日月山,东到太行山,包括山西、陕西、宁夏、甘肃、青海五省区的 220 多县市,总面积 54 万平方公里(另一说为 58 万平方公里)。连绵不断、波状起伏的高原,首先给人以雄伟开阔、意境深远之感;形态各异的黄土地貌,以及其特有的人文景观如黄土窑洞,层层梯田等,不仅有很好的观赏价值,也吸引着越来越多的科学工作者前来考察和研究。

(二)旅游价值

据统计,世界上的风沙地貌约占陆地总面积的1/3。由于那里环境恶劣,人迹罕至,整个自然地理景观保持着原始古朴的面貌,起伏连绵、浩瀚无边的沙漠,千姿百态的"风城"和"海市蜃楼"的神秘传说等,都会对旅游者产生无穷的吸引力,颇富旅游观赏价值。世界上许多国家如印度、巴基斯坦、约旦、阿尔及利亚、以色列等,已建立沙漠旅游专线和公园,为旅游者游览、探险提供了理想的场所。在我国西北地区,沿戈壁滩和沙漠西行的"古丝绸之路",已成为当今世界的一条旅游热线。

四、海岸地貌

海岸与陆地相互作用的地带,称为海岸带。海岸地貌的形成和发展,是波浪及其他海洋动力与陆地相互作用的结果。

(一)主要类型

在波浪、潮汐和洋流等海洋动力的作用下,海岸同时发生侵蚀和堆积过程,形成复杂多样的海岸侵蚀地貌和海岸堆积地貌。

1.海蚀地貌

在海岬等海岸突出部位,因为岸陡水深,波浪幅集,波能增强,在海浪的常年冲击下,多出现海蚀地貌。海蚀地貌主要有海蚀崖、海蚀穴(洞)、海蚀台、海蚀拱桥和海蚀柱等。海蚀穴,是在高潮水面与陆地接触处,波浪冲蚀、掏蚀形成的槽形凹穴。深度较大的称为海蚀洞。如普陀山的潮音洞和梵音洞。海蚀崖,是海蚀穴(洞)顶部基岩崩塌,海岸后退时形成的陡壁。如辽宁大连旅顺口外的峭壁,山东成山头的海蚀崖等。海蚀台,是在海蚀崖不断后退的同时,在海蚀崖前出现的一个不断展宽的、微向海倾斜的平台。如我国台北海岸的"万人堆",广州的海蚀平台。海蚀拱桥,是两个相背的海蚀穴(洞)被蚀穿而相互贯通所留下的上覆拱形基岩。如我国台北大屯火山脚下的石门,浙江北鱼山的破城门,福建笏石半岛和练岛的海拱石等。海蚀柱,是海蚀拱桥继续发展,顶板崩塌而成,也可以是海蚀崖后退过程中留下的较坚硬的柱状蚀余岩体。如海南岛的天涯海角、汕头的海角石林、邹城市峄山的海蚀柱、大连的黑石礁等。

2.海积地貌

在海湾处,由于波浪的扩散,波能减弱,湾顶多形成海积沙滩(海滩)、沙坝和沙嘴等海积地形。海滩是波浪带来的泥沙、砾石等固体物质在岸边沉积所形成的。如河北北戴河、辽宁大连、广西北海、山东青岛、海南三亚湾等地的沙滩,沙质细软,海水清澈,阳光充足,无污染,是著名的海滨旅游胜地。沙坝,是底流与海流相遇,流速减缓,底流所带的碎屑沉积在离岸远处,由海底逐渐加高而成。沙坝将海岸与岛屿连接起来,形成陆连岛,如山东烟台的芝罘岛,广东汕头的达濠岛等。沙嘴,是海岸的物质纵向移动,在遇到海湾的突出处流速减小,使其所携带的碎屑沉积下来而成。在注入海中的小河或坳谷的河口处也可以形成典型的沙嘴,如我国台湾西海岸的"雁形沙嘴"。当沙嘴从两岸相对逐步发展而相连起来,就可将海隔开而形成泻湖,如太湖和杭州的西湖。

(二)旅游价值

我国大陆海岸线漫长,从鸭绿江口到北仑河口长达18000公里。从地理带来看,漫长的海岸线经过热带、亚热带到温带，因此，海岸地形经历了热带区海岸、亚热带区海岸和温带区海岸。在南方热带海岸的南海之滨，人们可看到风光绮丽的珊瑚礁海岸和红树林海岸；在亚热带中，又可以看到喇叭口形状的漏斗湾岸；在温带的北方，还可以看到低平咸碱质沙岸。从地区特点来看，我国海岸地形更是多样，在山地、丘陵区的海岸，曲折多湾，岛屿众多；而在平原的海岸，则又多呈平浅的泥滩、沙滩，海岸线平直少弯曲；在断层突出的地方，又可有断崖海岸形成；在火山区，又可见有火山海岸。一般来说，我国大陆海岸线以杭州湾钱塘江口为界，以南人多为岩岸（在北回归线以南的海南、福建、台湾沿岸还分布有不少珊瑚礁海岸和红树林海岸），以北大多为沙砾质海岸。

我国的海岸带岩岸、沙滩、碧海、蓝天、北浪相映成趣；海蚀奇观、五彩卵石、海市蜃楼、海上日出等景色，独特迷人；绵长的海岸、广阔的海域和众多的海岛，非常有利于海滨旅游业的发展。

五、其他地貌

(一)峡谷

峡谷是指由于地壳上升，流水或冰川强烈下切侵蚀而形成的谷地深狭、两坡陡峻的河谷地貌景观。峡谷风光以气势磅礴为总体特征，以"险、雄、幽、隐"为其主要美学特征。谷坡陡峻，水急而险，谓之险；谷坡连绵，高陡出众，峡夹其间，气势磅礴，谓之雄；谷地深邃、寂静，人烟稀少，谓之幽；谷地狭窄、曲折，视线不畅，谓之隐。

峡谷除以其体量、形象吸引游人外，其内的造型景观意义也很大，峡谷两岸的岩石经风化、侵蚀后形成许多的孤峰、石柱、洞穴等，千姿百态。我国西部山区，峡谷地貌突出，著名的峡谷很多，如长江三峡、西藏雅鲁藏布大峡谷、云南丽江的金沙江虎跳峡、贵州马岭河峡谷等。

(二)冰川地貌

在高纬及高山地区，年平均气温在0℃以下，大气降水多为固体状态，形成长年不化的积雪，且逐年增厚。积雪表面吸收太阳热，白天融化、渗浸，夜晚冻结，这样反复交替进行，使积雪变成粒雪。也有靠很厚雪层的巨大压力而使新雪变为粒雪的。粒雪在巨大静压力作用下发生重结晶，使粒雪晶体相互紧密地结合起来，形成冰川冰。当温度升高时，冰川冰就显得不稳定起来，呈现出冰、水、汽三相并存的局面。这时如果地表或冰面有适当的坡度，一定厚度的冰体就会在重力作用下向雪线以下地区缓慢流动，伸出冰舌，形成冰川。冰川能够运动，这是其区别于其他冰体的最主要的特征。

冰川地貌是指冰川冰（主要是第四纪古冰川）在沿山坡或河谷运动过程中，对地表进行刨蚀、磨蚀作用后形成的地形（称为冰蚀地貌），以及冰川冰消融后，冰川所夹带的碎屑物质堆积而形成的地形（称为冰碛地貌）。冰蚀地貌主要有冰斗（山坡上的半圆形洼地，它的三面为陡壁，另一面朝冰蚀谷敞开，可积水成冰斗湖）、鳍脊（相邻的两个冰斗向两侧剥蚀，形成的陡峻狭窄、形似鱼鳍的山脊）、角峰（三个以上不同方向的冰斗向上挖掘剥蚀，逐渐扩展，而在中央削成一个金字塔状尖锐的孤峰）、冰槽谷（由冰川刨蚀作用产生的平直、宽阔的谷地，其横剖面成"U"字型，故又称U形谷）、羊背石（冰川底部基岩因侵蚀而形成的孤立的石质鼓包，形似匍伏在谷地的羊群而得名）等。冰碛地貌主要有冰碛丘陵、鼓丘、蛇丘、冰碛扇等。

我国山地较多，已发现的第四纪古冰川留下来的遗迹也较多，主要分布在中西部的中、高山地区。我国现有的典型的冰川地貌旅游景点有西藏珠穆朗玛峰冰塔林、四川海螺沟冰川公园、新疆阿尔泰山的喀纳斯湖等。珠穆朗玛峰和西夏邦马峰地区既是世界上冰塔林最发育的地区,也是冰洞、冰湖、冰河、冰钟乳等各种最奇特、最瑰丽的冰川景观所在。另外,在我国的湖北神农架、江西庐山、浙江天目山等景区,亦有第四纪时留下的冰川地貌。冰川地貌,以其形态奇特,稀有少见,对游客有巨大的吸引力,同时也是研究第四纪环境,特别是气候变化的重要依据。

第二章　水体旅游资源

第一节　水体旅游资源概述

山得水而活,水得山而媚,水是世界上最活跃的物质之一,也是大自然景观最基本的造景要素之一。

长期以来,"水"以其纯自然亲和力和清洁、透彻、明净、柔和的特色吸引着众多的旅游者。其实,人类自出现以来便与"水"结下了不解之缘,人们也早就认识到"水"的价值不止于满足人类的基本生活需要,还在于它同时也是一种极具开发潜力与价值的旅游资源。基于这一点,海洋世界、海滨乐园、生态水族馆、湖泊度假区、河流风景区的兴建开发浪潮如火如荼,旅游开发者正致力于将"水"的潜在价值转化为现实旅游价值。于是,一种新的专项旅游形式——水体旅游应运而生,上述这些都属于水体旅游的范畴。所谓水体旅游就是以水体旅游资源为主要旅游吸引物,通过多种特色水体旅游项目,使旅游者达到休闲保健、娱乐游览等目的,并同时在生理和心理两方面都得到满足的旅游活动。这一概念的明确提出,在旅游开发领域又拓展出一个新的空间。

一、水环境与旅游的关系

1.水体的含义

水体,即水环境,是指以陆地为边界的水域,是河流、湖泊、沼泽、水库、地下水和海洋的总称。它包括水以及其中的溶解物、水生生物和底泥等,它们共同构成完整的自然综合体。

2.水体的种类

水体按其存在区域分为海洋水体和陆地水体两大类。陆地水体又可分为地表水体和地下水体。地表水体有河流、湖泊、沼泽、水库等。按水的用途分,水体可分为饮用水、灌溉用水、养殖水体、游览和娱乐水体、航运水体、工业用水等。水体成为旅游资源应具备两个方面的条件:

一是水体的卫生环境质量,二是水体自身的优美度。

(一)水体的卫生环境质量

水体的卫生环境质量,简称水质,是指包括在水中微量化学元素和生物含量在内的各种物质的总和。

影响水质的因素:与水接触的岩石、土壤、大气、生物等环境要素的物质组成及其溶解性有关,以及与接触过程中的地形、水文条件和气候有关。

水质对旅游有很大的影响,水质差会破坏旅游景观,使水体的形、色、声都退化,使旅游景点的整体美感减分;污染的水质容易滋生有害生物和病原微生物等,危害游客和周围居民的身心健康;水质的好坏直接影响旅游者的旅游兴趣,水质好的景点旅游者众多,水质差的景点无人问津。

(二)水体是各类景区的重要构景要素

(1)水体自身就是重要的风景——不同形式的水体,构成了不同的美学特征。

(2)水体是重要的构景要素——水体与山、生物、气候、人文景观等共同组合构成风景名胜。

(3)水体可养育花木、动物——使风景区更加秀丽、充满活力。

(三)水体是最富有普遍吸引力的康乐型自然旅游资源

(1)减小气温变化幅度(因水的热容量大于陆地)。

(2)在水陆交界地区形成水陆风(水、陆温度差引起)。

(3)增加空气湿度(水体水分蒸发、水汽丰富)。

(4)使负离子浓度高、空气清新。

(四)水体对其他自然旅游资源的形成有深刻影响

利用水体,可以开展多种旅游活动,如观赏、滑水、游泳、划船、驶帆、冲浪、垂钓、漂流、滑冰、品茗等。高山有了水,才能被诗人写出"飞流直下三千尺,疑是银河落九天"的美句;江河有了水,才能让人享受浪遏飞舟的快感;泉眼有了水,方能使人酿出甘泉美酒。

二、水体旅游资源的构成要素

(一)水形

地球上的水体分布呈现不同形状,表现出不同的形态美。如江、河、溪、涧等线型水体,其长短、宽窄、曲直变化万千;大海、湖泊、水库等面型水体,有开阔、辽远的美感。

(二)水声

水体受外力冲击或流动会发出各种声响,给人以听觉美。

(三)水色

(1)透入水中的光线受水和其中悬浮物的选择吸收和反射作用的影响,呈现不同的颜色。如海洋呈蓝色。

(2)天空颜色影响水的颜色。

(3)水中的生物影响水的颜色。

(4)水的深浅、泥沙含量、水底沉淀物等影响水的颜色。

(四)水影

水体近周的山、石、树、花及白云、蓝天、桥梁、建筑等都会因光反射而在水中形成影像,实

物虚影相互辉映,构成美景。影响光影清晰度的因素有以下几方面:

（1）水中光影的清晰度与水体表面的平静度有关。

（2）水体的透明度会影响光影的清晰度。

（3）水中倒影与光线角度有关,一般早晚太阳高度角较低,反射率高,倒影清晰。

（五）水趣

还有一些水体具有特殊的奇趣美。如鱼泉、乳泉、甜河、水火泉、甘苦泉、含羞泉、双味泉等。

三、水体旅游资源的特点

水体旅游作为大旅游的一个子系统,除具有旅游活动的一般特征外,还具有易开发性、季节性、参与性、风险性等突出的特征。

（一）易开发性

水体旅游是以"水"为载体的旅游活动,因"水"制宜,很容易推陈出新,开发出独具特色、吸引强度大的新颖旅游项目。如目前非常风行的"水上降落伞""摩托艇竞技""潜水旅游"等娱乐项目,在许多旅游景点一经推出,便受到旅游者的广泛青睐。

（二）时间性

"日出江花红胜火,春来江水绿如蓝",这是白居易《忆江南·江南好》中的名句,反映的就是水体旅游资源随着季节的变化在变化。

季节的交替变化对水体有着非常明显的影响,水体旅游资源在不同的季节,有不同的形式,特别是在水体夏冬两季温差大的地方表现得尤为突出。从水体旅游资源的时间分布来看,带有明显的时间季节性。水体旅游资源的景致在一年中会随着季节而变化,这一特征也决定了生态旅游活动的季节性变化。实质上,从时间上来看,很多水体旅游资源在一天内也有变化,出现具有旅游意义的景致,如潮汐早晚的涨落,湖水在阴晴天气下颜色的变化,都可形成人们观赏的景观。

（1）量的差异。从时间上来看,即使是同一空间,在不同的季节,水体资源在水量上的分布也存在很大差别。如河流一般存在季节分配不均匀、春季严重缺水的状况。由于河流集水面积小,高山冰雪蓄积量小,河流补给主要靠夏季降雨,许多河流实际上是季节性河流,一年中有5～6个月断流,河流径流多集中在夏季,占全年径流量的50%～70%,春季仅占6%～11%,春灌时严重缺水。水量变化导致水位高度的变化,对于旅游安全和景观营造影响巨大,无论是河流还是湖泊,水位均有一定的日变化或年变化。

（2）色的差异。水体旅游资源随着时间的变化显得多姿多彩,同一水体在阴晴雨雪下情态各异。此外,湖水颜色与气候的日变化、季节变化也有很大关系,它可随季节转换出不同的色彩。

（三）多变性

水体的形态、水量、水色、水相会随环境变化而变化。"气蒸云梦泽,波撼岳阳城"是唐代诗人孟浩然观赏变化多端的洞庭湖水,面对大自然无比雄浑的气势有感而发的名作,描写的就是孟浩然站在岳阳楼台,面对浩瀚八百里洞庭,水升而为气,气起而飘渺的壮阔美景。

（四）风险性

"水能载舟,亦能覆舟。"可见,水体旅游资源有其审美和观赏性等诸多优点。但是水火无情,水体旅游资源所承载的水体旅游活动也存在一定的风险因素,这种风险也会随着时间区域的变化而变化。所以在进行水体旅游项目的规划开发时,应将安全放在首位。例如参加"漂流探险""瀑布急速下落"等模拟冒险活动的旅游者,必须经过专门的辅导,在保证安全的前提下才能进行。

四、水体旅游资源的功能

(一)审美功能

水体以它独有的形、声、色、影、态变化的多样性展示着它特有的美感,成为旅游中重要的审美对象。

1. 水的壮阔之美

我国贵州的黄果树大瀑布、陕西的壶口瀑布,都是以雄壮著称,当瀑布直下水流撞击崖壁、深潭时,水雾弥漫,声震四野,似雷鸣,似万马奔腾,惊心动魄;非洲的维多利亚瀑布、南美的安赫尔瀑布及伊瓜苏瀑布,也都以壮美闻名世界。

2. 水的秀丽之美

清澈的溪流、水山相映的湖泊、舒缓的江面,都会给人清丽柔和的美感,使游人感到轻松活泼、静雅舒适。如浙江富春江,宽阔的江面,平缓明净的流水,两岸清山如黛,间以农田、村舍,一片江南水乡的情调,给人以秀丽美妙之感;又如"如情似梦"的漓江,"淡妆浓抹总相宜"的西湖,都给人以秀美之感。

3. 水的奇特之美

水的奇特之美,缘自于其形、色、声等方面的变化。有"天下奇"之称的黄山,瀑布景观中的人字瀑、一字瀑、九龙瀑等都具有奇特的形状;世界自然遗产九寨沟,最奇妙的就是它的水景了,共有108个彩色湖泊,高低错落,水中倒映红叶、绿树、雪峰、蓝天,变幻无穷;位于以色列和约旦两国交界处的内陆咸湖——"死海",堪称世界之奇,湖中含盐量非常高,没有任何生物生存,不会游泳的人在湖中很容易漂浮起来,甚至可以仰卧水中,捧书阅读,奇趣无限,每年都吸引着大量的游人前往体验。

(二)康乐功能

温泉、矿泉具有疗疾健身的功能,江河、湖泊、海滨,都具有极丰富多彩的娱乐健身功能。如海滨可以开展水浴、驶船、帆板、冲浪、潜水、观景等体育运动和娱乐活动,江河湖泊可以开展游泳、垂钓、滑水、水球、赏荷采莲等活动。

1. 娱乐功能

借助于水体资源,人们可以开展丰富多彩的娱乐活动,游泳、垂钓、潜水、荡船、冲浪、漂流、滑水、海水浴等活动,都要借助于清澈的河水、碧波荡漾的湖泊、水质良好的海域和风光优美的海滨。如我国大连的老虎滩、金石滩海滨游览区,河北的北戴河,山东的青岛,广东的汕头,海南的三亚等旅游胜地,都是借助于一定的水体资源、良好的气候条件、优美迷人的自然风景开展海水浴、驾船扬帆、潜水、观景等体验性的旅游活动,吸引了广大中外游客。

2. 疗养功能

温泉、矿泉、海水、湖泊等均具有疗养的功能。这些水体中含有多种微量元素及其他化学成分,有一定的矿化度,通过对人体的药理和化学生物作用而具有治病健身的功效。明代医药学家李时珍,在他的医药名著《本草纲目》一书中,对温泉的性质和疗效记载甚详:"温泉主治诸风湿、筋骨挛缩及肌皮顽痹、手足不遂、无眉发、疥、癣诸疾。"古籍中描述温泉的则更多,可见温泉对人体的益处,早为古人所重视。"深知海内长生药,不及崂山一清泉",是人们对崂山温泉理疗价值的评价。我国大多数的温泉所在地,山川秀丽,风景如画,是人们疗养和旅游的好去处。如北京闻名遐迩的小汤山温泉、辽宁鞍山汤岗子温泉、西安久负盛名的华清池温泉度假区等。

　　3.品茗功能

　　名茶必须用好水,已成为人们的共识。水质清醇的泉水既可供品茗,也可供酿造。我国的许多名酒佳酿,使用的都是优质的水体。旅游区利用优质泉水和名茶、名酒,能够更好地吸引游客。饮茶品茗,是我国人民生活中一项颇具典型意义并富有特色的生活艺术。茶与水的关系极为重要,我国在几千年的饮茶习惯中,人们既重视茶叶的质量,又重视水的质量,好水冲好茶。杭州西湖的龙井茶,很好地保持了茶的本色,用该地区虎跑泉的水沏茶,则茶水清澈无比,叶芽形状美丽而不失真,味亦清淡甜美,确有如饮甘露之感。西湖龙井之所以能保持这种特点,与天下名泉——虎跑泉水有很大的关系,妙就妙在无论茶与水,都不失真味。对茶中色、香、味的体验,不需雕琢粉饰。中国的名泉有北京的玉泉山泉、济南的趵突泉、镇江的金山泉、无锡的惠山泉、杭州的虎跑泉等,其中趵突泉、惠山泉还有"天下第一泉""天下第二泉"的雅号,用这些泉水泡茶才能泡出好茶。

五、水体旅游资源的分类

　　根据中华人民共和国《旅游资源分类、调查与评价》(GB/T 18972—2003)水体旅游资源一共分为六个大类,如表2-1所示。

表2-1　水体旅游资源分类

B水域风光	BA 河段	BAA 观光游憩河;BAB 暗河河;BAC 古河道段落
	BB 天然湖泊与池沼	BBA 观光游憩湖区;BBB 沼泽与湿地;BBC 潭池
	BC 瀑布	BCA 悬瀑;BCB 跌水
	BD 泉	BDA 冷泉;BDB 地热与温泉
	BE 河口与海面	BEA 观光游憩海域;BEB 涌潮现象;BEC 击浪现象
	BF 冰雪地	BFA 冰川观光地;BFB 长年积雪地

第二节　江河旅游资源

一、我国江河旅游资源概况

　　江河即沿地表线向低洼部分集中的经常性或周期性水流,较大的叫河或江,较小的叫溪。河流的补给来源主要是雨水,也有冰雪融水和地下水。河流发源地叫河源,流注海洋、湖泊或另一河流的入口叫作河口,流路通常根据其特征分为上游、中游和下游,这些河段各自都有其独特的形态和景观。江河水景多分布在大河上、中游区。河流水面窄,多同两岸山崖构成山水综合景,河道迂回曲折,两岸奇峰罗列,山水比例适宜,山光水影,景物成双,富有意境美。如处于长江上游的三峡景观;漓江上游河段的"几程漓江水,万点挂山尖"的"人间仙境";钱塘江上游的富春江,江水清澈、澄碧,两岸奇峰插云,怪石凌空,景色奇秀。江河下游,河流展宽,河水平静流淌,时而贴近山麓,时而展沿平川,两岸山势和缓或呈现冲积平原景观,经济文化发达,人文景观丰富,特别是在江河入海口景观开阔壮丽,河海景观皆引人入胜。在干旱区有些河流,最后没于沙漠;石灰岩地区有些河流经溶洞和裂隙而没于地下,成为地下河流(或称"暗河"或"伏流")。

风景优美的众多河流可用于灌溉、航运和舟楫,有些河流自身就是景观,或与其他景观相结合构成了重要的河段景观旅游资源。如我国长江的大小三峡、桂林的漓江山水、黄河风景区,欧洲的多瑙河,美国的密西西比河,巴西的亚马逊河,埃及的尼罗河,俄罗斯的伏尔加河等,都是以其形、声、色、质以及河岸景色,吸引着众多的旅游者前去游览参观。

我国江河众多,许多大河源远流长,分属太平洋、印度洋、北冰洋水系。我国流域面积在10000平方公里以上的河流有79条,在1000平方公里以上的有1600多条,100平方公里以上的多达5万多条。河流长度超过1000公里的大河有20多条。一般北方河流水位变化大,流量小,含沙量大,有冰期;南方河流水位变化小,流量大,含沙量小,无冰期。

二、江河的旅游价值

不仅是华夏文明,世界四大文明发祥地都是源于江河。有史以来,江河沿岸常是生产发达、人口集中的地方,具有很高的人文价值,吸引着众多游客前来游览。此外,江河的流动变化,江河与沿岸的光影搭配、色调合奏、高低错落绘就了一幅幅美丽的画卷,奏响了一篇篇壮丽的诗篇,自然与自然的搭配雅韵,自然与人文的融入和谐,成就了江河旅游资源的无可附加的自然景观价值。河流走廊式的观光,适宜开展各种各样的旅游活动,满足不同旅游者的不同需求,造就了江河旅游资源极高的经济价值,带动了许多地方经济的发展。

三、江河旅游资源的类型

(一)风景河段

风景河段是指风景优美,具有旅游开发价值的河流的某个区段。它不是河流的自然地理分段。风景河段的选择有两个标准:一是水质的好坏,水质的好坏主要表现在含沙量和含有有机质的多少,以及受污染的程度;二是河岸的风景,主要包括两岸的山峰、奇石、植被、名胜古迹等方面。一般来说,水质越好、越清澈,两岸风景越多越奇特,风景河段对游客的吸引力越大。

我国列入国家级重点风景区的河段比较多,有长江三峡段、漓江、楠溪江、富春江、新安江、丽江、瑞丽江、鸭绿江、雅砻江、舞阳河等。

(二)漂流河段

漂流是漂浮于水上、顺水流动的一种水上运动,是人类一种原始的涉水方式,漂流最初起源于爱斯基摩人的皮船和中国的竹木筏,二战后喜欢运动的户外探险者把退役的橡皮艇作为漂流工具,逐步演变成了今天的水上漂流运动。漂流河段对漂流运动十分重要,漂流河段需要依山伴水,人与自然和谐演绎到极致。选择漂流河段首先的要求是水流速度快,因为漂流不同于泛舟游览,需要有一定的水速支撑,要滩多浪急,有惊无险,才能让游客体验到刺激。其次是要安全系数大,水不宜太深,0.5~1.2米最合适,暗礁险滩少,水温适中。

我国山川遍布,全国各地漂流河段众多,其中主要漂流河段有:湖南猛洞河、贵州马岭河、湖北神农溪、武夷山九曲溪、广东锦江、江西芦溪、浙江楠溪江、甘肃黄河段、宁夏黄河段、三门峡黄河段、怒江漂流河段等。

第三节　湖泊旅游资源

一、中国湖泊简况

　　湖泊是地球陆地表面封闭洼地中积水形成的面积较为宽广的水域,也是陆地上最大的水体。世界各地都有湖泊分布,其总面积占全球大陆面积的 1.8% 左右。湖泊的体积大小不一,大的如内陆咸海 6.5 万平方公里,我国青海湖 7279 平方公里;小的不足 1 平方公里,犹如池塘。湖泊具有灌溉、航运、养殖、旅游、调节河川径流、调节湖滨地区气候等功能,是一项宝贵的自然资源,是水体旅游资源中一个重要的组成部分。湖泊水域形态千变万化,湖光、湖影、湖色、湖声和某些奇特的属性对游人有很大的吸引力。湖泊与其他自然现象一样,有其产生、发展直至消亡的过程。由入源河流携带的泥沙不断堆积,湖泊就日益变浅;湖岸植物的生长繁盛,残体堆积,也导致湖泊面积的逐步缩小。当湖泊面积缩小、植物长满了原来的湖泊时,湖泊便转化成沼泽。例如号称“八百里洞庭”的洞庭湖,每年接纳河流带入的泥沙大约为 1.55 亿立方米,而由湖水带出的泥沙仅占带入量的 16%,这意味着 84% 的泥沙沉积于湖底。年复一年,洞庭湖的面积已从 1949 年的 4350 平方公里缩小到目前不到 3000 平方公里。

　　我国也是一个多湖泊的国家,湖泊面积在 1 平方公里以上的有 2800 余个,总面积达 8 万平方公里。湖泊分布范围广,又相对集中,分布以青藏高原和东部平原最为密集,其次为云贵高原、蒙新地区和东北地区。类型多种多样,有如长白山一样大自然鬼斧神工造就的天然湖泊,也有千岛湖般岛屿林立的人工湖。

二、湖泊旅游资源的价值

　　湖泊旅游资源具有较高的价值。首先,湖泊旅游资源是自然风光的重要构景要素,风景区中秀丽的湖泊会给山色增辉;其次,自古以来,秀丽的湖泊风光也使大量文人骚客慕名而至,留下了诸多脍炙人口的名篇名句,使湖光山水被赋予了浓厚的人文价值;且湖泊被人类开发利用较早,因此,其周围常形成区域的经济、文化、交通、人口的集中地,相应也形成了各具特色的人文景观。湖光山色融于湖泊周围的人文建筑、人文景观之中,交相辉映;由于湖泊分布广泛,有很多湖泊分布在人口密集地区,方便人类就近旅游,适宜开展多种水上旅游项目,加之周围众多的人文景观,对游人会产生强烈吸引力。

三、湖泊旅游资源的主要类型

1.河迹湖

　　河迹湖是指与河流有关的湖泊。这类湖泊多呈弯月形或牛轭形,又叫牛轭湖或弓形湖,水较浅,多分布在长江中下游平原和东北平原。一般为淡水湖,湖形多呈弯月形,湖面水域开阔,湖周经济发达,文化历史遗迹丰厚,旅游价值较高。典型的河迹湖有八百里洞庭湖和中国第一大淡水湖鄱阳湖。又如乌梁素海,它是内蒙古自治区的第二大湖,面积达 220 平方公里,是黄河故道残留的河迹湖。此外著名的白洋淀也是河迹湖。

2. 构造湖

构造湖指的是湖盆是由地壳构造运动所产生的凹陷而形成的,包括断裂、地堑、构造盆地等。这类湖泊的特点是湖岸平直、岸坡陡峻、湖形狭长、深度较大。亚洲的贝加尔湖,非洲的坦葛尼喀湖等都属于构造湖。我国典型的构造湖有云南的洱海、滇池。

3. 堰塞湖

堰塞湖指的是由山崩、火山熔岩、泥石流等外来物质急剧堆积阻塞河流而形成的湖泊。我国最大的堰塞湖是镜泊湖,该地区在距今1万多年前的更新世中晚期发生火山活动,喷溢出的大量玄武熔岩,把牡丹江拦截,形成了镜泊湖。湖狭长,南北长45公里,东西最宽处仅6公里。除此之外,黑龙江的五大连湖,西藏东南的易贡措、古乡措,西安翠华山的聚湫池等均为堰塞湖。

4. 海迹湖（泻湖）

海迹湖指的是由于沿岸沙嘴、沙洲等不断向外伸展,最后封闭海湾,形成湖泊。例如杭州西湖,这里原是和钱塘江相通的一个浅海湾,宝石山和吴山是当年这个海湾南北两侧的两个岬角。长江、钱塘江携带来的泥沙受两岬角之阻,在海湾口两侧产生堆积,形成了两个沙嘴。由于沙嘴的不断扩张延伸,最终两侧沙嘴相连,隔断了海湾,形成了湖泊。开始时,随着海潮的出没,西湖仍然经常处于汪洋之中。直到汉朝后期,西湖才完全与海潮隔绝。经过长年累月周边山地来的溪泉的补给和冲洗,湖水被逐步淡化,成为淡水湖泊。西湖已几经治理疏浚,现有面积约5~6平方公里。此外,太湖也是典型的海迹湖。

5. 火口湖

火口湖是指因火山喷发后遗留的火山口积水而成的天然湖泊。其特点是湖泊外形近圆形或马蹄形,深度也较大。吉林省长白山主峰白头山顶的天池,就是一个火口湖。在地质史上,长白山是一个火山活动剧烈、已有多次喷发的地区。公元1702年4月的一次喷发,形成了天池的湖盆,所以天池自形成至今还不到300年的历史。它呈椭圆形,南北长约5公里,东西宽3~4公里,平均水深204米,最深达373米,是我国最深的湖泊。其湖水黛碧,景色十分秀丽。云南腾冲大龙潭火口湖也属此类。

6. 冰川湖

冰川湖又称为冰蚀湖,指的是由冰川的刨蚀作用或冰碛作用形成的洼地,后来气候转暖,洼地积水形成冰蚀湖。北欧许多湖泊均属此类型。著名的有波兰的西尼亚尔德湖以及我国西藏地区的诸多湖泊,如帕桑措、布托措等;我国新疆阿尔泰山区的喀纳斯湖,就是一个著名的冰蚀湖,湖的周边地区至今还留下了各种冰蚀地形和冰碛垄。此外北美洲的五大湖群也是著名的冰川湖。

7. 风蚀湖

在干旱和半干旱地区,由于风蚀作用所形成的洼地积水形成的湖泊称为风蚀湖。风蚀湖的面积大小不一,且湖水较浅。湖水可由河流注入,也可由地下水补给。例如内蒙古西部的嘎顺诺尔和苏古诺尔两个湖泊,过去合在一起,称居延海。随着入湖水量的减少和大量泥沙的淤积,居延海逐渐萎缩成嘎顺诺尔和苏古诺尔两个相隔的湖泊。

8. 岩溶湖（溶蚀湖）

岩溶湖是由地下水或地表水对石灰岩等可溶性岩石进行溶蚀而成的湖泊,一般呈圆形或椭圆形。例如贵州西部乌蒙山区的威宁草海,该地区广泛出露的石炭纪浅灰色块状灰岩、白云质灰岩,经长期溶蚀形成洼地,后积水成草海,其面积约 45 平方公里,是贵州省最大的湖泊。另外,贵州省织金县的八步湖、云南中甸的那怕海、丽江拉石坝海等也是溶蚀湖。我国溶蚀湖主要分布在贵州、云南、广西等地。

9.人工湖

人工湖即由人工建造的各种湖泊,是指具有拦洪蓄水和调节径流等特定功能取向的蓄水区域。大的叫水库,小的称堰塘。例如北京十三陵水库、安徽太平湖等。我国是世界上人工湖最多的国家,目前已建成大、中、小型水库约 8 万多座。现旅游发展较好的大型人工湖有千岛湖、松花湖、三门峡水库、刘家峡水库等。

第四节　瀑布旅游资源

一、瀑布旅游资源概述

(一)瀑布的含义

瀑布是流水从悬崖、陡坡上倾泻而下形成的水体景观,或者河流纵断面突然产生波折而跌落的水流。它雄壮、粗犷,千姿百态,具有声、色、形之美,在水体旅游资源中占据重要地位。我国国土辽阔,地形多样,地势起伏强烈,各地河流众多,发育着种类繁多、规模不一、形态各异的瀑布。据有关统计,分布于各省(市、区)的主要瀑布总计多达 200 余处。我国的瀑布主要集中在三个地区,民族地区就有两个,即云贵高原地区和喜马拉雅山一带;另一地区是江南丘陵。瀑布以形、声、色三态之美先声夺人,如果再与山石峰洞、林木花草、白云蓝天等环境要素协调结合,就会形成效益很好的旅游功能。

(二)瀑布的类型

依据瀑布的外观和地形构造,瀑布有多种分类方法。根据瀑布水流的高宽比例,可以分为垂帘型瀑布和细长型瀑布;根据瀑布岩壁的倾斜角度,可以分为悬空型瀑布、垂直型瀑布、倾斜型瀑布等;根据瀑布有无跌水潭,可以分为有瀑潭型瀑布和无瀑潭型瀑布;根据瀑布的水流与地层倾斜方向,可以分为逆斜型瀑布、水平型瀑布、顺斜型瀑布、无理型瀑布等;根据瀑布所在地形,可以分为名山瀑布、岩溶瀑布、火山瀑布、高原瀑布等;根据瀑布的外形特点,可以分为布瀑、跌瀑、线瀑、直瀑、射瀑、泻瀑、分瀑、双瀑、偏瀑、侧瀑等。最常见的瀑布分类方式是根据形成瀑布流水落差陡坎的主要因素——构造条件、岩性差异、水动力条件等,将其分为构造型瀑布、岩溶型瀑布、堰塞型瀑布、差异侵蚀型瀑布、冰川型瀑布等。

1.构造型瀑布

构造型瀑布是指由构造运动使地层发生断层所形成的瀑布,如黄河壶口瀑布。

2.岩溶型瀑布

岩溶型瀑布是指在可溶性岩石分布区,由于水流溶蚀、冲蚀作用,落水洞坍塌,或钙华层在河道中不断堆积等原因形成的瀑布。如黄果树瀑布、牟尼沟瀑布等。

3.堰塞型瀑布

堰塞型瀑布是指火山喷发的熔岩流堵塞河道,或山崩、泥石流等堆积物堵塞河道而形成的瀑布。如镜泊湖吊水楼瀑布。

4. 差异侵蚀型瀑布

差异侵蚀型瀑布是指当河流流经两种不同性质的岩层时,对不同岩层的差异锓蚀,较软的岩层受河水的冲击而形成深潭,使高差加大,形成瀑布。多数瀑布属此类。

5. 冰川型瀑布

冰川型瀑布是指由冰川的侵蚀、堆积作用而形成的瀑布。如海螺沟冰川瀑布、北美五大湖的尼亚加拉瀑布等。

二、瀑布的旅游价值

瀑布以它从天而落的气势,奔放勇猛的风貌和千姿百态的形态,具有形、色、声之美,是别具一格的水体旅游资源,具有很高的观赏价值。

三、瀑布秀幽程度

瀑布秀幽程度主要取决于瀑布水流的清浊度和瀑布环境的深秀程度。水流的清浊度,取决于含沙量和有机质含量的多寡;环境的深秀,主要反映在植被覆盖率的高低上(见表2-2)。

表 2-2 瀑布幽秀指标评价等级

等级 得分 参数	Ⅰ	Ⅱ	Ⅲ	Ⅳ	Ⅴ
	5	4	3	2	1
含沙量(kg/m³)	<0.05	<0.05~0.2	<0.2~0.5	<0.5~1.0	>1.0
植被覆盖率	>70	>40~70	>20~40	>5~20	<5

四、我国主要瀑布旅游资源

我国主要的瀑布旅游资源有黄果树瀑布,壶口瀑布,吊水楼瀑布,雁荡十八瀑,九寨沟的诺日朗瀑布、树正瀑布、黄山的人字瀑、百丈瀑、九龙瀑等。

第五节　泉水旅游资源

一、泉水旅游资源概述

(一)泉的含义

泉是地下水的天然露头,是地下水涌出地表的自然景观。泉在山区分布比较普遍,不仅可供饮用和矿泉疗养,而且可以造景、育景,具有观赏价值。泉的形成条件是必须有较充分的地下水和一定的流动通道。泉的分布、特点与气候、地形、地质、水文等有密切关系。大气降水丰富、地表多水地区多泉,地表容易渗水地区多泉;其特点与地下水在渗流中所遇到的地质状况有直接的关系。

(二)泉的类型

1. 按泉水出露状况分类

按泉水出露状况分类,可将泉水分为上升泉和下降泉。泉水往上喷涌,翻起水花,伴有气泡,叫上升泉。其特点是水流量、水温、水质变化较小。泉水无声无息地缓缓渗出,叫下降泉。

其特点是水量和水文有明显的季节性。

2. 按泉水温度分类

泉水温度主要受地下水循环的深度和地壳活动的影响,按泉水温度分类,可将泉分为冷水泉、温泉、热泉、沸泉。泉水温度在20℃以下为冷水泉,温度在20℃～37℃的称为温泉,温度在37℃以上为热泉,其中43℃以上被称为高热泉,而沸泉指的是泉水温度超过当地沸点的泉水。

3. 按泉水的矿化度分类

按泉水的矿化度分类,可将泉分为淡水泉和矿泉。矿化物小于1克／升为淡水泉,矿化度大于1克／升为矿泉。

二、泉水旅游资源的旅游价值

(一)观赏价值

我国许多风景区都有泉景。例如,西湖景区的三大风景(虎跑泉、龙井泉、玉泉)均为重要的旅游点,太原晋祠公园(内有难老泉)、兰州玉泉山公园、福州涌泉寺、鞍山龙泉寺等都是以泉取胜而形成的景点。另外,在泉水出露的地方,由于泉水滋润土地,有利于树木花草生长,且空气新鲜,环境幽雅,清泉与秀岭、山花、绿林结合在一起,形成秀丽的自然风光,往往成为人们观赏游憩之地。

(二)康乐价值

由于泉水是地下水出露而成,泉水中含有多种化学成分,再加上温度、压力,使其有较强的医疗功效,这是泉水旅游资源区别于其他水体旅游的重要特色。不同的泉水,因所含不同元素,所发挥的医疗功效不同。温泉具有较高热量,对人体能起到舒筋活血、化瘀消肿的功效。它能降低神经的兴奋性,对动脉硬化、高血压有较好的疗效。温泉中所含的有价值的矿物质,是治病的主要因素。温泉中的氡元素具有放射性能,可调节心脑血管系统和神经系统,起到降低血压、催眠、镇定、镇痛作用;硫酸根离子和其他钙、镁、钠离子,具有消炎作用;含有二氧化碳的矿泉水,饮时清凉舒适,可帮助消化,增进饮食,用之洗澡,会刺激神经末梢,使血管扩张,有锻炼心肌、保护心脏之功能,对治疗外伤溃疡也有好处。此外,泉水的压力和浮力有利于肢体关节功能的恢复,对治疗骨折后关节僵硬、肌肉瘫痪有好处。

(三)酿造价值

矿泉水在地下经过多次过滤,杂质少,矿化度低,色清味纯,水质甘甜,是一般地表水所难以比拟的。泉水还与我国传统的茶文化、酒文化有着密不可分的关系。名泉水酿酒可以大大提高酒的质量,如贵州茅台酒、四川五粮液、青岛啤酒等都是由各种佳泉提供的水源;名泉水泡茶,更是人们追求的享乐之一,杭州的"虎跑泉"以水质纯净甘冽著称,用虎跑泉水泡以色香味俱佳而闻名的龙井茶被誉为"西湖双绝"。

三、泉水旅游资源的分布

我国各种类型的泉水资源非常丰富,是世界上温泉最多的国家。我国泉水分布十分广泛,每个省区都有泉,西藏、云南、台湾、福建为温泉密集区。

我国以泉闻名的旅游地很多,最具代表性的是"泉城"济南,其有名可考的泉有108处,最著名的有趵突泉、珍珠泉、黑龙泉、玉龙潭四大泉群。其次,江苏镇江中泠泉、杭州虎跑泉、无锡惠山泉、苏州观音泉、庐山古帘泉、北京玉泉、陕西华清池、敦煌月牙泉、大理蝴蝶泉、昆明黑龙潭、青岛崂山矿泉、广州从化温泉、鞍山汤岗子温泉、福州温泉、黑龙江五大连池、内蒙古阿尔山温泉等都较著名。

第三章 气象气候旅游资源

学习目标

1. 了解气象、天气、气候的概念
2. 掌握气象气候与旅游的关系以及气象气候旅游资源的特点
3. 掌握主要的气象气候旅游资源的类型

主要内容

1. 气象气候旅游资源的类型
2. 气象气候旅游资源的特点

舒适宜人的气候是开展各项娱乐活动的重要保障,同时也造就了各种自然奇观,丰富了旅游活动。因此,从旅游的角度来研究气象气候资源有利于旅游资源的开发以及旅游活动的组织。

第一节 气象气候旅游资源概述

一、气象气候旅游资源的概念

(一)气象、天气、天象和气候

1.气象

气象是大气中冷、热、干、湿、风、云、雨、雪、雾等各种物理现象和过程的总称。气象包括天气和气候。

大气又称大气层,是包裹在地球外部的一层气体,由气体、固体杂质和液体微粒组成。大气中的二氧化碳可以使大气温度上升,臭氧能吸收紫外线、使地面上的生物避免过多的紫外线伤害,水汽影响空气干湿度并形成云、雾、雨、雪等多种天气现象和大气景观。

2.天气

天气是指一个地区短时间内的大气状态及其变化的总称。

3.天象

天象泛指所有的天文现象,通常指发生在地球大气层外的现象,如行星运动、日月变化、流星雨、极光、太阳黑子等。

4.气候

气候指某一地区多年天气状况的总和,不仅包括该地区稳定发生的天气状况,也包括偶尔出现的极端天气状况。气候的差异性和分布规律,造成了自然地理环境和人文地理环境的差异。

（二）气象气候旅游资源

气象、气候旅游资源是指能吸引旅游者出行、满足旅游者的需要并且能被开发利用的气象景观和气候条件。其中气象旅游资源包括吸引旅游者的各种大气物理现象及其过程；气候旅游资源一方面指能吸引旅游者的宜人气候条件，另一方面指以气候为背景、与其他景物结合共同形成的具有吸引力的某一地区的整体环境景观。

二、气象气候与旅游

气象气候直接或间接地影响着人们的旅游活动，进而影响旅游业的发展。

（一）气候的差异决定了地域景观和旅游资源的差异

1.各地气象气候条件的差异形成了不同的自然旅游景观

（1）东部季风区。降水充沛，日照充足，是我国森林、淡水湖泊、江河、大海、瀑布、沙滩等旅游资源分布地。

（2）西北非季风区。降水少，为干旱、半干旱气候，主要分布着沙漠、砾石滩、寒漠、草原、咸水湖等旅游资源。

（3）东北地区。冬季漫长、寒冷，降雪期和积雪期都长，形成林海雪原等各种冰雪景观。

（4）江南地区。降水丰富，雨季长，植被茂盛，形成江南山水秀美景色。

2.气象、气候的地域差异影响各地的人文景观和地域文化

自然地理环境对人文地理环境的形成具有决定性的作用，因此气候、气象的地理差异也会使各地的民俗文化呈现鲜明的特色。比如中国的传统建筑，从南到北各不相同：西双版纳的傣家竹楼，使用竹木材料，挑空搭建，主要了为了通风透气；北京四合院，整个院落被房屋与墙垣包围，主要为了保温防寒避风沙；内蒙古大草原上的蒙古包，容易拆卸且方便运输，就是为了适应游牧生活的需要。

3.根据特殊的气候条件，可开展独特的旅游活动

不同的气候条件，促成了不同自然景观的形成，其旅游开发价值和利用形式也不尽相同。黑龙江省位于我国版图中最北边的位置，维度高，平均气温低于全国大部分地区，冬季时间长造就了雪量丰沛、雪期长的特点，且室外温度长期维持在零下二十多度，造就了其独特而优质的冰雪资源，非常适合开展冰雪运动，因此我国较为优质的滑雪场地大多分布在黑龙江省。

（二）影响自然景观的季相变化

由于气候的季节变化，影响到其他景观也相应地发生季相变化，使同一风景区在不同的季节呈现不同的景观，增加了景区的观赏性和审美价值。

（三）气候条件是旅游区开发的基础条件之一

气候对旅游活动的影响是直接的、明显的，因此在旅游景区规划开发时，必须考虑旅游活动的组织和实施，因此根据当地的气候特点和气候条件，开发相应的旅游项目和设施。

（四）气象、气候条件影响客流的时间变化和空间分布

1.影响客流的时间分布

春季、秋季，气候温和、宜人，极端天气现象少有发生，因此是旅游的最好季节，我国大多数旅游城市和景区的旅游旺季基本都集中在这两个季节；夏季的炎热和冬季的寒冷，降低了人们外出旅游的欲望，因此形成旅游平季或淡季。

2.影响客流的空间分布

气象气候对客流的空间流动导向作用主要体现在:气候条件优越并且持续时间长的地区成为旅游热点、热线地区;夏季,我国的气温普遍较高,沿海海滨、湖滨和山区,气候相对凉爽宜人,成为旅游热点地区;冬季气候寒冷,我国低纬地区成为居住在北方的游客向往的地方,而生活在温暖地带的游人则喜欢到北方去欣赏北国风光。

三、气象气候旅游资源的特点

(一)地域性

地理纬度、海陆分布、地形起伏,对大范围气候的形成起着决定性作用。气候的地带性分布,促使各地的气象气候旅游资源,具有鲜明的地域性。一些特殊景象必须在特定场合与地点才会显现。如雾凇出现在松花江沿岸;地处热带的海南岛,年平均气温23℃～25℃,终年长夏无冬,四季常青,是我国冬季避寒的最佳场所。

(二)季节性

温度、湿度等诸气象要素,都有规律性的日变化和年变化。不同的气象景观在一年内所出现的时间,也有明显的季节变化。例如被誉为黄山四绝之一的云海,波涛翻滚,此起彼伏,飘忽不定,吸引众多的仰慕者去一睹它的风采。然而如愿者为数不多,原因在于云海的展现,也有季节差异。年平均40天的云海,主要出现在11月至次年5月。

(三)瞬变性

大气中的各种物理现象和物理过程,往往变化迅速,变幻无穷。只有把握时机,才能如愿以偿。如四川峨眉山,人们苦攀登顶,总想一睹"佛光"。事实上,"佛光"一般出现在日出后、日落前的一小段时间,瞬变性大,游客能观赏到的概率很小。

(四)组合性

气象气候景观作为旅游产品开发,常常要与其他旅游资源相组合。例如,我国处于热带、长夏无冬的地域不小,但并不都能开发成避寒之地。海南岛之所以能成为避寒胜地,除气候条件优越外,蓝天、碧水、沙滩、黎族风情、五指山风光等,都是重要的支撑点与组合要素。

(五)持续性和有限性

由于气象气候旅游资源表现出的多变性和季节性,使其又具有了有限的特征,即在特定时间内一个地区的气象气候旅游资源的可利用程度是既定的,如果不及时开发和利用就会造成资源浪费。气象气候现象是稳定而持续出现的,因此在对其合理开发、兼顾环境保护的基础上可实现资源的持续利用。

四、气象气候旅游资源的旅游价值

(一)观赏与体验

独特的气象气候与天象要素构成奇异的自然景观,本身就是旅游资源,对旅游者有着很大的吸引力。闻名世界的旅游风景区黄山吸引着无数中外游客前去观光游览,游客在赞叹黄山的奇松、怪石的同时,更为神奇多彩的气象景观所陶醉。无论是白云滚滚、银浪滔滔的黄山云海,飘忽不定、变幻无穷的黄山云雾,美妙绝伦的黄山日出、日落,鲜为人见的黄山奇景宝光,还是冬日里形成的"玉菊怒放""梨花盛开"的雾凇奇观,雪后初晴的黄山银白色世界,都会使游人流连忘返。

除了观赏功能外,气象气候还有体验功能,这是由于温度、湿度、风、光照等都能给人带来直接的身体体验、感觉。坐在海边的礁石上,感受着海风轻轻拂面,嗅着有淡淡咸味的空气,看着远处落日余晖、归帆点点,听着身边浪涛拍岸、海鸥啼鸣,这是何等惬意。这种"亲身体验"的感受往往能给游客留下深刻的印象,是更高层次的旅游形式,也成为旅游者进一步追寻的主要内容。

(二)休闲度假

人们对气候的感觉,最敏感的是气温、湿度和风的状况,所以一般多以气温、湿度和风的配合状况来表示一个地区的气候舒适度。由于下垫面(地面、植被、水体等)结构、性质及周围环境的不同,引起近地面层的热量与水分状况的差异,这种差异就使得一些区域的气候条件具有了相对的优越性,有利于开展避暑消寒等度假活动。如地中海沿岸、加勒比海沿岸、夏威夷、阿尔卑斯山地、我国的庐山和北戴河,这些地方要么夏季凉快清爽,要么冬季温暖湿润,或有充足的阳光,成为著名的度假胜地。

由于地表状况影响而出现的一些局部小气候,也为休闲活动提供了条件,如湖滨地带受湖泊调节,与远离湖面的区域相比具有气温温差小、相对湿度较大的特点,加之有优美的水景和亲水环境,成为人们四季乐于前往的休闲场所。山谷、河谷地带,常形成山谷风,夏夜凉风习习,可供人们消暑、纳凉。乡野、农村由于地表植被覆盖度高,水面较多,空气污染少,形成与城市不同的气候条件,这是近年来我国乡村旅游、郊区度假休闲旅游盛行的原因之一。

(三)疗养健身

气候条件是疗养活动所必需的一个重要环境条件,许多"气候宜人"的环境适合开展疗养旅游活动。一般来说,洁净的空气,适宜的温度、湿度,充足的阳光及宜人的景色对人的身体保健和病体康复有积极作用,有利于开展疗养活动。森林覆盖好的山区,湖滨、海滨往往成为主要的疗养场所。如滨海区域四季温和,日照充足,空气清新、湿润。柔和的海陆风昼夜交替,十分宜人。

滨海风景区由于海浪拍岸,水被分裂为无数雾珠,使空气中负离子的数量增多。生物气象学家研究证实,负离子具有消毒、杀菌和净化空气的作用。富含负离子的空气进入人体,还具有镇痛、止咳、镇静催眠、降低血压和减轻疲劳的功效。我国滨海地区分布着许多著名的气候疗养胜地,如北戴河、烟台、青岛、大连等地。近年来我国北方出现的所谓"候鸟型"老人,夏季时居住于北方城市,凉爽干燥,易于避暑;冬季则栖身于厦门、海南等海滨地区,温暖湿润,利于防寒。

第二节　气象旅游资源

一、气象旅游资源

(一)云雾景

云雾都是空气中的水汽遇冷凝成的,是温暖湿润地区或季节常出现的气象景观。云雾形状极不固定,时有时无,时聚时散,时浓时淡,时厚时薄,时如堆雪,时似轻纱,千状万态,飘忽不定,难以描述。在风的作用下,云雾更具动态美。同时,云雾也造成了景观的间隔和隐藏,给人留下极丰富的遐想空间。云雾中的山水,由于云雾的动态和明暗变化,极大地丰富了实体山水的景象,使自然山水的美感更加多姿多彩。山区云雾积聚,瞬息万变,凡名山多有与云雾有关的胜境,如庐山云雾,峨眉山、阿里山的云海,苍山的"玉带云",黄山"云海",泰山的"云海玉盘"等,体现朦胧之美,其中景物似有似无,若隐若现,令人捉摸不定,使人感觉到了虚无缥缈的仙家境界。在山区,云雾的积聚和流动,可以形成瞬息万变的云雾奇观,吸引游人观赏。图3-1所示为黄山云雾景观。

图3-1　黄山云雾

(二)雨景

降雨不仅是地表径流、土壤水分的主要来源,而且还可以形成一定的自然美景供人们观赏。雨景是旅游中经常遇到的一种自然景观,江南烟雨、梅雨赏梅、巴山夜雨等都是人们传为佳话的雨景。"清明时节雨纷纷,路上行人欲断魂",平原地区地形起伏小,有单调空旷之感,但在蒙蒙细雨的笼罩下,也显得悠远飘渺,诗意盎然;山地的雨景使山、石、林、木若隐若现,更具朦胧之美,"雨中看山也莫嫌,只缘山色雨中添";"雨丝风片,烟波画船",江上烟雨令人销魂;"秋风秋雨愁煞人",即使在平凡的城市,雨景也能撩人情思。

(三)霞景

霞是日落日出时阳光透过云层,由于散射作用,使天空的云层呈现出黄、橙、红等色彩的自然现象。霞光就是阳光穿过云雾射出的色彩缤纷的光芒。霞和霞光常与山地及云雾相伴随,更加美丽,其主要形式有朝霞、晚霞、雾霞等。由于霞景瞬息万变,五彩迸发,对游人有极大的吸引力。我国古代以霞景命名的景点很多,如贵州毕节的"东壁朝霞"、河南信阳鸡公山的"晚霞夕照"、湖南张家界天子山的"霞日"等。图3-2所示为天子山霞景。

图3-2　天子山霞景

(四)风景

风是空气相对于地面的运动,是气象变化主要的因素之一,这种景只能感受不能观赏,大多用以衬托其他景观。古代曾有许多景观的命名是表现风之美的。如"白水秋风"(峨眉山"十景"之一),"下关风"(大理"风花雪月"四大奇景之一)。

(五)雾淞、雨淞景

雾淞,俗称树挂,是低温时空气中水汽直接凝华,或过冷雾滴直接冻结在物体上的乳白色冰晶沉积物,是非常难得的自然奇观。雾淞非冰非雪,而是由于在零摄氏度以下雾中无数尚未凝华的水蒸气随风在树枝等物体上不断积聚冻粘的结果,表现为白色不透明的粒状结构沉积物。雾淞形成需要气温很低,而且水汽又很充分,同时能具备这两个形成雾淞的极重要而又相互矛盾的自然条件更是难得。

由于雾淞中雾滴与雾滴之间空隙很多,因此雾淞呈完全不透明的白色。有的似腊梅,有的似水仙,有的似菊花,千姿百态,给人以天然艺术美的享受。我国吉林松花湖下的滨江两岸,由于气温低,多偏南风,空气湿度大,所以常常在行道树枝上结成洁白冰堂的雾淞,真像"忽如一夜春风来,千树万树梨花开"。图3-3所示为雾淞景观。

图3-3 雾淞

雨淞是寒冷时过冷却的雨滴或毛毛雨滴,碰到物体上很快冻结起来的透明或半透明的冰层。其产生必须要在近地面层有温度向上递增的条件,所以从高层气温高于零度的气层中下降的雨滴,到近地面层中,因为气温低于零度,使雨呈过冷却状态,这种过冷却水滴只要滴落于一切温度接近零度以下的物体便立刻凝冻成雨淞,因此是一种常出现于南方山区的自然景观。图3-4所示为雨淞景观。

(六)冰雪景

雪是中纬度地区和高纬度地区及雪线以上的山顶地带出现的一种特殊天气现象。

冰雪景观主要分布于中、高纬地区及陆地的高海拔地区。我国的冰雪景观以东北最为典型。东北地处寒温带和中温带,是全国纬度最高、冬季最长的地区,人们常以"林海雪原"形容这里的北国风光。若以城市结合气候而言,则数哈尔滨、吉林二市的冰雪景观最具特色。此外,高海拔地区的冰雪景观也十分丰富,主要以雪山和冰川景观为主。

哈尔滨是中国冰雪艺术的发祥地,其最具代表性的旅游资源是冰雕和冰灯艺术。人们以

图 3-4　雨凇

松花江中的自然冰为原料,通过造型、雕刻、点景,创造出一个个形象生动的冰雕人物、动物和高大逼真的冰雕建筑,同时配置各种灯光,辅以音响效果,达到形、光、动、声的和谐统一,塑造出一个流光溢彩、万紫千红、如梦如幻的童话世界。那玲珑剔透、巧夺天工的冰雕和冰灯艺术品在每年哈尔滨"冰雪节"期间吸引了众多海内外游客前来观赏。

二、天象旅游资源

(一)日出日落景观

赏日出、日落是人们观赏大自然的一个重要部分,在峨嵋山、九华山、崂山以及海滨游览,观夕阳西下的万道彩霞,令人无不陶醉迷离。每当凌晨,在日观峰举目东望,天际开始闪出鱼肚白光,不一会呈现出一条水平红线,渐渐扩张,忽红、忽黄、忽赭,绚烂多彩。不仅旭日东升有着无穷魅力,而且夕阳西下的美也妙不可言。极目西眺,夕阳渐坠,晚霞浓抹,散落天际的桔红色云块,有淡有浓,有的如城堡,有的如豆荚,有的恰似羽毛……变幻莫测,竞相争妍,令人留连忘返。

(二)蜃景与宝光

蜃景又叫海市蜃楼,这种自然景象是由大气的折射和反射作用造成的,一般出现在中、高纬度的地区,不仅海上有,沙漠中或其他地势开阔地方也时有发生。在一定的下垫面、天气条件下,空气的密度会出现不均匀现象。不同密度空气间可形成界面,这一界面对光线有折射和反射作用,这样就会使远处冰山、岛屿、城廓或船只出现于空中。蜃景的出现有两个特点:一是在同一地点重复出现;二是出现的时间相对固定。

宝光又称为佛光,是山岳中特有的一种美景。它的神奇之处在于观赏者对面的天空,有五彩光环出现,光环中央有人形影像,仿佛佛祖降临人世。宝光实际上是太阳光通过空气中悬浮的细小水滴发生衍射而产生的大气光学现象。宝光呈现为色彩华美的光环,霞光四射,光环随人而动,人在光环中如身临仙境,成为高山地区重要的天象奇观。在我国的庐山、泰山和峨眉山均可见到宝光,但以峨眉山金顶佛光最为壮观。其重要原因在于金顶一年之中雾日多达320天,平均每10天之中雾日就达8.9天,雨日为7.4天,其气候条件非常适合宝光的形成。

(三)极光

极光是太阳的带电微粒从高纬度进入地球的高空大气时,受到地球磁场的影响,激发高层空气微粒造成的发光现象。极光色彩鲜艳夺目,形状多样,有动有静,在5~10千米的高空亮度最强。我国黑龙江北部的漠河和新疆阿尔泰地区每年能见到一次极光。

(四)日月并升

"日月并升",又称"日月合朔""日月合璧",其景霞光缥缈,扑朔迷离,奇丽无比,为自然界的一大天象奇观,历来为众多游客所向往。"日月并升"系指太阳和月亮从东方的地平线上同时升起。这时,首先是一轮红日喷云而出,接着淡灰色的月亮一起冉冉上升,并在太阳的边缘忽上忽下、忽左忽右地跳动着。当两者重叠时,太阳的四周会出现一个光环。"日月并升"的时间一般持续 20 分钟左右,随着太阳的大放光芒,逐渐模糊直至消失。

第三节　气候旅游资源

气候旅游资源是吸引旅游者出行的宜人气候条件。宜人气候是满足人们正常生理需求的气候条件,也即人们无需借助任何消寒或避暑的装备与设施,就能保证一切生理过程正常进行的气候条件。人们在这种气候条件下,感觉舒适,心情愉悦,能够获得良好的体验和享受,从而达到放松身心、调节心情、避暑避寒、疗养度假的目的。

一、宜人气候的旅游价值

宜人气候的旅游价值主要体现在三个方面:从旅游者的角度讲,增加旅游动机;从旅游活动的组织讲,适合开展多种旅游活动;从旅游资源的开发讲,可增添旅游资源的魅力。

二、宜人气候的分布

我国宜人气候旅游资源非常丰富。首先,我国大部分地区位于适宜旅游活动的温带和亚热带地区,从气温和干湿状况来说气候条件十分优越;其次,我国从南到北,从东南到西北,气候类型很多,还有不同海拔的山地气候和海滨气候,因此可以开发多种气候旅游。具体分布主要表现为以下几个方面:

(1)在水平地带中,宜人气候主要分布在中、低纬度的湿润气候和半湿润气候区内,以海滨、岛屿最佳。如东南沿海地区的大连、青岛、北戴河、厦门、海口、三亚等。

(2)在山区,宜人气候分布的上、下限因地而异,但主要取决于气温、气压的垂直变化状态,中纬度地区以中、低山地(中山 1000~2000 米,低山<1000 米)为主,低纬度地区可达到中山以上。如江西庐山、浙江莫干山、河南鸡公山、四川峨眉山、浙江雁荡山、江西井冈山、福建武夷山等。

(3)局部地区的小气候和微气候由于受下垫面和周围环境的影响,也有其独特的宜人之处。如森林、草原、湖泊、溪流、温泉分布地区,由于植被和水面对气候具有调节作用,因此气候往往凉爽宜人,非常适合度假旅游,如海南五指山、甘肃甘南、浙江杭州千岛湖、福建武夷山九曲溪、海南儋州兰洋温泉等均是著名的宜人气候区,气候和环境都极为优良。

三、宜人气候的类型

(一)避暑型气候

避暑型气候可以分为分为三种类型:①高原山地型。如我国避暑胜地庐山在夏季比山脚下的九江市平均气温低 5.6℃。中国南方大多数名山属于这种类型,如峨眉山、武夷山等。②海滨型。如大连、青岛、北戴河等。③高纬度型。即高纬地区气温低,许多避暑胜地位于这些地方,如夏季中国东北一些城市。

📖 **旅游小知识**

2016 年华中十佳避暑胜地

2016 年 9 月 1 日,由中国旅游网络媒体联盟主办的"2016 华中十佳避暑胜地"口碑榜网络评选活动结果揭晓。本次评选于 8 月 16 日在湖南、湖北、江西三省同步启动,分为网上评选、口碑指数调查、专家评审等环节,采用"初步推选＋景区自荐"的方式报名,评选得分标准为"50％网友票选＋30％大数据口碑指数调查＋20％专家评审"。

1. 华中十佳避暑胜地(排名不分先后)

湖北恩施大峡谷、湖北三峡人家风景区、湖北九宫山风景区、湖北英山大别山主峰风景区、湖南张家界天门山国家森林公园、湖南大围山国家森林公园、湖南万佛山—侗寨风景名胜区、江西灵山自然风景区、江西明月山风景区、江西三清山风景区。

2. 华中最美避暑小城(排名不分先后)

湖北黄冈英山县、湖北恩施利川市、江西抚州乐安县、江西九江武宁县、江西宜春奉新县、湖南宁乡关山古镇。

3. 华中特色避暑地

华中最佳纳凉氧生地——湖南东江湖旅游区;

华中最佳民俗风情避暑小镇——湖南湘西浦市古镇;

华中最佳避暑森林公园——湖南莽山国家森林公园;

华中最佳避暑峡谷瀑布——湖北三峡大瀑布;

华中最佳露营观星地——湖北九宫山星光公园;

华中最佳水上乐园——湖北洪湖悦兮半岛水上乐园;

华中最佳文化旅游地——江西景德镇古窑民俗博览区;

华中最佳乡村旅游地——江西婺源篁岭景区;

华中最佳生态亲水旅游地——江西九江庐山西海风景区。

(二)避寒型气候

冬季,人们多去热带和亚热带的海洋地区避寒,很多热带、亚热带沿海城市成为著名的避寒胜地,如我国的海南三亚。三亚市地处海南岛的最南端,也是我国最南端的城市,是建设中的国际热带海滨风景旅游新城。全境背靠高山,南临大海,地势自北向南逐渐倾斜,形成一个狭长的多角形。境内海岸线长 209.1 公里,有大小港湾 19 个,如三亚湾、海棠湾、亚龙湾等。此外,还有大小岛屿 40 个。

(三)阳光充足型气候

阳光充足型气候主要依赖于阳光资源而形成。如地中海沿岸国家充分利用阳光和海水建设海滨浴场,最著名的是西班牙濒临地中海沿岸,晴天多,阳光和煦,沙滩柔软,海水蔚蓝,适于开发海水浴和日光浴。我国阳光充足型气候主要出现在海南岛的一些城市。

(四)四季如春型气候

四季如春的迷人气候,如我国的"春城"——昆明。昆明位于云贵高原的中心,滇池东北岸,气候温和,年平均气温在 15℃左右,夏无酷暑,冬无严寒,四季如春,草木终年常绿,茶花、玉兰、杜鹃、报春花四季开放。

第四章　生物旅游资源

学习目标

1. 了解生物旅游资源的概念
2. 掌握生物旅游资源的分类

主要内容

1. 生物旅游资源的分类和概念
2. 生物旅游资源的特点
3. 植物旅游资源的分类
4. 动物旅游资源的分类

第一节　生物旅游资源概述

一、生物旅游的概念

生物是自然界有生命的物质,由植物、动物和微生物组成,其中肉眼能看到的不少动植物的美学特征具有较强的旅游吸引力,形成自然旅游资源中不可缺少的一大组分——生物旅游资源。生物是自然界中最活跃、最有生机的因素,它们是生态环境中的主体,也是自然景观的主要标志。据估计,地球上约有动物 30 余万种,植物 190 余万种,它们的存在与人类环境、经济文化生活有着极其密切的关系。它们不仅为人类提供了各种食物和生产原料,同时也提供了多种多样的休养娱乐环境和观赏游览对象。生物在不同环境条件以及在长期适应、发展过程中形成了不同类型的植被和动物群。多样的生物群落成为地表最具特色、最生动的外部特征,成为各地自然风光中最富生机的组成部分。

二、生物旅游的意义

动物与植物是生物的主体部分,也是自然环境的重要组成部分,与其他自然景观一起构成重要的旅游资源,也可单独形成重要的旅游景观。生命演化至今,丰富多彩的生物使地球生机盎然,生物具有构景、成景、造景、环保四个方面的旅游意义。

(一)构景

构景指的是生物以其美化环境、装饰山水的功能而成为构成旅游景观的一大组分,失去生物,旅游景观便会因此失去魅力。有的人将植物比作大自然的毛发,"峨嵋天下秀"的"秀",指的就是在起伏流畅的山势上由茂密植被所构成的色彩葱绿、线条柔美的景观特色;"青城天下幽"的"幽",指的是在深山峡谷中茂密的植被更增加了其景的深层次,使人产生幽深、恬静的美感。有人将动物比作大自然的精灵,"两岸猿声啼不住,轻舟已过万重山",描写的就是主要由猿声所构成的令人流连忘返的景观。"山青水秀""鸟语花香"形容的都是由生物美化环境所构成的美景。人们早已认识到生物的这一特点,充分利用生物进行园林建筑、装点城市。

(二)成景

成景指的是自然界中由动植物本身的美学价值引起人们的美感,吸引游客探索大自然的奥秘而形成的旅游景观。动植物的成景作用源于其形态和生命过程的美、奇、稀等特征。从生物的形态上看,不少植物的花色之艳、花姿之俏,不少动物色彩艳丽、体形奇特、鸣声悦耳,此为"美";不同环境有不同的生物,致使热带动植物对于温带的人来说充满奇特之感,此为"奇";世界上数量稀少而又极具科学考察和观赏旅游价值的生物,被视为无价之宝而倍受人们宠爱,如我国的大熊猫,此为"稀"。从生物的生命过程来看,植物随季节变化形成的春季观花、秋季赏叶,动物随季节迁徙形成的蝴蝶谷、天鹅湖等,都能成景。

(三)造景

造景指的是人们根据生物的特征,将野生生物驯化后进行空间移置,在新的空间创造出新的具有旅游价值的景观。通过人工营造环境,将各地的植物活体汇集一园形成的植物园,具有较高的科学考察、探奇、观赏、娱乐价值,如英国皇家植物园邱园、美国阿诺尔德树木园、加拿大蒙特利尔植物园,中国的北京、中山、西双版纳等地的植物园都是著名的旅游胜地。人类栽培和养殖的生物形成的人类赖以生存的农业生态景观,为大自然添景增色,如极有韵律的梯田、麦浪滚滚的丰收景象、万亩油菜花的壮美、硕果累累的果园等景观,历来为人称颂,成为田园旅游美景。

(四)环保

植物具有明显的保土防风作用。它们涝时吸水,旱时放水。环境质量与生物的多样性、森林绿地的覆盖率等有着直接的关系。1公顷森林可以保水 325 吨,保土 60 吨,可有效地防止风沙。植物的涵养水分和遮阴作用也调节着气温。酷暑时林荫下地面气温可较裸露地地面温度低 2～5℃。因此,森林对于防风、防沙、涵养水分、调节水气候,具有十分重要的环保意义。

三、生物旅游资源的特征

(一)奇特性

奇特性是指生物受地域分异规律控制而形成的不同地方有不同生物景观的特点。可以说,地球上不存在环境完全相同的地区,地区之间多少存有差异。环境的地区差异,大尺度的遵循纬度地带性、干湿差异性;中尺度的遵循垂直地带性;小尺度的遵循地方性等地域分布规律。生物是环境的产物,有什么样的环境就有什么样的生物。热带的植物叶大、常绿、秋冬不落叶,寒带的植物多为针状叶、秋冬落叶;热带的动物皮毛不如寒带的厚。各个地方都存在适应当地环境的生物奇观。人们一提到热带,就联想到陆地上茂密的热带雨林、独树成林的大榕树、大象和孔雀,海洋中的热带观赏鱼;提到两极就会联想到北极的北极熊、南极的企鹅;提到澳大利亚就会联想到袋鼠。这一系列的联想都是来自各地特色生物在人们头脑中留下的深刻印象的自然反映。

(二)指示性

由于自然地理各要素都处于紧密的相互联系、相互依赖之中,每个要素的发展都不是独立的,而是共轭进行的,根据各要素之间的这种相互联系,就可用自然环境中的一个环节来确定其余环节。自然地理各成分中,生物特别是植物受其他要素的影响反应最灵敏,且具有最大的表现力。例如,椰子正常开花结果是热带气候的标志;温带草原景观是温带大陆性气候的标志。再如,在未受污染的水体里,藻类以硅藻和甲藻为主,每毫升水中细菌数在1000个以下;当水体受污染时,藻类以蓝藻、绿藻为主,每毫升水中细菌数达10万个以上。生物景观的指示性特征,不仅有助于进行科研、考察、观赏和生态旅游等活动,也有助于形成所在地的自然景观,突出所在区域的景观特点。

(三)时间性

时间性是指生物随季节变化发生的形态和空间位置变换而形成季节性旅游景观的特点。如植物,不同季节有不同的植物开花,春季的茶花、樱花、牡丹花,夏季的荷花,秋季的菊花、桂花,冬季的梅花等;不少植物的叶色也随季节变化而更换色彩。再如动物,不少动物随季节有规律地南北迁徙,出现了生物空间位置随季节变化等胜景。

(四)广泛多样性

广泛多样性是指生物景观类旅游资源在空间分布上的广泛性和多样性。地球上的任何地方,山地、高原、海洋或湖泊,甚至是沙漠、戈壁,都有生物的存在。地球上自然生态系统的类型和生物的形态、色彩、声韵和种类等也丰富多样,这些都具有很高的旅游价值。我国的生物资源极为丰富,其中包括不少特有、独存和主要分布于我国的珍稀物种。据统计,目前我国有高等植物3万多种;维管束植物约有2.7万多种;独有的树木50多种,其中银杏、水松、水杉、金钱松、银杉被称为"植物的活化石"。我国的动物资源也很丰富,有陆栖脊椎动物约2000多种,其中鸟类约有1189种,兽类近500多种,爬行类约有320多种,两栖类约有210多种。世界上有不少陆栖脊椎动物为我国特有或主要产于我国,如丹顶鹤、马鸡、金丝猴、羚羊等。还有一些属于第四纪冰川后残留的孑遗种类,如大熊猫、扬子鳄、大鲵、白鳍豚等,都是极为珍贵的物种资源。

(五)可再生性

可再生性是指由生物的繁殖功能、可驯化功能和空间移植性所决定的,由人与自然共同创造形成的生物旅游景观。生物与无机物不同,它具有繁殖能力,使生物世代相传,这一特点决定了其经济利用上的可持续性。生物的可驯化性和空间位置的可移植性,决定了人们可以在局部改变环境条件的基础上,将野生动植物驯化、移植、栽培、饲养,形成动、植物园和农村田野风光等人造生物景观,同时还能作为园林造景、美化城市的衬景。

(六)脆弱性

脆弱性是指生物及自然生态系统在抗干扰的能力上具有较为脆弱的特点。动植物都是有生命的物质,灾害性环境变迁,会使不少生物死亡,甚至整个物种绝灭,如地质时期白垩纪时灾变环境,使称霸一时的恐龙绝灭。人类过度地干扰破坏也会导致生态系统的破坏和物种的绝灭。例如,原始的刀耕火种,烧毁了茂密树林,使动物失去栖息地而影响其生存,土地失去植物根系的固着导致水土流失,这种遭破坏的生态系统必然失去其旅游美学价值。由此可见,生物旅游景观是极为脆弱的,在开发利用上只宜提倡保护与利用并重的生态旅游。

(七)生命有机性

自然旅游资源中的地质、地貌、水文等要素都属于无机物,由它们构成的风景景观,也有动、静的变化,但这种动态变化主要是在内外营力作用下的自然运动过程,是无生命的。而动植物是具有生命的有机体,它们的存在给自然界增加了生命的活力。在一些以沙漠、草原、山水等景观为主的风景区,生物景观的存在,不仅使原本单调的景区充满生机,而且增加了景区的旅游功能,提高了旅游效果。例如,青海湖鸟岛上成千上万只的禽鸟,使原本孤寂的荒漠景观变得热闹非凡、生机盎然。可见,生物景观不仅丰富了自然旅游资源的内容,而且创造了自然景观的生机与活力。

四、生物旅游资源的功能

(一)观赏功能

动植物的形态、色彩、活动习性、寓意等缤纷多样,启发着人们对美的追求,强烈地吸引着旅游者。就形态而论,植物的花、叶、果实,动物的特殊形态成为风景区中观赏亮点的一部分;就色彩而论,植物的茎、叶、花色彩斑斓,随季节变化,动物的斑斓色彩同样吸引着旅游者的目光。

(二)美化、净化环境功能

动植物对其所在的环境起着突出的装饰作用。植物及其植被能给风景带来"秀""丽""幽""森"等方面的突出意境。"山清水秀""鸟语花香"所形容的都是生物美化环境的功能所造就的美景。植物还能起到改善环境、保护环境的作用。

(三)保健和疗养功能

这项功能主要体现在森林和草地环境改善能力方面。此外,一些野生药用动植物吸收天地之精华,本身具有医疗的功效。

(四)造园功能

植物是园林中不可缺少的因素,在中国的园林中经常利用高大的植物来达到夹景、隔景、障景的效果,利用植物的特殊形状来达到框景、对景的效果。

(五)精神美学的功能

人们通常根据生物的某些习性、品格或某种特定的生活环境,赋予其某种含义。不同地区还以本地区独特的生物资源为主题,开展规模较大的旅游节庆活动。

第二节　植物旅游资源

一、植物旅游资源的构景因素

植物资源包括繁密茂盛的植被和森林,珍贵的奇花异草和古树名木等。植物具有美化环境、装饰山水、分割空间、塑造意境等功能。植物资源具有丰富自然景观、衬托人文景观、保护生态环境、美化旅游景区、增添游人游兴、陶冶游人情操等作用,在科普考察、科学研究和生态旅游方面,也都有十分重要的作用。而植物常以其形、色、香、古、奇等对旅游者产生吸引力。

(一)植物之"形"

不同种类的植物会呈现不同的外形,包括花型、果型、叶形、冠型及树姿,即使同一种植物,在不同的生长阶龄期及不同的地域也会呈现不同的形状、造型。常见的乔灌木的树形有柱形、塔形、圆锥形、伞形、圆球形、半圆形、卵形、倒卵形等,特殊的有垂枝形、曲枝形、拱枝形、棕搁形、芭蕉形等。凡具有尖塔形及圆锥形树形者,多有严肃端庄的效果;具有柱状狭窄树冠者,多有高耸静谧的效果;具有圆钝、钟形树冠者,多有雄伟浑厚的效果;而一些垂枝类型,常形成优雅、和平的气氛。枝干的形体美体现在枝干形状的奇特上,如罗汉松。妙的主干扭曲、盘绕而上,具有古雅、苍劲之感。叶片大、叶形奇特的植物,观赏价值比较高。叶片较大的如王莲等。叶形奇特的有叶似马褂的鹅掌楸"动"等。花大,花型奇特,秀美,花繁的植物观赏价值比较高。花大的植物如牡丹;花型奇特植物如珙桐,倒挂金钟;花型秀美的植物如金银花等;花繁的植物如紫薇等。

(二)植物之"色"

就森林植物美来说,是以绿色为基调的美,但是绿色也有色度和明暗的区别,会显示出嫩绿、黄绿、浅绿、鲜绿、浓绿、蓝绿等不同颜色,这些颜色会随季节变化,如春天新梢的葱绿、夏季枝条的苍翠,秋天的暗绿或者变红、变黄。就色彩来说,绿色是基本色,也存在红色、紫红色、红褐色、金黄色,银白色。表现在花朵上有红、黄、蓝、白、彩色。表现在树干上有白桦的白色,有白皮松呈虎皮状的粉绿和灰褐,有青杨的青绿。枝干的色彩美体现在植物枝干的颜色和花纹上。如红瑞木的紫红色枝条,白皮松的白色斑纹状树皮。叶色美主要体现在秋天树叶会变颜色的植物上。主要观赏色彩以红色、黄色为好,其次为红、黄相间,纯色块的树林因为与周围的景观形成鲜明对比,会更夺目。植物花色主要可以分为五个色系,即红、黄、蓝、紫、白。红色代表热烈、喜庆,红花植物如映山红等;黄色显得明亮,密林中如有黄色花的植物点缀,会使林中顿时明亮起来,如黄刺玫等;蓝色给人深远、宁静的感觉;紫色给人在庄严、高贵的感觉;白色则显得淡雅、纯洁、柔和。果色美体现在植物果实的颜色上,如具有紫色果实的紫珠、红色果实的天目琼花风、蓝色果实的十大功劳、白色果实的红瑞木。

(三)植物之"香"

嗅觉美是植物美不可忽略的一个因素,正所谓"溪深树密无人处,唯有幽花渡水香"。树木花草大多都可以释放出某种芳香物质,按类型可以分为松香型、花香型、果香型、茶香型、药香型、芳香型、油香型、竹香型等;根据气味的浓度可分为清香、淡香、甜香、浓香、幽香等几类。而且森林中的负氧离子浓度较高,空气比较清新,有益人体身心健康。

(四)植物之"古"

年龄长达数百年、数千年的古树,它不仅具有科研价值,还因为古老稀少而吸引游人。古树是记录年代、指示环境特征的历史文物和科学资料,因而具有研究价值。古树往往形态奇特,或高大雄伟,或粗若巨柱,或体态虬曲,或心空叶茂。它们多与庙宇、古城堡、古建筑、古陵墓、山岳景色等结合一体,成为游人重要的参观内容。我国具有观赏和文物价值的古树名木较多。例如陕西黄帝陵风景名胜区有古柏8万余株,为我国最大的古柏林。其中有一棵"轩辕柏",被称为"世界柏树之父",其下围10米,高19米,约4000年,相传是轩辕黄帝亲手所植,至今挺拔苍劲,树叶繁茂,毫无衰老迹象。

(五)植物之"奇"

奇树、奇花、奇草,它为人们探求奇特提供了机遇,也是一种美的享受。奇特的植物很多,例如西双版纳勐笼、勐海有一种会流油的树——布罗香,在树上挖洞,马上流油,可以用其点灯,并能防腐防蛀;分布于黑龙江与吉林交界处的木盐树,夏天树干能排出一种液体,其凝聚成洁白盐霜,可以食用,与食盐无异;云南西双版纳有一种会流血的树,用小刀削去树皮,即流出血滴,当地人称"血树走利马";西北黄土高原有一种名叫沙棘的灌木,其果实压汁可做醋用,并含有大量维生素C,被称为"维C之王",所提炼的沙棘油有抗癌作用;湘西山地生长的珙桐,是一种珍稀树种,它春天开花,花色为白色,形似飞鸽,故名"中国鸽子树"。自然界奇特的植物举不胜举,它们共同的特点是以奇取胜,给人以奇特美的享受,同时又能启发人的思维,去探求大自然的奥秘。

二、植物旅游资源的分类

在生物界中,植物的美、特、稀、韵的特征使其成为自然界中最具吸引力的旅游资源之一。不少植物具有较高的美学观赏价值而成为观赏植物;有的则以其特色吸引人们而成为奇特植物;在生物进化中也留下数量极为稀少、集科学考察与观赏功能于一身的珍稀植物;有的植物以其固有特征在人类社会发展过程中成为某一精神之象征,并以其流风遗韵,称为风韵植物。

(一)观赏植物

植物的种类数以千万计,其枝、叶、花、果实、种子的形态色彩等各不相同。根据观赏植物中最具美学价值的器官和特征,将植物旅游资源划分为观花植物、观果植物、观叶植物、观枝冠植物、水生观赏植物等。

1.观花植物

花是植物体中最美、具观赏价值的器官,也是人们观赏的主要对象。花色、花姿、花香和花韵为观赏花卉的四大美学特征。中国具有数以万千的奇花异卉,如牡丹(万花之王)、月季(花中皇后)、梅花(群花之冠)、菊花(寒秋之魂)、杜鹃(花中西施)、兰花(花中君子)、山茶(花中珍品)、荷花(水中芙蓉)、桂花(金秋娇子)、君子兰(黄金花卉)。

2.观果植物

成熟的果实以其鲜艳的色彩和美味吸引着人们。观赏果实的色彩以红紫为贵,如苹果、桃、李、荔枝、山楂、樱桃等;黄色次之,如杏、梨、橙等。果实的形状大小不一,有的大如篮球,如西瓜,有的小如指甲;有的为圆形,也有的有自己独特的形状,如梨形。论其味道,甜、酸、香、苦、涩,真是各具风味,且大多数果实富含人体所需的营养物质和微量元素,集色艳、形美、味甘为一体,备受人们青睐。享誉世界的十大名果为:榴莲(果中之王)、西瓜(瓜中上品)、中华猕猴桃(超级水果)、梨(百果之祖)、苹果(记忆之果)、葡萄(水晶明珠)、柑橘(美味佳果)、香蕉(长腰黄果)、荔枝(果中皇后)、菠萝蜜(微花巨果)。

3.观叶植物

观叶主要观叶色,虽叶之本色为绿色,但大自然中不少植物叶色随季节而变化,呈现出极高的观赏价值,即季相观叶植物;不少植物终年具备似花不是花的彩叶,尤为美丽,故古人也有"看叶胜看花"的诗句。

4.观枝冠植物

树冠是树木外围线所包围的部分,其形态有尖塔形、柱形、伞形、卵形、球形、杯形、波形、下垂形、被覆形等,其中如冲天柏的塔形和垂柳的下垂形较美;棱序角即枝与树干的夹角,一般为 $10°\sim180°$,$30°\sim40°$ 为常见枝序,棱序角 $10°$ 左右的向上形的美国白杨、序角 $90°$ 左右的水平形的雪松和棱序角介于 $90°\sim180°$ 的下垂柳树,均具有极高的观赏价值,如雪松被誉为"风景树的皇后"。典型的还有望天树、大榕树、水杉、冷杉、香槐及竹类植物等。

5.藤本观赏植物

藤本观赏植物如猕猴桃、鸳鸯藤、紫藤、爬山虎等。

6.水生观赏植物

水生观赏植物如莲花、芦苇、菖蒲、慈菇等。

(二)奇特植物

奇特植物往往以其独特或地球上绝无仅有的某一特征而闻名。如结"面包"的树——面包树、产"大米"的树——西谷椰子树、流"糖浆"的树——糖槭、分泌"奶汁"的树——奶树、灭火树——梓柯树、变味果——神秘果等。我国植物有许多世界之最,如:最古老的树——银杏。远在7亿多年前银杏就开始出现,与恐龙一起称霸一时。而今恐龙早已绝灭,银杏仍然独存我国,被誉为"活化石"。最长寿的种子——古莲子。在我国辽宁省金县的深泥炭层中挖出的古莲子,寿命长达830~1250岁,经处理后仍能发芽、开花和结果。最小的有花植物——微萍。

(三)珍稀植物

珍稀植物指世界范围内种类个体和分布面积极为有限、本身又具有独到特征的植物珍品,各国均视为国宝。我国著名的珍稀植物有以下几种:

1.古老的活化石——水杉

1946年在我国四川万县(现重庆万州区)发现一株亿万年前地球上早已绝灭的水杉,称为"古老的活化石"。

2.蕨类植物之冠——桫椤

蕨类是古老的原始植物,现今的蕨类多为草本,桫椤(又名树蕨)是恐龙绝灭后留下的数量极为有限的木本蕨类,极为珍贵。

3.稀世山茶之宝——金花茶

1960年在中国广西南宁发现一种花呈金黄色的金花茶,花色娇艳,分布面积狭小,数量极少,乃稀世之宝。

(四)风韵植物

植物因其具有的特殊风韵,而成为人类社会文化中另一种事物或精神的象征,称风韵植物。不少植物的某一器官如叶、花、果、枝和整个植株都有其独自的风韵。其中最具风韵的花,最受人们青睐,"国花"和"市花"成了一个国家和城市的精神象征。不少植物以它蕴藏的吉祥之意为人们传情送意。

(五)古树名木

某些树木,以树龄、规模、形姿、社会环境等为特色来吸引游客,称为古树名木。例如浙江西天目山,古木参天,山上到处可见需数人合抱的柳杉、金钱松等,有"大树华盖闻九州"之誉。松树是人们常见的树种,但黄山松树冠扁平、飘逸多姿、针叶短密、苍劲古雅,其形姿和气势别具一格,被列为黄山"四绝"之冠。上述各具魅力的植物,有的成批量出现,构成一个区域的特殊景观,如波巴布树、水杉、各类红叶树等。

第三节 动物旅游资源

一、动物旅游资源的分类

动物,在自然界中最具活力。与植物相比,动物能运动,会发声,通人性。不少动物的体态、色彩、姿态和发声都极具美学观赏价值,世界各地历来就有观赏动物的传统。在与环境的关系上,动物能主动改变其生活场所,形成壮观的迁徙现象。随着自然环境的变迁和人类影响强度的加大,野生动物无论种类还是数量都在急剧减少。

(一)观赏动物

观赏动物是指动物的形、色、动、声等方面的特征能引起人们美感的动物。

1.动物之形

动物的体形可说是千奇百怪、各具特色,特别是一些体形奇异的动物,蕴藏着一种气质美。如虎,体形雄伟,给人以王者之气概,我国的东北虎颇有山中之王的气度;雄狮,体形高大,毛色壮观,发威时头部之毛发根根竖立,其王者风范一点不亚于虎之下;腿修长、头高昂的长颈鹿的体态给人以典雅华贵的感觉;四腿如柱、身躯魁梧的长鼻子大象,虽大却不称王,给人以沉稳之感;尤其是尾巴似马而非马、角似鹿而非鹿、蹄似牛而非牛、颈似骆驼而非骆驼的"四不像"麋鹿,其体形更是耐人寻味,极具观赏价值。

2.动物之色

世界上以斑斓色彩吸引旅游者的动物比比皆是。有的为纯一色彩,如北极熊,雪一般的白色绒毛给人以洁白无瑕的感觉;黑叶猴从头到脚闪亮的黑色如乌金一般。更多的为彩色组合,如黑白条斑排列极具韵律的斑马;圆形褐斑均匀撒落在黄色皮毛上的金钱豹;黑背白腹的企鹅;红色只点顶的丹顶鹤。更为有趣的是海南岛的坡鹿,背部有一条黑褐色的条带,条带下面点缀着若干平行排列的白斑,肋和腿呈土黄色,腹、胸、脚趾则呈一片雪白,色彩极为美观。还有那五彩缤纷的昆虫世界和鸟儿王国,更是让人陶醉。

3.动物之动

动物的行动也能对人产生美感,猛虎下山之威武,鱼游水中之自由,骏马奔腾之矫健,猿猴攀缓之灵巧,象出深林之雄壮,雁过蓝天之整齐,熊猫行走之憨态,以及孔雀开屏之美丽,常令人赞叹不已。猴、熊、狗和海狮等聪明的动物,经过人们的精心训练,可进行杂技表演,更是老少皆宜的旅游娱乐项目。

4.动物之声

不少动物发出的悦耳之声能激发人们的听觉美。"鸟语花香"一词道出了绝大多数鸟是大自然"歌唱家"的奥秘。夜莺之鸣声,悠扬婉转、娓娓动听;黄山八音鸟之鸣声,音调尖柔多变,音色清脆悦声,一声能发出八个音;善仿人言的鹦鹉更历来受人宠爱;有的动物能发出奇特的声音,澳大利亚的国鸟——笑笑鸟发出像人一样爽朗宏亮的笑声,云南鸡足山的念佛鸟发出"阿弥陀佛"的叫声,峨嵋山万年寺的弹琴蛙,叫声如委婉动听的古琴声。

(二)迁徙动物

为繁殖、捕食和寻找更为舒适的环境,许多野生动物都有集体随季节变化而迁徙的本能。这种上规模的集体远征,使某一物种的动物在某一时段具体空间内形成极具观赏价值的旅游胜景。根据动物迁徙的空间位置和迁徙方式,迁徙动物可分为迁飞动物、迁移动物和洄游动物。

(三)迁飞动物

迁飞动物主要指随季节变化在空中长途迁飞的鸟类和昆虫。鸟类随气温的变化而迁飞,在北半球,一般夏季在凉爽的北方居住,秋天往南迁飞,到温暖的南方越冬,春天又飞回北方,这种迁飞的鸟类叫候鸟。对具体一个地区讲,来此过夏天的叫夏候鸟,来此越冬的叫冬候鸟,途经该地的叫旅鸟。鸿雁是我国南方的冬候鸟,每年中秋前后,生活在西伯利亚一带的鸿雁云集成群,排成一列纵队或"人"字雁阵,迁飞到我国南方越冬,来年春天再北返。新疆天鹅湖的天鹅、青海湖鸟岛的鸟群、鄱阳湖的鹤群及昆明的红嘴鸥都构成了引人入胜的旅游胜景。旅鸟途经的云集地也颇为壮观,云南大理的鸟吊山"鸟会"的热闹喧腾的盛况,使游人有如置于童话世界一般。

昆虫的迁飞最闻名的要数蝴蝶,地球上14000多种蝴蝶中有200多种能像候鸟一样随季节迁飞。最著名的要数美洲的彩蝶王,每年春天从中美洲长途迁飞到加拿大过夏,秋天又从加拿大返回中美洲,途经45000多公里,历时几个月的迁飞途中,千百万只彩蝶王在碧空长天中与飞云竞驰、和流霞争艳,蔚为壮观。我国台湾高雄的蝴蝶谷闻名于世,尤为奇特的是在美侬的"黄蝴蝶谷"里,蝴蝶择色为伍,满谷几乎清一色的都是黄蝴蝶,构成了自然界一大奇景。

(四)迁移动物

动物迁徙指的是动物由于繁殖、觅食、气候变化等原因而进行一定距离的迁移。动物迁徙有周期性迁移和非周期性迁移。如北方驯鹿冬季南迁至针叶林带,春季则返回食物丰富的北方苔原带。除水平方向迁移外还有垂直方向迁移。如山区寒冷季节,动物常向低处移动觅食。许多深海鱼类和无脊椎动物一年中在深海和浅海中要分别度过部分时间。

(五)珍稀动物

珍稀动物指野生动物中具有较高社会价值、现存数量又极为稀少的珍贵稀有动物。在此我们主要关注的是珍稀动物的科考旅游和观赏价值。世界珍稀动物是指在世界范围内都极为稀少珍贵的动物,这些动物深受世界人民喜爱,有的被视为民族精神的象征,有的被视为国宝。

我国幅员辽阔、环境多样,具有不少珍禽异兽,许多动物是属于世界性的珍稀动物。中国政府极为重视野生动物的保护,据1987年9月1日公布的《国家保护野生动物名录(草案)》中,一类保护动物68种,二类保护动物53种,三类保护动物27种。其中一类保护动物中的大熊猫、金丝猴、白鳍豚和白唇鹿被称为四大国宝动物。世界范围著名的珍稀动物有以下几种:

1. 无翼夜行的几维鸟

生长在新西兰的一种鸟因叫"几维"声而得名,几维鸟是鸟中最原始的种类,没有翅膀也没有尾羽,不能飞翔,但它粗壮有力的双脚却行走如飞,时速可达16公里,新西兰人把几维鸟看成自己民族的象征,定为国鸟。

2. 光彩夺目的极乐鸟

南太平洋的巴布亚新几内亚是世界珍禽极乐鸟的主要栖息地,极乐鸟头部为金绿色,披一身艳丽羽毛,长长的大尾羽更是妩媚动人,光彩夺目。极乐鸟对爱情忠贞不渝,一旦失去伴侣,另一只鸟就会绝食而死。巴布亚新几内亚人把极乐鸟视为其民族象征,在其国旗、国徽,甚至民航客机和各种纪念品上均印有极乐鸟的形象。

3. 中国国宝——大熊猫

大熊猫是世界上最珍贵的动物之一,一万多年前曾遍布我国,现遗留下的数量极少,仅分布在四川、甘肃、陕西的个别崇山峻岭中,成为研究生物进化的活化石。大熊猫身体胖软、头圆颈粗、耳小尾短、四肢粗壮、一对八字形的黑眼圈犹如戴着一副墨镜,非常惹人喜欢,我国把它视为国宝,列为国家一类保护动物,世界野生动物协会还把它选为会标。

4. 中国独有的猴——金丝猴

金丝猴是灵长类中最漂亮的动物,圆头长尾,清面蓝鼻,鼻孔朝天,肩背毛光亮如黄金金丝,因此得名。金丝猴仅生活在中国部分海拔1400～3000米的高山密林中,善长攀树,动作灵活,聪明过人,在神农架等地建有专门保护它的自然保护区。

5.最大最珍贵的江河哺乳动物——白鳍豚

白鳍豚是我国特有的珍稀潜水动物之一,是一种最大的哺乳淡水动物,长 2 米多,重约 100 千克,背部浅灰蓝色,腹部纯白,善于游水,时速可达 80 公里左右。由于长期生活在浑浊的江水中,视听器官已退化,但大脑特别发达,声纳系统极为灵敏,头部还有超声波功能,一遇紧急情况,立即潜水躲避。白鳍豚仅分布在我国长江中下游江湖中,数量极为稀少,十分珍贵。

6.世界屋脊之鹿——白唇鹿

世界屋脊的青藏高原的黄河源头巴颜喀拉山北麓的鄂陵湖和扎陵湖地区,生长着世界珍稀的一种鹿,因鼻端两侧和下唇为纯白色而称为白唇鹿。白唇鹿特别温驯,你若喂它草,它会亲昵地闻闻你的手,任你抚摩拍照,深受小朋友喜欢,1972 年一对白唇鹿曾作为和平使者由周总理代表中国少年儿童赠予斯里兰卡小朋友。

第四节　自然保护区

一、自然保护区的概念

自然保护区是国家为保护自然资源和自然环境,拯救濒于灭绝的生物物种和进行科学研究,长期保护和恢复自然综合体及自然资源整体而划定的特定区域,并在该区域内设置管理机构,采取保护措施,使其成为保护环境及自然资源特别是生物资源、开展科学研究及环境保护教育的重要基地。自然界的物质资源,特别是生物资源的消长变化与自然环境和社会生产活动的发展密切相关。人类是物质文明的创造者,又是资源的消耗者和破坏者。在社会发展进程中,人类既要不断提高生产力,又要维持自然生态平衡和避免资源的枯竭,这样就必须研究和监测人类活动对各种自然因素可能造成的影响,找出生物与环境、生物与生物、环境与人类之间保持协调平衡的规律。因此,要了解人类活动对自然界以及自然资源的影响,选择一定面积、有代表性的地域,作为人类观察和了解自然的基础,对人类社会的发展进程是十分必要的。建立自然保护区就是把这种有代表性的地域具体化、形象化的一种做法。自然保护区的建设不仅仅是衡量一个国家自然保护水平的标志,而且已经成为衡量一个国家进步和文明的标准之一。

二、我国的自然保护区

(一)我国自然保护区概况

中国的自然保护区建设开始于 1956 年,至今已有 60 多年的发展历史,特别是进入 20 世纪 90 年代以来,自然保护区的数量迅速增加,类型逐渐丰富。截止到 1994 年底,共建立各类自然保护区 760 处,面积达到 405 万公顷,形成了自然生态系统、野生生物、自然遗迹三大系列九种类型(森林、草原和草甸、荒漠、内陆温地和水域、海洋和海岸、野生动物、野生植物、地质地貌、古生物遗迹),在管理上分属林业系统、农业系统、海洋系统、地矿系统和环保系统。根据自然保护区在全球、全国、省区的典型性和代表性分为三级:国家级、省级、县(市)级,这些构成了我国自然保护区的"本底",到 2015 年底,我国自然保护区数量为 2740 个,总面积约 14703 万平方公里顷。

(二)我国自然保护区类型

中国自然保护区根据其保护级别可分为世界级、国家级和地县级三大类,各大类的情况如下。

1.世界级自然保护区

世界级自然保护区指位于中国、具有国际性科学意义的自然保护区,包括世界自然历史遗址和人与生物圈保护区。截至 2018 年 7 月,中国有列入世界遗产名录的世界遗产 53 处,如黄山、泰山、黄龙寺、九寨沟、武陵源、长城、北京故宫、莫高窟、秦始皇陵、周口店北京人遗址、布达拉宫、孔庙孔林孔府、峨眉山及乐山大佛、武当山古建筑群、承德避暑山庄及周围寺庙、庐山、平遥古城、苏州园林、丽江古城等。人与生物圈保护区有新疆博格达峰自然保护区、内蒙古锡林格勒自然保护区、福建武夷山自然保护区、广东鼎湖山自然保护区、四川卧龙自然保护区、湖北神农架自然保护区、贵州梵净山自然保护区和吉林长白山自然保护区等。这些自然保护区都是中国闻名世界的最著名的风景名胜地。

2.国家级自然保护区

国家级自然保护区指受法律保护、由国家直接管理的自然保护区,包括国家重点保护区、国家森林公园和国家重点风景名胜区。截至 2018 年 5 月,我国现有国家自然保护区 452 个。著名的有安徽省的扬子鳄自然保护区、江西省的鄱阳湖候鸟自然保护区、海南省的大州岛海洋生态自然保护区、湖北省的神农架自然保护区、吉林省的长白山自然保护区及云南省的西双版纳自然保护区等。这些保护区有的在一定范围内进行了旅游开发,有的则处于旅游规划阶段。我国继 1983 年正式批准张家界国家森林公园后,陆续又建起了浙江天童、千岛湖,广东沙头角、溪流河,陕西楼观台,山东泰山、威海,安徽琅琊山,河南嵩山等森林公园,并列称为我国十大国家森林公园。这些公园的建设目的就是发挥森林的旅游功能,现已是我国的重要风景名胜地。国家重点风景名胜区分三批公布共 119 处,其中浙江省和四川省最多,均为 11 处,云南次之,有 10 处。中国著名的风景名胜区均被收入。

3.省、地、县级自然保护区

各省、地、县均有受法律保护、由当地政府管理的自然保护区,其保护对象价值也随级别的不同而异,不少已有旅游开发。例如湖北石首天鹅洲麋鹿自然保护区,进行麋鹿野生放养,实现了千年时空大跨越,使"四不像"名扬天下,声震五洲,中外游客慕名纷至沓来。

三、自然保护区的旅游开发与保护

(一)自然保护区的功能

世界各地自然保护区的保护对象各不相同,但"保护"是其共同的首要功能。除保护外,人们已逐步认识到它的其他功能,除极少数绝对保护区外,大多数自然保护区都向着保护、科研、教学、旅游、生产多功能发展。具体体现在自然保护区的结构上,在核心区是严格保护区,不允许生产利用;缓冲带区可进行科学研究和科学实验;过渡区则可进行保证持续发展的开发利用,如教学、旅游、农业生产等活动。

(二)自然保护区的旅游开发与保护

由于自然保护区具有优美的自然景观、珍贵的动植物,对旅游者有很大的吸引力,特别是以保护自然景观为主要目的的自然保护区更是旅游者向往之地,是人们探索自然奥秘、休闲度假的好去处。许多著名的旅游胜地都位于自然保护区内,如美国的黄石国家公园,日本的富士山,法国的阿尔卑斯山,中国的九寨沟、张家界、西双版纳等名胜地。随着经济和旅游的发展,自然保护区的旅游接待压力越来越重、旅游开发强度越来越大。这与景观优美的自然保护区最大的生态特征——脆弱性相矛盾,若利用和开发不当必然会导致对自然保护区的破坏。因此,自然保护区旅游功能发挥的同时要特别注意保护,应开发与保护并重,使游客在旅游过程中不仅享受大自然的美,又得到环境教育,主动保护环境。这种把环境教育巧妙地寓于旅游之中的活动称为生态旅游。生态旅游的最大特点是经济、社会和生态三人效益真正协调发展,使旅游资源真正得到永续利用,经济持续发展。在自然保护区的旅游开发中,森林旅游是其中最重要的方面。随着当代工业化、都市化步伐的加快,"崇尚大自然""回归大自然"的热潮悄然兴起,去森林旅游越来越受到人们的重视。它是人们对一般人造园林游赏的一种高质量的补充和发展。目前,各国都在致力于这方面的开发,如德国提出了"森林向全民开放"的口号。

第五章　历史文化旅游资源

学习目标

1. 了解历史文化旅游资源的概念
2. 掌握历史文化旅游资源的分类

主要内容

1. 历史文化旅游资源的概念与分类
2. 历史遗迹类
3. 古建筑类

历史文化资源是旅游资源的重要类型之一,它不同于自然旅游资源,其形成不仅仅受到地势、地貌等自然地理环境的影响,同时也受到历史、经济、民族等各种社会复杂因素的影响。历史文化旅游资源的形成背景、形成过程远比自然旅游资源复杂。

第一节　历史文化旅游资源概述

人类的历史发展悠久。人类从诞生之日起就产生了历史,经历了不同的发展阶段,度过了不同的社会类型。各个阶段形成了特定条件下的不同于其他阶段的生活方式和生活水平,留下了不同时代的古人类历史遗迹、建筑、雕塑壁画、文学艺术、伟大工程、帝王寝陵、名人故居等。这些历史遗存是不同时期政治、经济、科技、社会、文化等的见证,是现代人类文明的珍贵遗产,蕴含着丰富的信息和价值,能激发游人的兴趣,形成了独特的历史文化资源。

一、历史文化旅游资源概念和特点

历史文化旅游资源是旅游资源中非常常见而又重要的一种类型,是历史上并且被保留至今的具有经济性和观赏性的物质载体。历史文化旅游资源的特点如下:

1. 历史性

历史文化旅游资源有着典型的历史特征,历史上留下的活动遗迹、建筑等都有着不同历史阶段的特点。人类社会活动随着历史进程的发展,规模不断扩大、内容不断丰富、形式不断多样,形成了历史的不断演替。在不同的历史阶段,人类留下的遗迹和建筑就会不同,不同的生产力水平也造就了不同的历史结果。历史遗址是人类历史发展阶段性的具体反映,揭示了历史的真实面目,成为独特的旅游资源。

2. 丰富性

人类诞生以来创造了无数的文明成果,有的随着历史的变迁而随之湮没,有的仍然存现于世人面前。东西方不同的文明,不同历史阶段的文明创造的物质财富和精神财富是不一样的。人类的社会活动经历了漫长的发展历史,在地球表面留下了分布广泛、形式多样的活动痕迹。西方的哥特式建筑、东方的对称性布局、美洲的玛雅文化都是不同的,形成了丰富的历史文化资源。

3. 文化教育性

历史是过去的记载,历史文化旅游资源在满足游客的猎奇心理之时也起到了文化教育的作用。游览历史古迹,既可以增加对历史的了解,认识到当时的国家、社会生活等,又可以提高人的思想认识水平。对个人而言,可以增进知识,促进思考,提高自身人文素养,培养健全的人格;对于一个国家而言,更可以增强民族意识,进行爱国主义教育,为国家培养服务国家、造福社会的良好公民。

二、历史文化游资源的旅游吸引力与旅游功能

1. 满足人们对历史好奇需要

追寻历史遗址就是追溯历史。历史遗迹是人类历史活动的真实写照,历史遗迹类旅游资源是现代人认识历史、了解历史的可靠媒介之一。现代人的生活方式与古代相比是大相径庭,通过重访古人类活动遗址遗迹,能够满足旅游者的忆古、怀古之情和增长其历史知识的需要,了解历史自然环境演变,探索人类进步足迹,追寻社会文明真谛。

2. 亲身体验古代文化需要

人类文化的发展具有继承性,传统文化是现代文化之源,想要理解现代文化的差异性和独特性,必须从传统文化入手。历史文化旅游资源记录了传统文化的基本特征,是传统文化的具体载体,成为旅游者探讨文化演变脉络的窗口。如古代的县衙,是古代政治制度思想、法律制度、民间文化的具体反映,凝聚着古代人民的政治智慧,为旅游者深刻了解古代政治文化创造了具体的实证条件。

3. 满足旅游者观赏景观的美学需要

我国古代人们在认识自然、改造自然的过程中,形成了很多先进的美学思想和理念,时代不同,人们的美学观念也不同,表现出不同的美学追求趋向和意境效果。历史类旅游资源凝聚着古代浓厚而独特的美学思想,对称与变化的空间构想、古朴与华丽的色彩运用、稳重与精巧的结构均衡,是历史上景观美学的形象化展示。历史遗址的美学观赏性,能够满足旅游者观赏美景、体会美感、陶冶情操的需求。

第二节 古遗址类旅游资源

遗址类旅游资源是指带有历史遗留痕迹的、具有科学艺术和观赏价值的、能够对旅游者形成吸引力、能够为旅游业所利用并且产生经济价值的旅游资源。它主要包括古人类遗址、古都城遗址、其他类遗址。

古遗址类旅游资源的成因:①功能性的消失。主要是随着社会和历史的变迁,某一些当时有作用的活动场所失去了其原有的作用。比如驿站、道路等,原有的功能消失逐渐退化。②战争的破坏。战争和文明始终相互交错,战争一方面促进文明进步,另一方面破坏了许多文明。人类历史上发生过许多战争,留下了许许多多的历史遗迹。如许多革命军事遗址、遗迹和文

物。③自然环境的巨大改变。人类活动总要在一定的自然条件下进行,而突如其来的、巨大的自然灾害给人类文明造成巨大的破坏。如地震、沙尘暴、火山爆发、泥石流、海啸、台风、洪水等,这些自然灾害会使原来的人类活动场所变为废墟,如楼兰古城遗址、庞贝古城遗址(维苏威火山在公元79年的一次猛烈喷发,摧毁了当时拥有2万多人的庞贝城)。图5-1所示即为庞贝古城遗址。

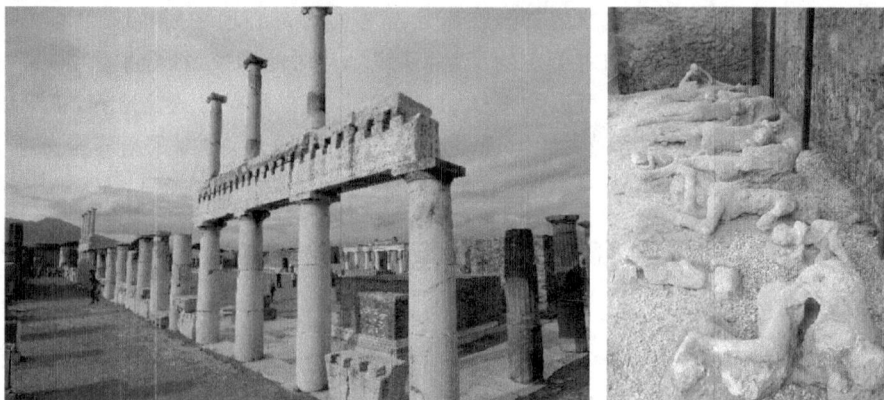

图 5-1　庞贝古城遗址

一、古人类遗址

古人类遗址主要是指在有文字记载之前的人类活动的历史遗迹,包括古人类的生活生产遗址、原始部落遗址、遗迹壁画、石刻等原始艺术。古人类遗址在考古学、文学上、生态学、动物学方面都有着非常重要的意义,而作为一种旅游资源,它也对游人有着奇妙的吸引力。人类起源于三百万年前的东非古猿,在非洲、欧洲、亚洲都有着古人类活动的遗址。在中国,最著名的是云南的元谋人遗址、北京的北京人遗址以及山顶洞人遗址。元谋人遗址位于云南省元谋县大那乌村北约500米的山腰,距县城7公里。元谋人化石是目前中国发现的最早的人类化石之一,后正式被定名为直立人元谋新亚种,简称"元谋人"。遗址中还出土有云南马、剑齿虎、剑齿象等早更新世动物化石、打制石器及炭屑。元谋人遗址的发现,证明了云南高原是人类早期活动的重要地区之一,它是迄今为止所发现的中国人最早的老祖先的遗址。1982年国务院公布元谋人遗址为第二批全国重点文物保护单位。图5-2所示为人类活动遗址。

图 5-2　人类活动遗址

再划分旧石器和新石器的不同阶段又有着不同的人类活动遗址,如河南的仰韶文化。仰韶文化是黄河中游地区重要的新石器时代的一种彩陶文化,其持续时间大约在公元前5000年至前3000年(即距今约7000年至5000年),持续时长2000年左右,分布在整个黄河中游从今天的甘肃省到河南省之间。因1921年首次在河南省三门峡市渑池县仰韶村发现,故按照考古惯例,将此文化称之为仰韶文化。其以渭、汾、洛诸黄河支流汇集的关中、豫西、晋南为中心,北到长城沿线及河套地区,南达鄂西北,东至豫东一带,西到甘、青接壤地带。据先秦文献记载的传说与夏、商、周立都范围,远古的先民大体以西起陇山、东至泰山的黄河中下游为活动地区。主要分布在这一地区的仰韶文化和龙山文化这两个类型的新石器文化,一般被认为是远古先民的文化遗存。古人类遗址历史悠远,神秘而充满想象,是野外探险旅游的重要旅游资源。

二、古都城遗址

古都城遗址是古代各个历史时期的都城遗址。古都城遗址对于研究历史发展、科技、文化以及人类人口分布都有着较高的意义和价值。

古都城的建设起源较早,古城遗址很多,在国内外发现了或者现存着较多的古城(包括古都城)遗址。中国偃师二里头的夏代古都城遗址,面积3平方公里,经过测定,属于公元前1920至公元前1625年的建筑。

还有商代后期的安阳殷墟,是中国商朝晚期都城遗址,位于河南省安阳市,甲骨卜辞中又称为"商邑""大邑商"。殷墟是中国历史上第一个有文献可考、并为考古学和甲骨文所证实的都城遗址,由殷墟王陵遗址、殷墟宫殿宗庙遗址、手工业作坊区、平民住地及其墓葬区等,总面积约30平方公里。

在20世纪初,殷墟因发掘甲骨文而闻名于世,1928年正式开始考古发掘以来,殷墟出土了大量都城建筑遗址和以甲骨文、青铜器为代表的丰富的文化遗存,系统展现了中国商代晚期辉煌灿烂的青铜文明,确立了殷商社会作为信史的科学地位,被评为20世纪中国"100项重大考古发现"之首(见图5-3)。自殷墟发现以来,先后出土有字甲骨约15万片。甲骨文中所记载的资料将中国有文字记载的可信历史提前到了商朝,也产生了一门新的学科——甲骨学。

图5-3　殷墟

又如湖北黄陂盘龙城遗址、四川广汉三星堆遗址等商代方国遗存。秦汉及以后时期的地方城邑遗址遍及全国各地,特别是边远地区的城邑、长城及其沿线的烽燧,在历史研究和考古研究中占有重要地位,汉代的如崇安汉城遗址、西海郡故城遗址、楼兰故城遗址以及居延遗址、玉门关及长城烽燧遗址;唐代的如西北的北庭故城遗址、高昌故城和雅尔湖故城,西南的太和城遗址(南诏),东北的渤海上京龙泉府遗址;还有东北地区汉代以后的高句丽前期王都丸都山城、金代蒲与路故城遗址等。它们或为边陲重镇,或为方国都城,在建立中国统一的多民族国家的过程中起过重要作用,在历史上占有比较重要的地位。西藏阿里地区的古格王国遗址,现有建筑群残迹数量之多,各类遗迹、遗物保存情况之好,都是已知古遗址中甚为罕见的。

外国都城遗址如希腊的雅典古城,历经战火的洗礼,仍有遗迹留存。雅典古城南北约5000米,东西约7500米。尤以市中心的雅典卫城为宏伟壮丽,被称为西方古典建筑最重要的纪念碑。卫城大门向西,有宏伟的门厅。卫城中央最高处建巴台农雅典娜女神庙,其旁建伊腊克特翁神庙,门厅附近还有胜利女神尼克庙。所有建筑均用大理石砌筑,工艺极精。巴台农神庙的设计还充分估计到视觉矫正效果,建筑中多处使用中央微凸的曲线,使整座建筑在庄重中显得生气蓬勃,被公认为古典建筑的最佳作品。

国外的首里城(古琉球王国都城遗址)是琉球群岛的重要古迹。首里城是琉球王国的宫殿建筑,是当时国王处理国家事务、接见使节和举行重要庆典的地方,它融合中国、日本及冲绳岛的建筑特色。如今的古堡有北宫、南宫、首里门及多座城门。

首里城曾作为古琉球王国政治、外交、文化的中心地而闻名于世。它融合了中国与日本筑城文化的独特建筑样式以及高超的石砌技术,拥有极高的文化和历史价值。

三、其他类遗址

其他类遗址主要是指古代各个历史上各种生活、科技、军事等遗址。这些古遗址是研究当时历史阶段的社会生活、科技发展、民族服饰、军事发展水平的重要实物资料。

1. 军事战争遗址

国内的军事战场的遗址很多,如秦赵长平之战遗址、湖北的赤壁大战遗址、中牟的官渡之战遗址、虎门威远炮台遗址等。

威远炮台是鸦片战争古战场遗址之一、虎门海口防务的主要阵地,也是中国保留得最完整、最有规模的古炮台之一。炮台雄伟壮观,平面呈月牙形,全长360米,高6.2米,宽7.6米,底层均用花岗岩垒砌,顶层用三合土夯筑,非常坚固。全台有券顶暗炮位40个,沿台面上还有4个露天炮位。暗炮洞后面由一条2米宽的露天炮巷沟通,炮巷后面还有一条相距2米多的护墙,墙上设有枪眼,万一敌军上岛仍可以坚持抵抗。炮台内围有官厅1座、神庙3间、兵房12间、药局1座、码头1个。原来炮台的东西两头各有夯顶城门1座,控制着炮台两端唯一的通路。整座炮台背山面海,内有广阔的平地回旋,结构严谨,险要壮观。图5-4所示为虎门威远炮台遗址。

2. 陶器以及瓷器等生产遗址

陶器以及瓷器代表性窑址主要有:东汉时期即已烧制青瓷的浙江慈溪上林湖越窑遗址、宋代几大名窑中的浙江龙泉大窑龙泉窑遗址、河南禹县钧台钧窑遗址、宝丰清凉寺汝窑遗址、河北曲阳涧磁村定窑遗址、杭州乌龟山南宋官窑遗址,还有以创烧影青瓷闻名的景德镇湖田窑遗址等。

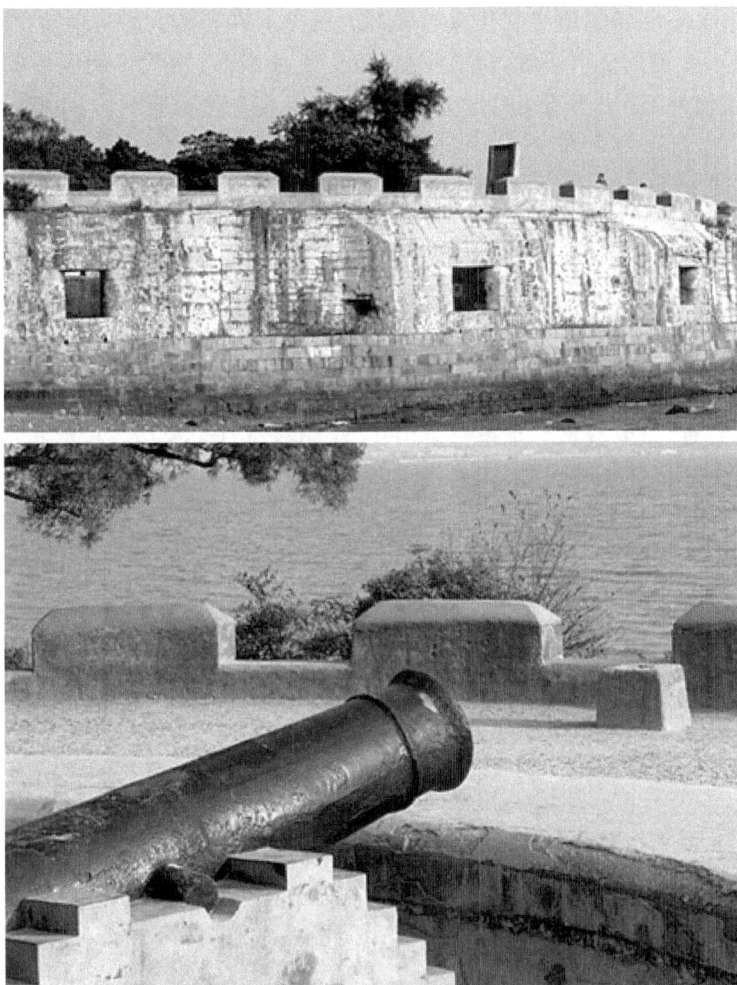

图 5-4　虎门威远炮台遗址

3. 采矿遗址

湖北大冶的铜绿山古铜矿遗址就是采矿遗址中最著名的一处。各地发现并作过发掘的古铜矿遗址还有：江西瑞昌铜岭、湖北阳新港下、湖南麻阳九曲湾、内蒙古林西大井以及安徽南部的铜陵、南陵等县市的若干地点。它们的年代，大多属于西周至春秋时期，有的可早至商代。

第三节　古建筑类旅游资源

古建筑类主要是指古代的建筑物与构筑物，主要是指供人们进行生产、生活或者进行其他活动的房屋或者场所。古建筑类包含的内容较为广泛，包括历史上的宫殿、防御外敌的城墙、城堡、古桥、陵墓等。

古建筑类旅游资源的形成主要是历史上的文化遗留。古代建筑与设施是在历史的长河中形成并保存下来的，反映了不同历史时期的自然环境和文化特征。古代的建筑无论是宫殿、陵墓或者名人石刻等都反映了当时的历史风貌，从不同的角度展示了当时的生产力发展水平和社会生活风情,形成了独特的历史文化旅游资源。历史上许多浩大的工程陵,如中国的秦始皇陵、印度的泰姬陵,埃及的金字塔等,建筑恢弘,历史价值极高;古代文明的岳阳楼因范仲淹的名句"先天下之忧而忧"而成为历史旅游名楼,其不仅仅是一种物质载体,也是一种文化载体。

一、宫殿

宫殿主要是指国内外从古到今帝王处理朝政或宴居的建筑物。宫殿规模宏大,形象壮丽,格局严谨,给人强烈的精神享受,突现王权的尊严。宫殿建筑作为历史文化旅游资源是国内外许多文明国家历史的重要产物,包括中国的紫禁城、印度的红堡、法国的凡尔赛宫以及英国的白金汉宫都是历史上的王朝所留下的。宫殿从古代到现代都是一个国家重要的建筑设施,是一个国家的科技、文化、艺术的结晶,代表着一个国家、一个时代的最高文化水平。中国的宫殿较为著名的有北京故宫(紫禁城)、承德避暑山庄、沈阳故宫、南京故宫、拉萨布达拉宫等。其中紫禁城位于北京中轴线的中心,是中国古代宫廷建筑之精华,它以三大殿为中心,占地72万平方米,建筑面积约15万平方米,有大小宫殿七十多座,房屋九千余间,是世界上现存规模最大、保存最为完整的木质结构古建筑之一,如图5-5所示。

图 5-5 北京故宫——紫禁城

北京故宫于明成祖永乐四年(1406 年)开始建设,以南京故宫为蓝本营建,到永乐十八年(1420 年)建成。它是一座长方形城池,南北长 961 米,东西宽 753 米,四面围有高 10 米的城墙,城外有宽 52 米的护城河。紫禁城内的建筑分为外朝和内廷两部分。外朝的中心为太和殿、中和殿、保和殿,统称三大殿,是国家举行大典的地方。内廷的中心是乾清宫、交泰殿、坤宁宫,统称后三宫,是皇帝和皇后居住的正宫。北京故宫被誉为世界五大宫(北京故宫、法国凡尔赛宫、英国白金汉宫、美国白宫、俄罗斯克里姆林宫)之首。

国外较为著名的宫殿有朝鲜半岛上的景福宫、昌德宫、德寿宫,日本的皇居、京都御所、首里城,俄罗斯的克里姆林宫、冬宫,法国的凡尔赛宫(见图 5-6)、卢浮宫、枫丹白露宫,德国的无忧宫,英国的白金汉宫、温莎城堡。

图 5-6　法国凡尔赛宫

凡尔赛宫(法文为"Chateau de Versailles")位于法国巴黎西南郊外伊夫林省省会凡尔赛镇,是巴黎著名的宫殿之一,也是世界五大宫殿之一,1979 年被列为《世界文化遗产名录》。

凡尔赛宫所在地区原来是一片森林和沼泽荒地。1624 年,法国国王路易十三以 1 万里弗尔的价格买下了 117 法亩荒地,在这里修建了一座二层的红砖楼房,用作狩猎行宫。一楼为家具储藏室和兵器库,二楼有国王办公室、寝室、接见室、藏衣室、随从人员卧室等房间。当时的行宫拥有 26 个房间,如今拥有 2300 个房间,67 个楼梯和 5210 件家具。凡尔赛宫作为法兰西宫庭长达 107 年(1682-1789)。

1789 年 10 月 6 日,路易十六被民众挟至巴黎城内,凡尔赛宫作为王宫的历史至此终结。在随后的法国大革命的恐怖时期,凡尔赛宫被民众多次洗掠,宫中陈设的家具、壁画、挂毯、吊灯和陈设物品被洗劫一空,宫殿门窗也被砸毁拆除。1793 年,宫内残余的艺术品和家具全部运往卢浮宫。此后凡尔赛宫沦为废墟达 40 年之久,直至 1833 年,奥尔良王朝的路易·菲利普国王才下令修复凡尔赛宫,将其改为历史博物馆。

二、古城墙

古城墙是指古代各个国家为了防御外敌入侵或者保卫城市而作为军事防御设施的城墙。根据的其功能有广义和狭义之分。广义的城墙分为两类:一类为构成长城的主体,另一类属于城市(城)防御建筑,由墙体和附属设施构成封闭区域。狭义的城墙指由墙体和附属设施构成的城市封闭型区域。封闭区域内为城内,封闭区域外为城外。

古城墙在国内较多,也较为出名。在先秦阶段就有防御外敌而修建的城墙,在战国时期,各国都有修建类似防御性质的长城。从春秋诸侯争霸到明代止,共有 20 多个朝和诸侯国修过长城。我国主要长城有以下几处:春秋战国长城遗址,如楚、齐、魏等用于诸侯国之间防御的长城遗址;秦、赵用于对北方游牧民族防御的长城遗址;秦王朝长城遗址,西起临洮,东到朝鲜半岛的大同江北岸;汉长城遗址,在修缮秦长城中东段的同时,大规模地修筑了河西长城。图5-7所示为长城遗址。

图 5-7　长城遗址

我们现在看到的大多是明朝重新加固修建的长城。狭义上的如现存古城中存在的城墙,如居庸关、嘉峪关的城墙,山海关的防御城墙,平遥古城墙等。在国外,较多的是古城堡的城墙,而类似中国的长城类城墙比较少,存在可考的是罗马为了防止北方蛮族入侵而修建的"长城"。

三、古桥

古桥,顾名思义是指古代修建的用于生活和军事方面的桥梁。在中国古代建筑中,桥梁是一个重要的组成部分,是中国古代文明的标志之一。在中国,作为历史文化旅游资源的古桥并不多见,大多是因为年代久远,毁坏严重已不复存在。比较著名的西安灞桥是中国最古老的石柱墩桥,建于 2000 多年前的汉代。

位于河北省赵县的赵州桥(见图5-8),建于 1400 多年前的隋代,是世界上第一座用石头建造的单孔拱桥。该桥是一座空腹式的圆弧形石拱桥,是中国现存最早、保存最好的巨大石拱桥。赵州桥是世界上入选世界纪录协会最早的敞肩石拱桥,创造了世界之最。河北民间将赵

州桥与沧州铁狮子、定州开元寺塔、正定隆兴寺菩萨像并称为"华北四宝"。赵州桥桥长 50.82
米,跨径 37.02 米,券高 7.23 米,两端宽 9.6 米,桥的设计完全合乎科学原理,施工技术更是巧
妙绝伦。全桥只有一个大拱,长达 37.4 米,在当时可算是世界上最长的石拱。桥洞不是普通
半圆形,而是像一张弓,因而大拱上面的道路没有陡坡,便于车马上下。全桥结构匀称,和四周
景色配合得十分和谐;桥上的石栏石板也雕刻得古朴美观。赵州桥高度的技术水平和不朽的
艺术价值,充分显示了我国劳动人民的智慧和力量。

图 5-8 赵州桥

此外,北京城外永定河上的卢沟桥,已经有 900 多年的历史,是一座中外闻名的桥梁。
1937 年 7 月 7 日,日本帝国主义在此发动全面侵华战争,宛平城的中国驻军奋起抵抗,史称
"卢沟桥事变"(亦称"七七事变")。中国抗日军队在卢沟桥打响了全面抗战的第一枪。

四、陵墓

陵墓是指古代埋葬死人所修建的建筑。陵墓主要分为帝王陵和诸侯墓和其他名人、巨贾
墓。陵墓建筑在国内大量存在。帝王陵墓大多存在于北方,特别是古代王朝都城的附近。如
西安的秦始皇陵,咸阳的茂陵,北京的明十三陵、清西陵等。除了以上的帝王陵墓,还有许多的
诸侯或者其他名人的墓,有的修建成博物馆供游人参观,有的仍然处于发掘和考古阶段,尚不
能参观。陵墓的主要特征有:①规模宏大,占地面积较大。帝王陵墓往往建造的相当大,耗费
了巨大的人力、物力和财力,帝王往往刚刚继位就开始修建自己的陵墓,以保死后得以安享。
秦始皇陵墓在嬴政刚当上秦王的时候就开始修建,直到死后也没有完工。②存在着完备的防
盗工程结构。一般的陵墓都会有完备的防盗措施来防止有人偷盗,配有箭弩、流沙、大石等机
关陷阱。③建造精美,有着丰厚的陪葬品。帝王墓中往往有大量的陪葬品,这也是盗墓的原
因。陪葬品往往有着极高的历史、艺术价值。

1.秦始皇陵墓

秦始皇陵墓是中国乃至世界最著名的陵墓群,秦始皇陵建于秦王政元年(公元前 247 年)
至秦二世二年(公元前 208 年),历时 39 年,是中国历史上第一座规模庞大、设计完善的帝王陵
寝。有内外两重夯土城垣,象征着帝都咸阳的皇城和宫城。陵冢位于内城南部,呈覆斗形,现
高 51 米,底边周长 1700 余米。据史料记载,秦陵中还建有各式宫殿,陈列着许多奇异珍宝。

秦陵四周分布着大量形制不同、内涵各异的陪葬坑和墓葬,现已探明的有400多个,其中包括举世闻名的"世界第八大奇迹"兵马俑坑,如图5-9所示。

图5-9　秦兵马俑坑

　　秦始皇陵是世界上规模最大、结构最奇特、内涵最丰富的帝王陵墓之一,充分表现了2000多年前中国古代汉族劳动人民的艺术才能,是中华民族的骄傲和宝贵财富。1961年3月4日,秦始皇陵被国务院公布为第一批全国重点文物保护单位。1987年12月,秦始皇陵及兵马俑坑被联合国教科文组织批准列入《世界遗产名录》。

　　2.泰姬陵

　　在国外也存在着规模宏大、具有极大历史和文化价值的陵墓,如印度的泰姬陵,如图5-10所示。

图5-10　印度泰姬陵

　　泰姬陵位于印度北部的阿格拉,是一座由白色大理石建成的巨大陵墓清真寺,是莫卧儿皇帝沙贾汗为纪念他心爱的妃子于1631—1653年在阿格拉所建的。该陵墓位于距印度新德里200多公里外的北方邦的阿格拉城内、亚穆纳河右侧,由殿堂、钟楼、尖塔、水池等构成,全部用纯白色大理石建筑,用玻璃、玛瑙镶嵌,具有极高的艺术价值。

　　3.金字塔

　　埃及金字塔始建于公元前2600年以前,目前有96座金字塔。大部分位于开罗西南部的吉萨高原的沙漠中,是世界公认的"古代世界八大奇迹"之一。塔内有甬道、石阶、墓室、木乃伊等。金字塔外部结构的两大特点是它的高度和它由宽广的底基到顶尖给予人的流线形动态。不仅如此,金字塔内部结构也深受灵魂升天观念的影响。金字塔成为了古埃及文明最具有影响力和持久力的象征。

最大、最有名的是祖孙三代金字塔——胡夫金字塔、哈夫拉金字塔和门卡乌拉金字塔(孟卡拉金字塔),其中以胡夫金字塔最为出名。胡夫的金字塔在规模上是空前绝后的,无论在外部形状还是在内部结构都是精心设计后建造的,不仅仅包含了物理和历史文化价值,也有着极高的宗教研究价值。

五、其他古建筑

其他古建筑主要包括古代的亭台阁楼、官署、会馆等,如湖北的黄鹤楼、湖南的岳阳楼和江西的滕王阁。这三大古楼留下的古文、名诗很多,是集建筑、艺术文学于一体的历史文化旅游资源。

1.黄鹤楼

黄鹤楼位于湖北省武汉市长江南岸的武昌蛇山之巅,为国家5A级旅游景区。黄鹤楼是武汉市标志性建筑,与晴川阁、古琴台并称"武汉三大名胜"。黄鹤楼始建于三国时代吴黄武二年(公元223年)。唐代诗人崔颢在此题下《黄鹤楼》一诗,李白在此写下《黄鹤楼送孟浩然之广陵》,历代文人墨客在此留下了许多千古绝唱,使得黄鹤楼自古以来闻名遐迩。

黄鹤楼楼高5层,总高度51.4米,建筑面积3219平方米。黄鹤楼内部由72根圆柱支撑,外部有60个翘角向外伸展,屋面用10多万块黄色琉璃瓦覆盖构建而成。

黄鹤楼楼外铸铜黄鹤造型,胜像宝塔,牌坊、轩廊、亭阁等一批辅助建筑将主楼烘托得更加壮丽。主楼周围还建有白云阁、象宝塔、碑廊、山门等建筑。整个建筑具有独特的民族风格,散发出中国传统文化的精神、气质、神韵。它与蛇山脚下的武汉长江大桥交相辉映,登楼远眺,武汉三镇的风光尽收眼底。

2.岳阳楼

岳阳楼位于湖南省岳阳市古城西门城墙之上,下瞰洞庭,前望君山,自古有"洞庭天下水,岳阳天下楼"之美誉。1988年1月被国务院确定为全国重点文物保护单位。

岳阳楼主楼高19.42米,进深14.54米,宽17.42米,为三层、四柱、飞檐、盔顶、纯木结构。楼中四根楠木金柱直贯楼顶。作为三大名楼中唯一保持原貌的古建筑,其独特的盔顶结构,体现了古代劳动人民的聪明智慧、精巧的设计和精湛的技能。北宋范仲淹脍炙人口的《岳阳楼记》更使岳阳楼著称于世。

3.滕王阁

滕王阁位于江西省南昌市西北部沿江路赣江东岸,始建于唐朝永徽四年,因唐太宗李世民之弟——李元婴始建而得名,因初唐诗人王勃诗句"落霞与孤鹜齐飞,秋水共长天一色"而流芳后世。

滕王阁主体建筑净高57.5米,建筑面积13000平方米。其下部为象征古城墙的12米高台座,分为两级:台座以上的主阁取"明三暗七"格式;台座之下,有南北相通的两个瓢形人工湖,北湖之上建有九曲风雨桥。

4.古县衙

官署中比较出名的有河南内乡县的古县衙。它是我国目前唯一保存最完整的封建社会县级官署衙门,是国家 4A 级文化旅游景区。县衙始建于元大德八年(公元 1304 年),历经明、清多次维修和扩建,逐渐形成一组规模宏大的官衙式建筑群。内乡县衙座北面南,占地面积 8500 平方米,中轴线上排列着主体建筑大门、大堂、二堂、迎宾厅、三堂,两侧建有庭院和东西账房等,共 6 组四合院,85 间房屋,均为清代建筑,被专家誉为"神州大地绝无仅有的历史标本"。

5. 工程类文化旅游资源

古代人为了生活或者战争需要建造了许多伟大的工程项目,无论当时是出于何种原因,都显示了古代人的智慧和勤奋,遗留至今的往往具有很大的历史文化及艺术价值。

中国以农业立国,幅员辽阔,自古便重视水利工程和交通工程建设,其中以举世闻名的都江堰为代表。都江堰位于四川省成都市都江堰市城西,坐落在成都平原西部的岷江上,始建于秦昭王末年(约公元前 256—公元前 251 年),是蜀郡太守李冰父子在前人鳖灵开凿的基础上组织修建的大型水利工程,由分水鱼嘴、飞沙堰、宝瓶口等部分组成。两千多年来,它一直发挥着防洪灌溉的作用,使成都平原成为水旱从人,沃野千里的"天府之国",至今灌区已达 30 余县市、面积近千万亩,是全世界迄今为止,年代最久、唯一留存、仍在使用、以无坝引水为特征的宏大水利工程。都江堰是世界文化遗产(2000 年被联合国教科文组织列入"世界文化遗产"名录)、世界自然遗产(四川大熊猫栖息地)、全国重点文物保护单位、国家级风景名胜区、国家 AAAAA 级旅游景区。

第四节 名人故居类旅游资源

一、名人故居

名人故居一般是指名人出生或较长时间居住生活过的住宅建筑,是名人成长和生活的见证,是保存和传承名人信息的场所。

(一)旅游文化价值

以名人故居为代表的城市人文建筑,对于一个城市的重要性是不可小觑的。它们的价值不仅仅是"搌怀旧之蓄念,发思古之幽情"、给"逝者如斯"之叹略作一些补偿,更是一隅供人们精神追忆的历史空间,是一个城市独特的文化血脉和文化基因的重要载体。对名人故居价值及保护利用原则的正确认知,既关系着一个城市名人故居的当代命运,又关系着城市文化血脉的延续问题。

1. 教育价值

已故的名人,无论是诗人、作家,还是政治家、军事家,抑或是音乐家、艺术家,他们的故居在当地都受到了很好的保护,并成为国内外游客和当地民众瞻仰的圣地,也成为启迪本国青少年继承优良传统、发愤成才的一个重要教育场所。在相当多的国家里,一个有名人故居的旅游地,很多国内外游客到了那里都要特意去瞻仰其名人故居,甚至有不少游客是为了专门瞻仰名人故居而去那里旅游。这样的旅游地也因名人故居而带动了当地旅游业的兴旺。

2. 经济价值

就我国目前旅游业的发展情况来看,随着我们国家经济的崛起和文化的全面振兴,突出旅游资源中的人文价值已成为中国旅游业发展的新动向。在文化产业中期和长期发展规划中,文化旅游业已被提到了重要位置。而名人故居的价值往往是不可低估的。它不但有助于提高当地知名度,引起众多层次较高的文化、经济、科技界人士对当地的关注,有力地推动当地旅游业的发展,还可提高当地人民的自豪感,振奋当地群众的精神,激励当地各界人士的精神追求,进而直接、间接地促进当地经济的发展。

(二)分类

名人故居类旅游资源叮按性质、时间和人物进行不同分类。

1. 古代纪念类名人故居

(1)孔庙。

孔庙,即孔子庙,又称文庙,是纪念中国伟大的思想家、教育家孔子的祠庙建筑,在中国各地都有,在历代王朝更迭中又被称作文庙、夫子庙、至圣庙、先师庙、先圣庙、文宣王庙,尤以文庙之名更为普遍。其中,南京夫子庙、曲阜孔庙、北京孔庙和吉林文庙并称为中国四大文庙。在中国、朝鲜、日本、越南、印度尼西亚、新加坡、美国等国家分布着 2000 多座孔庙,中国国内 1600 多座。目前国内保存较好的孔庙有 300 余座,列入国家重点文物保护单位的有 21 座。

(2)孟庙。

孟庙又称亚圣庙,在山东省邹城市城南,为历代祭祀孟子之所。孟庙呈长方形,院落五进,殿宇 64 间,占地 4 余公顷。亚圣殿位于南北中轴线上,为庙内主体建筑。据记载,历代重修达 38 次之多。现存建筑为清康熙年间地震倾圮后重建。孟庙有殿 7 间,高 17 米,横宽 27 米,进深 20 米,双层飞檐,歇山式,绿琉璃瓦覆顶;檐下有八角石柱 26 根,中轴线两侧对称排列有寝殿等,庙内共有碑碣石刻 350 余块。

(3)武侯祠。

武侯祠又称汉昭烈庙,是全国重点文物保护单位、国家 AAAA 级旅游景区、国家一级博物馆。武侯祠位于成都市武侯区,肇始于公元 223 年修建刘备惠陵时,它是中国唯一一座君臣合祀祠庙和最负盛名的诸葛亮、刘备及蜀汉英雄纪念地,也是全国影响最大的三国遗迹博物馆,1961 年被国务院公布为首批全国重点文物保护单位,2008 年被评选为首批国家一级博物馆。成都武侯祠现占地 15 万平方米,由三国历史遗迹区(文物区)、西区(三国文化体验区)以及锦里民俗区(锦里)三部分组成,享有"三国圣地"的美誉。

2. 近现代名人故居

近现代名人故居大多保持良好,具有鲜明的时代特色,可以很好地反映当时历史人物所生活的时代和背景。

(1)毛泽东故居。

毛泽东故居位于湖南省韶山市韶山乡韶山村,坐南朝北,系土木结构的"凹"字型建筑,东边是毛泽东家,西边是邻居,中间堂屋两家共用。故居总建筑面积 472.92 平方米,主要景点是毛泽东故居、铜像广场、滴水洞。1929 年,故居被国民党政府没收,遭到破坏。1950 年按原貌修复。1961 年,中华人民共和国国务院公布其为全国重点文物保护单位。1983 年 6 月 27 日,邓小平在门额匾上题字"毛泽东同志故居"。1997 年 7 月,故居入选中宣部首批全国爱国主义教育基地。

(2)鲁迅故居。

鲁迅故居位于浙江省绍兴市中心。故居原为两进,前面一进已非原貌,周家的三间平房已被拆除。后面一进是五间二层楼房,东首楼下小堂前,是吃饭、会客之处,后半间是鲁迅母亲的房间;西首楼下前半间是鲁迅祖母的卧室,西次间是鲁迅诞生的房间。楼后隔一天井,是灶间和堆放杂物的三间平房。

1988年,鲁迅故居(含三昧书屋、周家老台门)被列为全国重点文物保护单位。1994年,故居被评为全国优秀社会教育基地。1996年,故居被命名为浙江省文明示范博物馆。1997年,故居被命名为全国百个爱国主义教育示范基地。

3. 国外名人故居

海明威故居,即维西亚小庄园,是海明威的哈瓦那住所。现在该故居已经成为著名的博物馆,海明威的不朽名著《老人与海》就在此写成。故居始建于1887年,海明威从1940年到1961年一直居住在这里,而且很多重要的作品也都是在这里撰写的。目前,故居还保留着海明威居住时的样子,包括随处可以见的书籍和杂志,以及随时准备接待朋友的起居室。故居里有海明威的起居室、卧室、餐厅、厨房、卫生间、两间书房以及他孩子的卧室。故居中有一个附带更衣室的游泳池,海明威出海所用的游艇也完好地保存在这里。在游泳池旁,是海明威四只爱猫的墓。

第六章 中国园林旅游资源

Z 学习目标

1. 了解中国园林发展简史
2. 深入理解中国园林构景艺术
3. 熟悉中外园林的艺术特点

主要内容

1. 中国园林概述
2. 中国园林构景艺术
3. 中国园林的分类及著名园林赏析
4. 中外园林艺术比较

园林的起源来自于人类对天国仙境的向往与企盼,而其发展则源于人类天性中所固有的对美的追求与探索,所以说园林是人类在改造和利用自然中营造的理想生活环境或者说"人间天堂"。培根曾经说过:"园林是人类一切乐章中最纯洁的艺术。"而在世界园林艺术中,中国园林艺术悠久的历史,具有独特的民族风格,并享有"世界园林之母"的美誉。

第一节 中国园林概述

一、中国园林的概念

中国园林是以游览观赏、起居理事、读书养性为目的而修建的,是包括山、水、石、动植物与厅、堂、馆、轩、榭、楼、厅、阁、廊、路、桥等各种建筑物的综合建筑群。它融合中国的建筑、绘画、雕塑、书法和金石艺术于一体,与中国的烹饪、书法和中医一起被誉为"中国文化四绝"。

二、中国园林的发展简史

中国园林的发展有着悠久的历史。根据文献记载,早在西周时期先人就利用自然的山、水、动植物进行早期的造园活动,称之为囿(囿是指在圈定的范围内让草木鸟兽滋生繁养),还挖池筑台,供帝王贵族狩猎享乐。有确切记载的是,公元前 11 世纪周文王经营灵台、灵沼、灵囿,其他诸侯也竞相修建园囿、宫苑。这个时期中国园林的特点是,以自然景色为主,少事人工。

春秋战国时期已经开始出现成组的风景了,既有土山又有沼,自然山水园林已经萌芽。这时候开始在园林中修桥建亭,种植花木,园林的基本要素已经具备,不再是简单的囿了。

秦汉时期出现以宫室建筑为主的宫苑,如秦始皇建上林苑,引渭水做长池,并在长池中建蓬莱山以象征海上仙境。随后私家园林开始出现,大富豪袁广汉在北邙山的私园和大将军梁冀在洛阳的私园规模都相当可观。这是中国园林的奠基时期,开创了模拟自然山水之先河。

魏晋南北朝时期,由于当时政权更替频繁,社会动荡,玄学佛教道教备受推崇,很多文人雅士为逃避现实多寄情山水。而这时期山水诗画的发展,也推动了园林艺术的发展,所以这个时期的园林更加崇尚自然。并且,寺庙园林大量出现,呈现"舍宅为寺"的风气。当时出现了许多著名园林,如北魏洛阳的御苑华林园、石崇的金谷园等。

唐宋时期园林的发展达到成熟时期,无论是皇家园林还是私家园林都是规模空前,如华清池、兴庆宫、艮岳等。这一时期,官僚及文人墨客各自建园或参与园林建造,将诗画融入园林的布局与造景中,反映了其对诗意化生活的追求。另外,唐宋写意山水园在体现自然美的技巧上取得了很大的成就,如叠山、理水等。此时还出现中国历史上第一座公共游览性质的园林——唐长安的曲江池,平时供平民游览,每年三月上巳,九月重阳皇帝在此宴会群臣。进入宋代,一些皇家园林和寺庙园林定期向老百姓开放。这时期的园林使自然美与艺术美巧妙结合,是中国园林的强盛时期。

元代以后,尤其是明清时期,园林的规模更是空前。以圆明园、颐和园、避暑山庄为代表的北方园林和以苏州、无锡、扬州等地的南方私家园林都发展起来,园林艺术进入了鼎盛时期。如圆明园被誉为"万园之园""人间仙境",并且出现了计成、张涟与张然父子等造园高手,还出现了一些构园专著如计成的《园冶》以及李笠翁的《一家言》等,此为中国园林艺术的高峰。现在保存下来的大都是明清时期的园林。

现在,随着人们生活水平和文化素养的提高,在妥善保管古典园林的同时,建造了很多新园林。近年,随着园林化城市的呼声益高,园林艺术发展迅速,必将迅速普及并进一步提高。

第二节　中国园林构景艺术

中国园林可以说是我国锦绣山河的缩影,其造园艺术具有悠久的历史,在世界园林艺术中独树一帜,享有极高的声誉,被誉为"世界园林之母"。中国园林艺术包含着丰富而深刻的美学思想,充分体现了我国山水诗和山水画的意境和情趣,处处给人诗情画意的美感。

一、中国园林的构景原则

(一)贵在自然

园林之美贵在自然。而且园林本来就是以客观存在的模山范水为蓝本,经艺术加工提炼,按照特定的艺术构思,"移天缩地",在有限的范围内将湖光山色、四时景象、贵贱僧俗荟萃一处,努力达到"虽由人做,宛自天开",使园林主人虽居闹市却能充分享受自然之美、山野之趣。

园林艺术对于自然的追求具体体现在以下几方面:

(1)造园艺术师法自然,在整体布局和景观组合上要合乎自然。在处理山与水的关系,在假山以及人工湖泊的造型结构上都要符合自然界山水生成的规律。所以,山尽量要仿天然岩石的纹脉,尽量减少人工拼叠的痕迹;而水常作自然曲折,高下起伏状;花木布置则是疏密相间,形态天然,追求自然野趣。

(2)分隔空间,融于自然。通过借、漏、障、隔等各种手法使空间流通,力求从视觉上突破园林空间的有限性和局限性。如漏窗的作用可以使空间隔而不断,景观相互渗透,弥补了大面积实心墙壁在隔景时分得太死、太沉闷的弊病。而且漏窗本身往往有丰富多彩的图案、玲珑剔透的花饰,因而窗外花木迷离摇曳,亭台楼阁时隐时现,远处蓝天白云飞游,形成幽深宽广的空间境界和意趣,使园内园外美景相互映衬。

（3）园林建筑顺应自然。我国园林中的建筑有亭、堂、廊、楼、榭、轩、馆、斋、舫、台、阁、墙、桥等。建筑材料一般采用石和木,虽是人工的石纹、石洞、石阶,但都体现出自然之美,而建筑无论形、神都与天空地下自然环境和谐,使园内处处体现自然、宁静、含蓄的艺术特色。

（4）树木花卉表现自然。与西方归则几何式园林中修剪整齐、布局归整的花木园圃不同,我国古代园林对树木花卉的处理与安排讲究表现自然。绿树如荫,芳草凄凄,树枝弯曲自然,花朵迎面扑香。花木的种类也特别多,努力做到每个季节都可以看到不同的树木花卉来表现这个季节的美丽,如春桃、夏荷、秋菊、冬梅。还有,柳树婀娜多姿,松柏四季常青又有细竹野藤,红花翠藻,处处表现出自然山野之美。

总之,追求自然是我国园林独立于世界园林之林的最大特色,其实这也充分体现了我国"天人合一"的民族文化。

（二）雅在意境

中国园林不仅表现出真山真水、野趣横生的自然美,更是造园者或园林主人志趣品德追求的具体体现。因此,中国园林特别强调园林意境的营造。图7-1所示为园林一角。

图7-1　园林一角

造园艺术有三境:一为"生境",是一种将自然美与生活美相结合的境界。使创作的美可以体现自然野趣,使构建的园林可望、可行、可游、可居。其二为"画境",是把自然和生活中体验到的美,通过取舍、概括、提升,使之成为一个有主次、有烘托、有呼应的多样统一布局。把生境美的素材通过艺术加工,达到艺术美的画境。当画境已营造出来后,便要达到触景生情、进入情景交融的境界,也就是造园艺术中的"意境",这也是园林艺术追求的最高境界。中国文人的写意山水园林,多为怀才不遇、贬官谪居的文人画家命题立意或参与造园的。故造园如作诗画画,总要抒发一种感情,追求一种理想,在园林创作中以寓情、感物吟志。这种意境尤其喜欢通过大量的匾额、楹联、命名等表现出来,特别是名联、名匾,不但写出景观特色,为景观添色,而且蕴涵着非常丰富的哲理,发人深思。如苏州拙政园中的"与谁同坐轩",表达了"与谁同坐?清风、明月、我"的孤芳自赏的思想;梧竹幽居的"爽借清风明借月,动观流水静观山",雪香云蔚亭的"蝉噪林愈静,鸟鸣山更幽",都是有景、有情,发人联想,即使游人在无风、无月、无蝉、无鸟时到此,也觉得似有这一境界。

(三)重在曲折

古典园林是封闭的,很多都位于闹市,所以面积往往较小,这就力求在视觉意境上让有限的面积给人以无限空间的感觉,讲究曲折多变。这样既可以增加景观的层次,而且可以分散游客,从而使氛围更显幽静,所谓曲径通幽。在园林中无论是叠山理水,还是植树修桥等,都非常注重这一点。

在建筑的设计布局上尽量避免对称,建筑常与山池花木共同构成园景。通过树木的掩映,使景观不再是一览无余,而是给人以柳暗花明之感。大量用曲径曲桥,所谓小桥流水,清水幽幽,小桥卧波,显得分外清幽。曲桥往往曲折婉转、造型优美,有三曲桥、五曲桥、九曲桥等。如上海豫园的九曲桥、杭州西湖的九曲桥,远观之曲桥蜿蜒水上,石栏低矮,简洁轻快,而人走在桥上,如同在水上行走,体现了人水相亲。

而在水体的处理上也注重曲折二字,通过掩、隔、破等手法让水变得曲折幽深。所谓"掩",即是通过建筑物和绿化带将曲折的岸掩映。临水建筑其前部往往空挑出水面,水犹从其下流出,用以打破岸边的视线局限;或是临水栽种大量芦苇等,给人以池水无边的印象。而所谓的"隔",则是或建桥或筑堤或在水面点以步石,如此则可增加景深和空间层次,使水面有幽深之感。正如计成在《园治》中所云"疏水若为无尽,断处通桥"。而所谓的"破"是在水面小时,可用乱石为岸,成怪石纵横,犬牙交错之景。或是时时处处可以听到叮叮咚咚泉水之音,却不知水的来处,也不知其去处,通过这曲折的水流更增添了园林的幽深寂远。

在空间分隔上,所谓分则深,畅则浅,越分隔就会感到越大越有变化景观越丰富。因此在设计上经常出现园中有园,湖中有湖,如颐和园中有谐趣园,拙政园中有枇杷园、海棠坞等。通过墙、廊等建筑物分隔空间,还要穿插山石树木,以使空间变化灵活。布局时隐时现,时分时蔽,只见片段,不呈全形,园外有画,画中有景,更使园林深秀而富有层次,使人感觉景观层出不穷。

(四)精在特色

园林的组成要素都是大同小异,都是由花草树木、游鱼飞禽、山水、建筑等组合而成。可每个园林又要有各自的特色,才会有生命力。北方园林如北方的其他景观一般,大都豪华富贵,雄浑粗犷。如承德避暑山庄,它是我国最大的园林,占地面积达到564万平方米,随着山势起伏的宫墙达到10千米,地处燕山丛中、武烈河畔的狭长谷地中,周围有气势宏伟、由叠石构成的虎皮石宫墙。宫墙之内宫殿林立,楼阁隐现,湖水清澈,亭台轩榭点缀其间,山峦青翠,沟壑幽谷。整个山庄分为宫殿区、平原区、湖区和山区四部分。因此承德避暑山庄以它别具一格的北国风光、南国景色被称为"塞外明珠"。而江南园林往往是山中有水、水中有月、月旁有山,虽然小巧但足够精致,设计上独具匠心,雅致秀美。如网师园是苏州最小的园林,占地仅5000平方米,园林与住宅浑然一体,以其小巧玲珑、小中见大为特色,景观曲折迂回,有移步换景之妙,是苏州园林中的杰作。美国纽约大都会艺术博物馆曾不惜重金聘请苏州的园林专家以网师园的殿春簃为原型,仿建了一座明代风格的庭院,称为"明轩"。这座庭院建筑全部构件 193 箱,在 1979 年 12 月初全部运到美国海岸,并从 1980 年在纽约大都会艺术博物馆动工兴建,在美国引起了很大的轰动。

二、中国园林的构景方式

(一)抑景

园林造景往往不会把最好的景色摆在最前面,而喜欢藏在最后面,给人一种"山重水复疑无路,柳暗花明又一村"的感觉。即先把园中的景色隐藏起来,在游览时就不会一览无余,而是逐渐展示出来,使人心情为之一振,我们称之为抑景。抑景可以分为山抑、树抑等。

(二)添景

当风景在远方,或自然的山或人文的建筑,如果没有其他景点在中间、近处作过渡,就显得虚空没有层次。相反如果有乔木花卉在中间、近处作过渡景,景色就显得有层次感。这中间的乔木花卉就称为添景。在树种选择上,既要形体巨大,又要花叶美观,常见的乌柏、柿子、枫香、香樟、榕树、银杏、木棉、玉兰、风木等均为添景的好材料。例如当人们站在北京颐和园昆明湖南岸的垂柳下观赏万寿山远景时,万寿山因为有中间倒挂的柳丝作为装饰而生动起来。

(三)夹景

当风景在远方,或自然的或人文的建筑,它们本身都具有审美价值,如果视线的两侧大而无当的话,就显得单调乏味;相反如果两侧有建筑或树木花卉屏障起来,使风景更显得诗情画意,这种构景手法称为夹景。如在颐和园后面的苏州河中划船,远方的苏州桥为主景,由于有两岸起伏的土山和美丽的林带所夹峙,构成了明媚动人的景色。

(四)借景

借景是将园外的景致巧妙地收进园内游客的视野当中,与园内的景象融为一体,让游人的观赏可以任意流动与收放。在中国古典园林中,借景是一种重要的构景手段。明代著名的造园家计成在《园冶》一书中说:"园林巧于因借,精在体宜""构图无路,借景在因""夫借景,林园之要者也"。由此可见,借景不仅可以突破园内有限空间,丰富园景的色调层次,而且可使园林具有景外之景的效果。计成还将借景分为远借、邻借、仰借、俯借、因时而借等。借远方山,为远借。如颐和园的一线西堤绿柳,将西部园墙全部隐去,迎来了数十里外的西山群峰和玉泉宝塔。借邻近的树,为邻借。如苏州拙政园在西部假山上筑两座高山围墙的亭子,可尽窥近林园的树木花草。从低处观赏园外高处景色,如"窗含西岭千秋雪"所述的,为仰借。从高处观赏低处景色,如"门泊东吴万里船"所述为俯借。园中设置特殊景点,可观赏园内外的春花秋月,夏云冬雪,日出日落,云起霞飞则为"因时而借"。

(五)框景

眼前之景,未必是艺术之景,艺术之景也不妨"横看成岭侧成峰,远近高低各不同"。如同画家总是慎于选择表现物一样,造园家往往通过门窗洞或乔木树枝抱和成景框,把远处的或山水美景或人文景象包含其中,这便是框景,如图 7-2 所示。

图7-2　沧浪亭

（六）漏景

　　园林的围墙上或走廊上（单廊或复廊）一侧或两侧的墙上常设有漏窗，或雕有带有民族特色的几何图案，或雕有民间喜闻乐见的葡萄、石榴、老梅、修竹，或雕有鹤、兔等动物。透过漏窗的窗隙，可见园外或院外的美景，我们称之为漏景，如图7-3所示。

图7-3　上海大观园

(七)对景

在园林中,或登上亭、台、楼、阁、榭,可观赏堂、山、桥、树木;而在堂、桥、廊等处,则可观赏亭、台、楼、阁、榭。这种从甲观赏点观赏乙观赏点,从乙观赏点观赏甲观赏点的方法,叫对景。建筑常被称为远景的眼睛,园林建筑中四面厅和亭子常是对景较集中的地方。四面厅经常是景中的主建筑,往往位于最佳园景的中心,如拙政园中部的远香堂。亭子也是对景较多的观赏点,如北京颐和园昆明湖上的知春亭,是万寿山的对景;反之要是以知春亭为主体,万寿山就成了对景。

三、中国园林的构景要素

(一)山(假山叠石)

山,由于它的体量高大,可以将园林分割成不同的空间或不同的坡面,布置适当的景物,则可构成不同特色的风景点,使园林的景色和气氛为之一新。例如,颐和园的万寿山南坡呈现一片华美、欢跃的气氛,而北坡则是充满幽雅、宁静的意境美。如果不借助山,要想达到这种艺术效果是比较难的。另外,山的形象比较高大雄伟,容易引起游人的注目。

园林的山有真有假。真山园林如北京的香山公园、皇家园林承德避暑山庄、大连的老虎滩公园等,都是借助于真山建造的园林。但我国大多数园林中的山是假山,即人造山。假山立意新颖,兼有南方之秀和北方之雄的风格。造山叠石是中国园林的传统,其历史极其悠久,早已闻名于世。

假山创始于秦汉,秦汉的园囿,有"筑土为蓬莱山"的记载,这是中国园林最早的山,当时是用土筑成的。南北朝园囿中的假山仍以土构筑为主。到北魏,园林中才出现了石叠假山。

唐宋时,园林造山叠石进入兴盛阶段,并向精细发展。如宋徽宗就是爱石成癖最典型的例子,他所筑的艮岳是历史上规模最大、结构最为巧妙、以石为主的假山园林。

明代造山艺术更为成熟和普及。北京的景山和北海的琼华岛是明代时堆成的最大假山,上海豫园的黄石假山(见图7-4)、故宫御花园、南京儋园等著名的假山是明代建筑的。如儋园南北西三面为假山,山洞曲折幽深,山峰挺拔多姿。

图7-4　上海豫园

而清代造山艺术更为发展和普及,并在明代的基础上创造出穹形洞壑的叠砌方法,用大小石钩带砌成拱形,顶壁一气,酷似天然洞壑,乃至于可仿喀斯特洞中叠山倒垂的钟乳石,比明代以条石封合收顶的方法合理得多。如扬州个园就是以高超的假山堆叠而著称。相传个园的假山是清代大画家石涛设计的,利用石笋、太湖石、黄石和宣石构筑四座假山,分别表现春、夏、秋、冬四季的景色。春山石呈灰绿色,夏山石呈灰白色,秋山石呈微黄色,冬山石是一抹白色宣石。又如苏州环秀山庄,其假山据说是清代造山名家戈裕良设计堆叠的。此园虽然不大,但假山峥嵘峭拔,兀立其间,气势宏伟,成为苏州园林中湖石假山中的名作。

(二)水

水是园林的组成要素之一,水滋润着花木,养育着动物,从而使景色秀美,充满生机。宋代大画家郭熙曾说"山无云则不秀,无水则不媚"。所以有山有水方可相映成趣,难怪古人会把水称为园林的血液、风景的血脉。

我国园林以理水见长,常通过土石、植物、建筑将水面围合,分割处理,追求一种幽静清雅的自然氛围。理水的基本原则是:水源要活,水流要曲,水道要宽窄相间,水位要恰到好处。因此凿池引水也就成为了我国古代园林的理水之法。如颐和园中纳西山诸泉之水汇聚而成的昆明湖,又经人工疏浚,水面达到214.4公顷,占据了颐和园总面积的四分之三,碧波万顷。与旁边的万寿山形成高低对比,湖光山色,上下辉映,使游客心旷神怡、气舒胸展。所以大面积的水可以给人心灵开阔、神清气爽之感,若在水面划船游览,观赏岸上风光、水中景色,更可增添许多趣味。而小面积的水,往往是清泉小池,曲溪绝涧,蜿转幽深,别有一番山野风致。

(三)建筑

中国园林属于写意自然山水型园林,因此造园艺术家常将诗情画意谱写在咫尺园林之间。因此分布在这些立体画卷中的园林建筑既要满足建筑的居住休息和供人们游览观赏的需要,又要创造富于变化的空间环境,打破呆板的格局和平缓的状态,使整个园林有远有近、时高时底、忽大忽小,营造出园林美的多样性。所以园林建筑在造型材料功能结构上都是丰富多彩,风格独特的。

1.厅堂

厅堂是园林中的主体建筑,体量较大。厅堂因其内四界构造用料不同而区分,扁方料者曰厅,圆料者曰堂,俗称"扁厅圆堂"

厅堂是主人会客议事的场所,一般是座南朝北。根据其结构造型不同可以分为扁作厅、圆堂、贡式厅、卷棚、鸳鸯厅、花篮厅等。按其使用功能不同又可分为茶厅、大厅、女厅、书厅、花厅等。

2.楼阁

楼阁属于高层建筑,体量一般较大,在园林中运用较广泛的一般为两层或两层以上,在形制上一般不易明确区分。在古代,把一座底层空着、上层做主要用途的建筑物叫阁。而楼则是一种重屋的建筑,上下全住人。在用途上,阁带有贮藏功能,如藏书藏画等,而楼多用于居住,后也用于贮藏。此外还有城楼,它有瞭望的作用。

楼阁往往凌空高耸,造型娟秀,在造景上有很大的作用。首先,楼阁常位于建筑群的中轴线上,起着构景中心的作用。其次,楼阁也可独立于园林中的显要位置,成为园林中重要的其至标志性的建筑。如颐和园中耸立于万寿山的佛香阁,高达41米,成为颐和园的标志性建筑。而且站在佛香阁上可以俯瞰昆明湖,湖光山色尽收眼底。

3. 榭

"榭者,借者,籍景而成者,或水边,或花畔,制亦随态。"因此可见榭这种建筑往往是凭借周围景色而成。榭在功能上多以观景为主,兼可满足社交休息的需要。现存水榭的大致布局和形式一般是在水边筑平台,周围围以低矮栏杆,平台上建一单体建筑,四面开敞通透或做落地长窗,屋顶通常用卷棚歇山式样,檐角低平,显得玲珑轻巧,简洁大方。

4. 轩、馆、斋、室

轩、馆、斋、室是园林中使用较多的建筑物,有的属厅堂类型,有的附属于厅堂作辅助用房,对于丰富园林景观、组织园林空间具有极大的作用。

轩,常建在地势高旷,环境幽静之处。形式常以一轩式建筑为主,周围围有游廊与花墙。

馆,一般是休息会客之场所。建筑尺度不大,入园后可便捷到达,又自成一局,形成清幽安静的环境氛围。有时北方的皇家园林中馆也成为帝王看戏听曲、宴饮休息之所。

斋,一般是书屋性质的建筑物,是修身养性的地方,常处于静谧幽静的小庭院内,相对独立。

室,在园林中一般是辅助性用房,体量较小,有时也做趣味性处理,常和庭院相连,形成一个宁静富有诗意的小院落。

5. 舫

舫,是水边的船形建筑物,又叫"不系舟",供人在内饮宴观赏水景。而皇家园林中的石舫往往还有一层含义:唐代诤臣魏征曾力柬唐太宗"民能载舟,亦能覆舟"。故北京圆明园、颐和园,陕西华清池,南京太平天国天王府花园都有石舫。

6. 廊

廊,是一种虚的建筑形式,两排列柱顶着一个不太厚实的屋顶,或一边或两边都通透,形成一种过渡空间。其列柱、横楣在游览中构成一系列取景框架,增添了景观的趣味。廊的位置选择不拘地形地势,或在水边,或在山腰,起着景观的过渡与连接作用,人在廊上,移步换景。廊的类型丰富,大致可分为双面空廊、单面空廊、复廊和双层廊等形式。而从平面来看,可以分为直廊、回廊和曲廊三种形式。按其与环境结合的位置可以分为沿墙走廊、桥廊、水廊、爬山廊等。

7. 亭

亭者,停也。因此亭的功能主要是供人驻足休息,纳凉避雨,同时也以其别致的造型与周围的景物结合,构成优美的风景画面。从厅的平面形式来看,亭的类型主要有:

(1)正多边形:如正三角亭、正方形亭、正六角亭等。

(2)长方形和近长方形:如长方形亭、圭角亭、扁八角亭等。

(3)圆形和近圆形亭:如伞亭、蘑菇亭等。

(4)组合式亭:如双方形亭、双圆形亭、双六角亭、双三角亭等。

(5)其他形式:如扇面亭、梅花亭、半亭等。

而从亭的立面来看,又有单檐、重檐和三重檐之分。从亭的屋面样式来看,有攒尖顶和歇山顶,也有盝顶等形式。

8. 塔

塔原属于寺庙建筑类型,但在现代园林中,塔也被广泛引入,并常作为园林的构图中心出现。塔这种醒目而集中向上的建筑,丰富了园林的轮廓线,也经常成为园林甚至是城市的标志。

9.园林建筑小品

园林建筑小品是指园林中体量较小、功能简明、造型别致、富有情趣、选址恰当的精美构筑物。园林建筑小品的类型非常丰富,有园门、景墙、景窗、花架、花坛、园林雕塑、园桌、园凳、园路、铺地、梯级、水池、喷泉等。所有这些建筑小品让园林愈加优雅、秀美、精致。图7-5所示为上海大观园中的园林建筑小品。

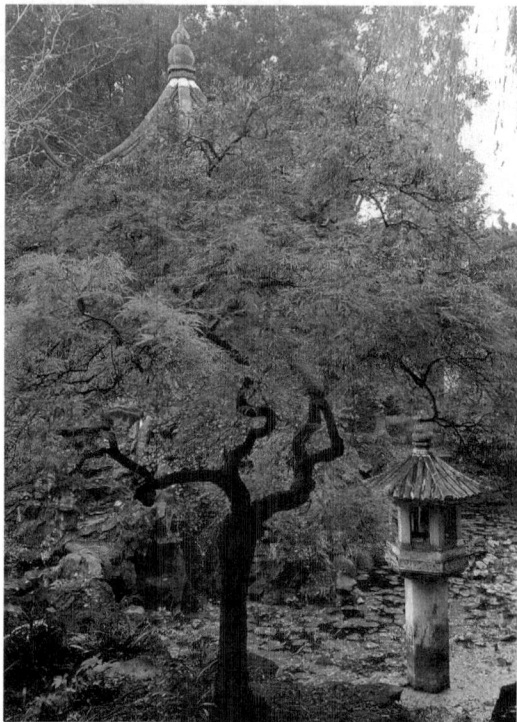

图7-5 上海大观园

(四)动植物

动植物是园林中最富有生机的,有很多动植物还被赋予了特殊含义。园林中花木的选择非常讲究,或是姿美,或是色美,或是味香。花木不仅对园林景观有衬托作用,又往往体现了造园主人精神世界的追求。如兰花象征幽居隐士,莲花象征人品高洁,竹子象征气节高尚谦逊,松柏象征坚强和长寿,牡丹象征荣华富贵,紫薇象征高官厚禄等。而动物则可成为园林中的天然点缀,不仅给游人带来视觉上的享受,还可以带来听觉上的享受,还可观赏娱乐。如宋徽宗所建的艮岳,集天下珍禽异兽数以万计,经过专门训练后,这些鸟兽在徽宗驾到时,能乖巧地排列在仪仗队里。

第三节 中国园林的分类

一、根据所处的区域或艺术风格分类

(一)北方园林

北方园林规模宏大,风格粗旷,占地面积大,往往以真山真水为构景要素,但人工建筑厚重有余,小巧不足。这类园林中皇家园林堪称代表,如颐和园、圆明园、避暑山庄等。而其中的私家园林相对较小巧些,往往以水石取胜,难有江南园林的苍翠玲珑。

北方园林一般在洛阳、开封、西安、北京等古都较为集中,尤以北京为代表。

(二)江南园林

江南自东晋南北朝之后经济发展很快,江南游乐之风盛于中原,固有钱有势者以建园林或私宅为高雅,足不出户即可在市井之中享受山野之趣,所以竞相修建园林。而且江南山清水秀,河道湖塘密布,草木繁茂,为建园提供了条件。

江南园林是指长江下游太湖一带。江南园林艺术造诣很高,可以说是中国造园艺术的代表。一是由于地处闹市,所以占地面积有限,往往在布局上独具匠心。二是特别强调其诗情画意,意境优美,有很深的寓意。在其楹联匾额石刻取名中处处体现其深刻的寓意。三是以山池为中心,以花草为衬托,环以建筑,重石尤以太湖石著名,甚至可以说无园不石。著名的江南四大名园沧浪亭、狮子林、留园和拙政园都有灵秀剔透的石景,体现江南园林中丰富的石文化。唐朝时,官府在苏州(即当时的平江)就设立应奉局,专门收集各地的奇石。总之江南园林玲珑纤细,清新淡雅秀丽,富于田园趣味。

(三)岭南园林

岭南园林以珠江三角洲为中心,以宅院为主。岭南地处南亚热带,造园条件优越。园林多为景观欣赏与避暑纳凉结合,其布局往往以水池为中心,绕以楼阁,高树深池,阴翳生凉。花木种植颇广,从青竹幽兰到热带的木棉榕树都有。岭南园林发展较晚,所以既吸取了江南园林的小巧秀雅,又师法于北方园林,同时其风格又受西方造园艺术的影响,所以一般结构简洁,室内造景,室外呼应,具有综合园林的特点。有岭南四大名园之称的广州番禺的余荫山坊、顺德的清晖园、东莞的可园、佛山的梁园都是岭南园林中的杰作。

(四)少数民族园林

少数民族园林是指我国一些少数民族的庭院寺庙内的园林。如位于西藏拉萨的罗布林卡,始建于公元18世纪50年代,占地36万平方米。罗布林卡最初是七世达赖晚年沐浴治病的场所,以后逐渐成为历代达赖的夏宫(现辟为人民公园),每年藏历的三月和十月选吉日迁入和离去。园内有大量奇花异草,建筑飞檐雕柱、腾龙展凤,佛轮神羊金辉闪耀,具有浓郁的民族色彩和宗教氛围。

二、根据园林主人的身份或者园林的性质分类

(一)皇家园林

皇家园林以北京为中心,可以说是北方园林的典型代表。皇家园林起源较早,早在传说中的黄帝时期就有囿。囿往往占地面积较大,带有政治和军事功能,带有一定的炫耀色彩。在传统皇家园林中经常采用"一池三山"的手法,即布置一个开阔的池面,在池面上布置三个岛屿,象征传说中神仙居住的海上三山,即蓬莱、方丈和瀛洲,寓意就是皇帝住在园林中就象身在神仙世界。中国古语云"普天之土,莫非王土,帅土之兵,莫非王臣",所以皇家园林往往面积很大,规模宏大,真山真水较多,建筑体型高大,其名称变化也较大,有苑、宫、园、城、山庄等不同称谓。现存著名的皇家园林有北京的颐和园、北海公园(见图7-6),河北承德的避暑山庄。

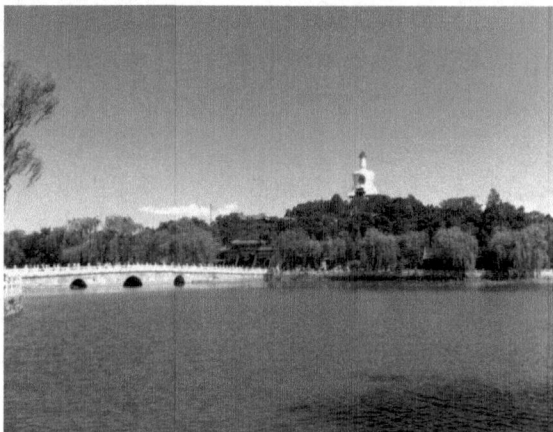

图 7-6　北京北海公园

(二)私家园林

私家园林又称为府宅园林,是供皇家的宗室外戚、王公官吏、富商大贾等休闲的园林。私家园林在汉唐时期发展迅速,明代达到高峰。此种园林多为主要建筑物的附属部分,但后来也有反客为主的。其特点是规模较小,建筑小巧玲珑,色彩淡雅素净。现存的私家园林较有名的有北京的恭王府,苏州的沧浪亭、留园、拙政园、网师园,扬州的个园、何园,无锡的寄畅园,上海的豫园。私家园林可以说是中国文人隐逸文化的产物,是文人退居的宅院。因此私家园林处处体现了中国文人的传统追求与审美趣味,并常常通过大量的匾额、楹联、石刻等来体现园林主人的志趣立意。

(三)宗教园林

宗教园林是附属于宗教建筑祭祀场所和陵寝的园林。宗教园林往往选址在空旷处,以获得静谧优美环境。总体布局独见匠心,并广植特定品种树木(如松柏),以充分体现主要园林所需要的特殊气氛。一般多追求肃穆庄严神秘的色彩,以达到对人产生强烈的感应目的。例如北京的潭柘寺、佛山的祖庙等都有园林部,苏州四大名园之一的狮子林(见图 7-7)更是由菩提正宗寺的后花园转变而成的著名园林。

图 7-7　苏州狮子林

第四节　中国著名园林赏析

我国园林主要分布在两类地区：一是历代都城及其附近，因为这是帝王将相皇亲国戚生活所在，他们有追求享受的欲望，也具备追求享受的条件。都城在选址时本身就是选择一些交通便利、自然条件较好的地方，这就为造园提供了理想的条件。如北京海淀区园林密布，北京西郊地处永定河洪积扇的下源，淙淙泉流，片片湖泊，造园条件十分理想，所以在清代时已形成畅春园、圆明园、静明园、静宜园、清漪园、钓鱼台等园林聚集的格局。二是经济文化发达地区或大都会的附近。因为这样一些地区必然是富商官僚活动的场所，往往也是许多官运亨通的官员和一些文人墨客的故里，他们或在宦海沉浮多年后，或是广聚资财之后，往往选择回归故里修筑园林，颐养天年。这也正是苏州园林密布的原因。

一、著名皇家园林

（一）颐和园

颐和园位于北京西北郊海淀区，是我国保存最完好的皇家园林。颐和园内有殿堂楼阁、亭台水榭 3000 余间，规模宏伟，素以人工建筑与自然山水巧妙结合的造园手法著称于世，堪称我国古典园林的典范，享有"何处燕山最畅情，无双风月属昆明"的美誉。

颐和园又名清漪园，是清乾隆皇帝于公元 1750 年为母亲祝寿而建。1860 年清漪园与圆明园等皇家园囿一起被英法联军焚毁，园内数以万计的文物珍藏皆被抢掠一空。公元 1886年，慈禧太后挪用海军经费等其他银两，在清漪园废墟上重新修建并于 1888 年改园名为颐和园。1900 年，颐和园又遭到英、美、德、法、俄、日、意、奥八国联军的野蛮抢掠和破坏，1903 年重新修复。

颐和园总面积达 294 公顷，主体由万寿山和昆明湖构成，其中水面占四分之三，园内建筑面积约 7 万平方米。颐和园从功能上来分，可分为政治活动区、生活区、游览区三个活动区域；从游览的角度来分，可分为昆明湖和万寿山两大景区。

颐和园的正门为东宫门，它坐西朝东。由宫门进入仁寿门，是以仁寿殿为主的朝政建筑，为清朝帝后驻园期间处理政务的地方。仁寿殿西北方分别建有慈禧太后看戏用的德和园大戏楼，光绪皇帝及皇后居住的玉澜堂与宜芸馆，再往西数十米就是慈禧太后的寝殿乐寿堂。

而万寿山南麓，金黄色琉璃瓦顶的排云殿建筑群在郁郁葱葱的松柏簇拥下似众星捧月，流光溢彩。这组金碧辉煌的建筑自湖岸边的云辉玉宇牌楼起，经排云门（见图 7-8）、二宫门、排云殿、德辉殿、佛香阁，终至山颠的智慧海，重廊复殿，依山而立，步步高升，气派宏伟，统领全园。这也充分体现出皇家园林不同于私家园林的特点，存在局部中轴线。而高达 41 米的佛香阁（见图7-9）则成了全园的中心。其东面山坡上建有转轮藏和巨大的万寿山昆明湖石碑，西侧建筑是五方阁及闻名中外的宝云阁铜殿。蜿蜒曲折的西堤乃仿杭州西湖苏堤而建，犹如一条翠绿的飘带。杭州有"西湖景色六条桥，一株杨柳一株桃"的说法。故西堤上同样建有六桥，且形态互异，并遍栽杨柳和桃树，又与园外的西山和玉泉山巧妙地嵌在一起，构成一幅天然图画。

图7-8 颐和园排云门

图7-9 颐和园佛香阁

　　万寿山北麓,地势起伏,花木扶疏,道路幽邃,层峦叠嶂,仿西藏寺庙建造的四大部洲建筑群层台耸翠,雄伟庄严。山之脚下,清澈的湖水随山形地貌演变为一条舒缓宁静的河流,顺地势而开合,依山形而宽窄。两岸树木蓊郁,蔽日遮天,雕梁画栋,时隐时现。后溪河中游,则是模拟江南水肆建造的苏州街或称之为买卖街。街铺面房,鳞次栉比,错落有致。钱庄、当铺招幌临风,茶楼、酒馆画旗斜矗。让这些终日生活在深宫中的嫔妃宫女也可享受世俗生活的乐趣。沿河东游,位于颐和园东北角、万寿山东麓的小园,环池而筑,游廊相连,厅堂楼榭,精致典雅,"一亭一径,足谐奇趣",是为谐趣园,是仿造无锡的寄畅园而建,具有浓郁的江南园林特色。这个小园在较小的范围内却山、水、亭、台、堂、轩、榭、桥、碑、竹、荷、鱼样样具备,被誉为"园中之园"。

　　占全园总面积四分之三的昆明湖,湖水清澈碧绿,景色宜人。浩淼烟波中,宏大的十七孔桥(见图7-10)如长虹卧波。涵虚堂、藻鉴堂、治镜阁三座水中岛屿鼎足而立,寓意神话传说中的"海上三仙山"。这是传统皇家园林的"一池三山"手法。在湖畔岸边,还建有著名的石舫,惟妙惟肖的镇水铜牛,赏春观景的知春亭等景点。其中位于湖西北岸的石舫(清晏舫)(见图7-11)中西合璧,精巧华丽,是园中著名的水上建筑。后山后湖,林茂竹青,景色幽雅,到处是松林曲径,小桥流水,风格与前山迥然不同。山脚下的苏州河,曲折蜿蜒,时狭时阔,颇具江南特色。在岸边的树丛中建有多宝琉璃塔。后山还有一座仿西藏建筑——香岩宗印之阁,造型奇特。昆明湖北岸横向而建的长廊,长728米,共273间。蜿蜒曲折的长廊,像一条彩带横跨

图7-10　颐和园十七孔桥

图7-11　颐和园石舫

于万寿山前,既衔接了山水,又有机地把各处名胜串联起来,由东至西贯通了颐和园的游览路线。廊中点缀着留佳、寄澜、秋水、清遥四个亭子,象征着春夏秋冬四季。长廊东西两部各有一座临水敞轩,即对鸥舫和鱼藻轩。由长廊远眺,群山如黛,碧波荡漾,宛如置身人间仙境。长廊又有画廊的美誉,每根坊梁上都绘有苏式彩绘,以西湖风景、古典文学、民间故事、戏曲戏剧等为题材,加上廊中的花卉、虫鸟等写意画,共计14000余幅。

拥山抱水,绚丽多姿的颐和园,充分体现了我国造园艺术的高超水平,可以说集我国历代造园艺术之精粹,是中国园林艺术史上的里程碑。

(二)避暑山庄

避暑山庄又名承德离宫或热河行宫,位于河北省承德市中心北部,武烈河西岸一带狭长的谷地上,距离北京230公里,是清代皇帝夏天避暑和处理政务的场所。避暑山庄始建于1703年,历经清朝三代皇帝(康熙、雍正、乾隆),耗时约90年建成,占地面积564万平方米,是我国现存最大的皇家园林。

避暑山庄分宫殿区、湖泊区、平原区、山峦区四大部分。宫殿区位于湖泊南岸,地形平坦,是皇帝处理朝政、举行庆典和生活起居的地方,占地10万平方米,由正宫、松鹤斋、万壑松风和东宫四组建筑组成。湖泊区在宫殿区的东北面,湖泊面积包括洲岛约占地43公顷,有8个小岛屿,将湖面分割成大小不同的区域,层次分明,洲岛错落,碧波荡漾,富有江南鱼米之乡的特色。东北角有清泉,即著名的热河泉。平原区在湖泊北面的山脚下,地势开阔,有万树园和试马埭,是一片碧草茵茵、林木茂盛、茫茫草原风光。山峦区在山庄的西北部,面积约占全园的五分之四,这里山峦起伏,沟壑纵横,众多楼堂殿阁、寺庙点缀其间。整个山庄东南多水,形成洲岛错落的湖区;西北多山,形成碧荫浓翠的山区;而平原区西部绿草如茵,一派蒙古草原风光;东部古木参天,具有大兴安岭莽莽森林的景象。整个山庄是清朝疆域的缩影,因此享有"中国地理形貌之缩影"的盛誉。

在避暑山庄东面和北面的山麓,分布着一些金碧辉煌、宏伟壮观的巨大喇嘛庙,俗称外八庙。这些寺庙,是清政府为加强对北部边疆的管理,尊重蒙古族、藏族等民族对喇嘛教的崇拜,把喇嘛教作为一种加强民族团结的工具而建立的。外八庙面积达40多万平方米,原有寺庙11座,现存的有普陀宗乘之庙、须弥福寿之庙、普乐寺、普宁寺、安远庙、溥仁寺和殊像寺。它以汉式宫殿建筑为基调,吸收了蒙古族、藏族、维吾尔族等民族建筑艺术特征,既各具特色,又和谐统一,创造了中国多样统一的寺庙建筑风格。

山庄整体布局巧用地形,因山就势,分区明确,景色丰富,与其他园林相比,有其独特的风格。山庄宫殿区布局严谨,建筑朴素;苑景区自然野趣,宫殿与天然景观和谐地融为一体,达到了回归自然的境界。山庄融合了南北建筑艺术精华,园内建筑规模不大,殿宇和围墙多采用青砖灰瓦、原木本色,淡雅庄重,简朴适度,与京城故宫的黄瓦红墙、描金彩绘、富丽堂皇成明显对照。山庄的建筑既具有南方园林的风格,而结构和工程做法又多沿袭北方常用的手法,成为南北建筑艺术完美结合的典范。

避暑山庄也不同于其他的皇家园林,它继承和发展了中国古典园林"以人为之美入自然,符合自然而又超越自然"的传统造园思想,按照地形地貌特征进行选址和总体设计,完全借助于自然地势,因山就水,顺其自然,同时融南北造园艺术的精华于一身。

总之,避暑山庄以朴素淡雅的山村野趣为格调,取自然山水之本色,吸收江南塞北之风光,汇粹了诸多名园胜景,成为中国古代园林与寺庙建筑艺术之集大成者,是中国古典园林艺术的杰作。

二、苏州四大名园

苏州地处长江三角洲以南,西临太湖,京杭大运河与苏州河也交汇于此,苏州可以说兼有山水之胜和田园之美,为园林的修筑提供了非常好的自然条件。而园林尤其是私家园林往往是义人退居的宅园。苏州自古以来出文人,明清以来尤出状元。苏州籍人士为光宗耀祖,为休闲退隐,留下众多园林。外籍到苏为官的,也往往流连于江南一二等富贵风流之地,把苏州当作第二故乡造园建宅,定居下来。这是苏州名园众多的人文因素。因此会有"江南园林甲天下,苏州园林甲江南"一说。而沧浪亭(宋朝)、狮子林(元朝)、拙政园(明朝)和留园(清朝)被称为苏州四大名园,是苏州园林中的杰作。

(一)沧浪亭

沧浪亭(见图 7-12)位于苏州城区人民路南端三元坊口。始建于 1045 年,是苏州现存最早的园林。宋庆历年间诗人苏舜钦在水旁筑亭,取渔父沧浪之水,取名为沧浪亭。全园面积10666 平方米,园内建筑以山石为主,素以简洁、古朴、幽静著称。林中有沧浪亭,亭外临池沼,溪水萦绕,东有观鱼处,西有面水轩,中间复廊壁上花窗图案构作精巧,南面的明道堂是园内最大的建筑,亭西南有看山楼,东南处有五百名贤石刻像等。他巧借园外优美水景,与园内景观自然结合,融为一体,富有山林野趣。

图 7-12　沧浪亭

(二)狮子林

狮子林(见图 7-13)位于苏州市园林路,始建于元代。狮子林以假山著称,通过模拟与佛教故事有关的人体、狮形、兽像等,喻佛理于其中,以达到渲染佛教气氛之目的。它的山洞采用迷宫式作法,通过蜿蜒曲折、错综复杂的洞穴相连,以增加游人兴趣。园东部叠山全部用湖石堆砌,并以佛经狮子座为拟态造型,进行抽象与夸张,构成石峰林立、出入奇巧的"假山王国"。山体分上、中、下三层,有山洞 21 个,曲径 9 条。崖壑曲折,峰回路转,游人行至其间,如入迷宫,妙趣横生。山上古柏、古松枝干苍劲,更添山林野趣。此假山西侧设狭长水涧,将山体分成两部分。跨涧而造修竹阁,阁处模仿天然石壁溶洞形状,把假山连成一体,手法别具匠心。园林西部和南部山体则有瀑布、旱涧道、石磴道等,与建筑、墙体和水面自然结合,配以广玉兰、香樟和竹子等植物,构成一幅天然图画。狮子林的建筑分祠堂、住宅与庭园三部分。如燕誉堂、指柏轩、卧云室、荷花厅、问梅阁等建筑,或临水而建,或点缀于石林群峰中,山水石浑然一体。

图 7-13 狮子林

(三)拙政园

拙政园(见图 7-14)位于苏州古城区东北娄门内的东北街。园林占地面积约 4.1 公顷,明正德四年(公元 1509 年)由御史王献臣始建。园主因有感于西晋潘岳的《闲居赋》中"灌园鬻粥……是亦拙者之为政",故名拙政园。拙政园是苏州最大的,也是最具江南特色的古典园林。

图 7-14 拙政园

全园水池面积很大,有聚有分。其建筑以水景为中心,临水而建,明洁雅致。整个园分为东园、西园、中园三部分。东园、西园景虽不多却极富田园情趣;中园是拙政园的主体和精华所在,其水面占全园面积的三分之一以上,楼台厅榭皆临水而建,极具江南水乡特色。如远香堂、枇杷园、海棠春坞、倚虹亭、别有洞天、香洲、小飞虹、小沧浪、松风亭、倚玉轩等建筑都是临水而建,山光水影,景随步移,为江南园林之杰作,也被视为江南四大名园之首。

拙政园不仅是著名的水景园,同时也是苏州最著名的赏荷点,园东部的芙蓉榭,是园中第一赏荷处。水榭一半筑于岸上,一半建于水中,夏日里榭前绿荷满池,岸边垂柳依依,令人赏心悦目。而中园也有多处赏荷点:主厅"远香堂",堂侧满池荷花,向东延伸到"梧竹幽居"厅,向西直达"荷风四面厅",可欣赏到"四面荷花三面柳"的美景;而"藕香榭"前,旱船"香洲"之畔亦是荷香阵阵,沁人心脾。但若在深秋季节游此园,在园西部的"留听阁"看残荷点点,听秋雨声声,则又是另外一种意境。

(四)留园

留园(见图7-15)位于苏州城北阊门外,始建于明代,清嘉庆年间刘恕改建成寒碧庄,称刘园,太平天国后,阊门外独留此园未毁,后谐"刘园"音并取意"长留天地间",故名曰"留园"。全园分为四部分:中部原是"寒碧山庄",乃全园精华所在。布局以山池为中心,环以山石楼阁,贯以长廊小桥,明洁清幽。西部以大假山为主,粗犷雄浑,枫林满山。北部一派自然山村风光,用竹篱分割的盆景集苏州盆景之名品,令人目不暇接。东部以华丽宽敞的大型厅堂与轩廊、石蜂间列,组成空间变幻、各具特色的经典园林空间。其内的冠云峰,高约9米,为宋代花石纲遗物,也是江南最大的太湖石。而四景区以曲廊相连,廊长700余米,依势曲折,使园景深幽。

图7-15　留园

三、岭南四大名园

岭南四大名园是指顺德的清晖园、东莞的可园、广州的余荫山房和佛山的梁园。

(一)清晖园

清晖园位于顺德大良,原为明朝万历年间状元黄士俊的府邸,后为进士龙应时购得,经龙家一门数代精心营建,格局始臻定型。后再修复扩建,园区面积约 2.2 万平方米。园内水木清华,景致清雅优美,碧水、绿树、漏窗、石山、小桥、曲廊与亭台楼阁交融。园内主要景点有船厅、碧溪草堂、澄漪亭、惜荫书屋、竹苑、归寄房、笔生花馆、斗洞、红蕖书屋、凤来峰、读云轩、沐英涧、留芳等,园内古树参天,绿树时花交织,妙联佳句俯仰可拾,艺术精品比比皆是。清晖园的造园艺术有其独到之处,不仅总体布局因地制宜,配置得体;在建筑设计上也独具匠心,园内所有装饰图案无一雷同,并且大多以岭南佳果为题材,富有岭南特色。

(二)可园

可园位于广东东莞,始建于清,取名"可人适意"之意,是广东四大名园之一,前人赞为"可羡人间福地,园夸天上仙宫"。可园占地面积 2200 平方米,外缘成三角形。虽然占地面积不大,但园中建筑、山池、花木等景物却十分丰富。造园时,运用了"咫尺山林"的手法,故能在有限的空间里再现大自然的景色。全园以双清室、可楼为构园中心,共有一楼、六阁、五亭、六台、五池、三桥、十九厅、十五房,通过 130 余道式样不同的大小门及游廊、走道联成一体,设计精巧,布局新奇。其名多以"可"字命名,如可楼、可轩、可堂、可洲等。其建筑是清一色的水磨青砖结构,古朴雅致。最高建筑可楼,高 15.6 米,沿楼侧石阶可登顶楼的邀山阁,这是可园最高的地方,也是观览远近景物的最佳处。邀山阁雕梁画栋,造型秀丽,登临此处,俯瞰全园,则园中胜景均历历在目,犹如一幅连续的画卷。纵目远眺,莞城的山川秀色尽入眼底,深得借景之妙。岭南画派鼻祖居廉、居巢兄弟、诗人张维屏、篆刻家徐三庚等曾寄居可园,传教授业,其中居氏兄弟在可园作画达 10 年之久,创立了岭南画派,使可园成为岭南文化策源地之一。

(三)余荫山房

余荫山房位于广州番禺南村镇,始建于清同治年间(1867—1871 年),素以"小巧玲珑"的建筑风格被誉为广东四大名园之一。在广东四大名园中,余荫山房占地面积最小,仅 1598 平方米,却能小中见大。并巧妙地采用"藏而不露""缩龙成寸"手法,使景观变得深幽广邃。在小小的园林里,照壁、灰塑、涟池、深柳堂、临池别馆、拱桥、水榭、南山第一峰、船厅、书斋等一应俱有,造就了园中有园、层层景色的艺术高峰。园中亭台回廊,曲桥池水无不精雕细琢,独具匠心。

(四)梁园

梁园位于广东佛山市松风路先锋古道,为清代佛山诗书画家梁蔼如、梁九章、梁九华和梁九图叔侄四人于嘉庆年间(1796—1850)历时四十余年精心营建而成的私家庭园,故称为"梁园"。梁园主要由"十二石斋""群星草堂""汾江草庐""寒香馆"等不同地点的多个群体组成,规模宏大。梁园布局精妙,宅第、祠堂与园林浑然一体,造园组景不拘一格,追求雅淡自然、如诗如画的田园风韵;园内果木成荫、繁花似锦,加上曲水回环、松堤柳岸,形成特有的岭南水乡韵味;漫步院内,但见回廊环绕,绿树婆娑;一池绿水,与船厅、桥亭相映成趣;尤以大小奇石之千姿百态、设置组合之巧妙脱俗而独树一帜;太湖石、石英石或伏或卧,奇谲多姿;而芒果、山松等百年古树以及新栽竹木,苍劲挺拔,满园秀色。园中亭台楼阁、石山小径、小桥流水、奇花异草布局巧妙,尽显岭南园林特色。

梁园素以湖水索徊、奇石巧布著称岭南。园内还将原寒香馆收藏的历代名家法帖刻石珍品八十余件收集陈列,丰富了名园的内涵。秀水、奇石、名帖堪称园中"三宝"。

第五节　中外园林艺术比较

一、中国园林

中国园林属于写意自然山水型园林,师法自然而高于自然。因而无论是在选址、布局,还是建筑细部的处理上,都强调与周围环境的和谐,同时又能体现出造园者的思想情趣。中国古典园林以水为中心,尤其规模很大的皇家园林,常在水中造岛,以象征海上三山,也体现出园林设计者以及园林主人追求神仙世界长生不老的美好愿望。中国园林往往通过巧妙的平面布局和丰富的构园手法,使园林的一切因素有机地结合为一体,充分体现出自由创造的艺术魅力,避免了中国其他建筑程式化的约束。不过总体而言,中国园林的人工建筑物较多,有些园林尤其是私家园林略嫌拥挤。图 7-16 所示为中国古典园林中的私家园林之一——苏州怡园。

图 7-16　苏州怡园

二、日本园林

日本园林风格同中国园林基本相似,但更讲究用石,尤其是用纯天然的巨石作为观赏重点,而用水较少,常利用"枯山水"的艺术手法。园林中建筑物数量较少,林木也较稀疏,常点缀以石柱、石灯,更有朴野之趣。枯山水庭园源于日本的微缩式园林景观,多见于小巧静谧、深邃的禅宗寺院。通过一地白沙、几尊石组,营造出特有的环境氛围,能对人的心境产生神奇的力量。图 7-17 所示为日本银阁寺。

图 7-17　日本银阁寺

三、埃及园林

埃及园林与许多西亚、北非国家的园林一样,体现伊斯兰建筑特征,属于伊斯兰园林(也称阿拉伯园林)。因许多西亚、北非国家干旱少雨,园林完全是为了制造一个人为的美好空间,因此多采取封闭空间形式,四周围以建筑物。其内种植花木,布局呈规则形状,并以五色石铺地,构成抽象规则的图案,防止地面风蚀。特别重视水的利用,最常见的是在中心部位修一方形或长方形水池,最高级者还利用地势修建成台阶状多级跌水。在世界园林中,伊斯兰园林是最为沉静内敛的庭园。

四、欧洲园林

欧洲园林多为规则几何式园林,通常建筑、植物、喷泉、雕塑等构成平面化的几何图案,中轴对称。大型园林除了花园部分外,常附有由稀树和林间草地组成的林园景观。吸收了中西亚地区对水的利用方法,比较讲究水法。园林中建筑物相对较少,因而整个环境非常幽静、闲适。很多园林带有大型户外花园,有在花园举行宴会、舞会等交际活动的传统。

第七章　民风民俗旅游资源

学习目标

1. 了解民风民俗的概念、类型及特征
2. 熟悉我国民风民俗旅游资源的基本情况和分布
3. 掌握民风民俗旅游资源的定义、特点、旅游功能及分布

主要内容

1. 民风民俗概述
2. 民风民俗旅游资源的基本情况和分布
3. 民风民俗旅游资源的定义、特点、旅游的功能及分布

第一节　民风民俗概述

在人类漫长的历史发展过程中,由于地域、历史的差异性,形成了许多不同特征的民族。各民族由于长期生活在一个特定的环境(自然地理环境和人文地理环境)之中,各自形成了各具特征的生活习惯、风土人情和宗教信仰等,也就造成了各民族间的文化差异。这种文化的差异成为彼此间谋求了解、沟通的依据。也正是由于了解了这种文化差异性,人们才可根据其不同的民风习俗、价值观念、心理需求等来确定自己的沟通手段,来进行文化交流、市场开拓。对于旅游业来说,这种文化差异性,则成为一种无形的资源,成为开发、建设旅游吸引物的重要依据和基础。文化的差异性表现在多方面,其中适应于旅游开发的主要是民风民俗。

一、民风民俗的概念

关于"民俗"一词的含义,在不同的阶段,不同的学者提出了不同的解释。1846 年,英国考古学家汤姆斯首先提出了"民俗学"这一学术名称。他认为"民俗"是"在普通人们中流传的传统信仰、传说及风俗",以及"古时候的举止、风俗、仪式、迷信、民曲、谚语等"。汤姆斯之后的一百余年间,学术界对于"民俗"概念和内涵的理解出现了以下几种说法:①文化遗留物说:由以安德鲁·兰为代表的英国文化进化学派的学者提出,他们认为,民俗是一个发展到较高文化阶段的民族所残留着的原始观念与习俗。②精神文化说:这也是由部分英国学者提出的,他们重视民众的精神生活或者心理活动,而不是看重工艺技术和物质生产,更多地把民俗学研究的民俗事象限制在物质形态背后的精神层面。③传统文化说:这是西方学术界普遍流行的观点,他们把民俗仅限于传统之中,将生活中不断涌现的新民俗排斥在外,大多把目光关注于相对原始的民族、农民和边远山区的居民等。④民间文化说:主要流行于美国和苏联,认为民俗就是民

间文学。如美国学者把习惯、宗教、语言和工艺等都排除在了民俗之外,认为民俗是口头传承的文学艺术;在苏联,民俗仅仅是指劳动人民的口头创作。

在我国,"民俗"一词大致经历了由"俗"—"风俗"(习俗、民风)—"民俗"这样一个演变过程。上海辞书出版社 1990 年出版的《中国风俗辞典》对"风俗"的阐述是"人类在长期的社会生活中形成的关于生老病死、衣食住行乃至宗教信仰、巫卜禁忌等内容广乏、形式多样的行为规范"。风俗是地方风土习俗的总和。而对"习惯"一词的释义是"长时期相沿积久逐渐形成的惯制、社会生活方式、风尚习俗等的总称,是社会文化传承中约定俗成的习惯性现象。

综上所述,民风民俗是特定社会文化区域内人们共同遵守的行为模式或规范。人们习惯将由自然条件的不同而造成的行为规范差异,称之为"风",而将由社会文化的差异所造成的行为规则之不同,称之为"俗"。正如"十里不同风,百里不同俗"之说,就恰如其分地反映了风俗因地而异的特点。

二、民风民俗的类型

不同的学者对"民风民俗"进行了分类,最早的分类出现在英国:1890 年,英国民俗学会出版了由高梅氏主编的《民俗学概论》,此书中将民俗分为四大类,即观念和迷信的信仰、旧传的风俗、旧传的叙事诗和民间成语。综观各位学者的分类法,本书将民风民俗分为以下三类:

(一)物质民俗

物质民俗是指人们在创造和消费物质财富中所不断重复的、带有模式性的活动,以及由这种活动所产生的有形的、可以看得见物质的民俗事象,如生产民俗、饮食民俗、服饰民俗、居住民宿、交通民俗等。

(二)精神民俗

精神民俗是在物质民俗和精神文化基础上形成的有关意识形态方面的民俗。它是人类认识和改造自然过程中形成的心理经验,这种经验一旦成为集体的心理习惯并表现为特定的行为方式,就会世代相传,成为精神民俗。精神民俗又可分为:①口承语言民俗:包括神话传说、故事、歌谣、叙事诗、谚语、谜语等;②行为传承民俗:包括民间艺术、民间游艺等;③精神信仰民俗:包括宗教、信仰、禁忌、巫术等。

(三)社会民俗

社会民俗也称为社会组织及制度民俗。社会民俗是人们在特定条件下所形成的社会关系的惯制,涉及个人、家庭、家族、乡里、民族、国家乃至国际社会在结合、交往过程中使用并传承的集体行为方式,主要包括社会组织民俗、社会制度民俗(如习惯法、人生礼仪等)、岁时节日风俗以及民间娱乐习俗等。

三、民风民俗的特征

(一)群体性

群体性是指民风民俗的产生、形成、发展、完善和传承是群体活动的结果。首先,民俗是先由个人创造,经群体响应,达成共识,不断完善而最终形成的。其次,民风民俗的传承离不开群体,只有依靠群体行为,民风民俗才能代代相传、薪火不息。再次,民俗的发展与完善,是群体活动的结果。民俗的形成、发展、完善和传承的每个环节都需经过群体的不断补充、加工、充实和完善。原本比较简单的活动或内容,经过历史长河的洗礼后,越来越丰富,越来越有吸引力。

如我国的清明节,最开始是 24 节气之一,清明一到,气温明显升高,正是春耕春种的大好时节,故有"清明前后,种瓜种豆""植树造林,莫过清明"的农谚。后来,由于清明与寒食节临近,而寒食节是民间禁火扫墓的日子,民间渐渐地将寒食节与清明合二为一了,而禁火吃冷食,怕有些老弱妇孺经受不住,也担心寒食冷餐伤身,于是就定了踏青、插柳、拔河、荡秋千、踢足球等户外活动。因此,清明节除了祭祖扫墓之外,还有各项野外健身活动,使这个节日既有追忆先人的感伤,又有春日踏春的喜悦。

(二)地域性

俗话说"十里不同风,百里不同俗",指的就是民风民俗的地域性。民风民俗的地域性是指不同地域拥有不同的民俗事象,或者同一类民俗事象的内容与形式在不同地域存在差异。不同的地域,受当地自然地理环境和气候等条件的影响,形成不同的风俗习惯。如中国饮食民俗中流传的"东辣西酸,南甜北咸",服饰民俗中所提到的福建惠安沿海一带的妇女所着的惠女服饰,以其"封建头,节约衫,民主肚,浪费裤"的特点而名闻遐迩。

(三)民族性

民风民俗的民族性是指不同的民族由于各自的历史、地理、经济等条件的差异而形成的区别于其他民族的民俗事象。如土家族婚姻民俗中独特的"哭嫁",苗族丧葬民俗中神秘的"赶尸"。

(四)丰富性

一方面,每个民族都有自己的传统文化,拥有不同的风俗和习惯,而世界上又有众多的民族;另一方面,民族民俗包含的内容非常广泛,几乎涵盖了人类社会生活的各个方面,如生产生活、饮食服饰、岁时节庆、居住交通等。因此,民风民俗具有丰富性。

(五)传承性

民风民俗的传承性是指民俗一旦形成后,其核心内容与主要表现形式在一定的群体和地域中历代相沿传袭,在相当长的历史时期内保持稳定不变。如端午节,战国时期爱国诗人屈原在此日投江殉国明志,传说当地百姓投下粽子喂鱼,以此防止屈原遗体被鱼所食,后来逐渐形成吃粽子、划龙舟的习俗,并一直沿袭至今。

(六)变异性

民风民俗的变异性是指民俗事象在传承过程中,因受到自然环境或社会环境变化的影响,其内容、形式、属性等发生了一定的变化。因为随着社会经济条件和政治条件的变化,民风民俗也会有新生或消亡的变化。如埃及的惠风节,起源于古埃及法老时期,传说是慈善神战胜凶恶神的日子,后来埃及的科普特人(古埃及本土居民)把这一节日定名为惠风节,同时也称之为春节。导致民俗变异的原因复杂多样,主要有两个方面:一是自然环境的改变,导致了民俗的变异;二是社会环境的改变,导致了民俗的变异。

民风民俗的变异性与传承性是民俗的两个矛盾统一的主要特征。传承性强调民俗的稳定,变异性强调民俗的发展。民俗的变异是传承基础上的变异,民俗的传承是变异过程中的传承。

第二节 民风民俗旅游资源的特点、旅游功能及开发模式

一、民风民俗旅游资源的概念

关于民风民俗旅游资源的定义,不同的学者进行过不同的界定,有代表性的观点有以下几

种:①认为民风民俗旅游资源就是指那些能够吸引旅游者前往旅游观光游览,并产生社会经济效益的民族民俗风情资源。②认为民风民俗旅游资源是形成旅游者从客源地到旅游目的地,参加民俗旅游的促进因素,是能为旅游企业所利用,具有一定的旅游功能和旅游价值,并可产生经济效益、社会效益的各类民俗事象的综合。③认为民风民俗旅游资源就是众多民俗资源中能够对旅游者产生吸引力,可以为旅游业开发利用并可产生经济、社会和环境效益的各种民俗事物和现象。④认为民风民俗旅游资源是指能够激发人们产生旅游动机,吸引人们进行旅游活动的风土人情及其载体。

不同地域,不同民族,因其自然和社会环境的差异性,形成了丰富多彩的民风民俗,与旅游产业相结合后,便形成了民风民俗旅游资源。民风民俗旅游资源是对旅游者具有一定吸引力,并具有一定旅游功能和旅游价值的民俗事象的总和。具体来讲,民风民俗旅游资源是指各个民族、各个地区因其受到不同历史文化、自然环境、民族传统、科技水平等的影响,在生产和生活各个方面表现出来的特殊的民风民俗,如生产生活习惯、岁时节庆庆典、服饰装束、工艺美术、民间游艺、饮食习惯、人生礼仪、婚姻丧葬习俗、宗教信仰等。

但值得一提的是,并不是所有的民风民俗都能够利用并作为旅游资源进行开发。它需要满足两个条件:首先,这种民俗必须是健康的、积极向上的民俗;其次,要对游客具有一定的吸引力,能被旅游业所利用,可以产生一定的经济、社会以及环境效益。所以,一些封建迷信的民俗,就不适合作为民俗旅游资源。

二、民风民俗旅游资源的特点

民俗旅游资源是具有多种属性和特征的文化现象,其存在的形式、内容和类型等丰富多彩。从民俗旅游资源的旅游功能与旅游价值的角度来看,主要具有以下特征:

(一)地域性

由于地域的差异,使得民俗旅游资源在不同的地区各具特征,并以不同的方式展示各个地域独特的民俗文化。任何地域的民俗资源都可能产生旅游吸引,如我国各个少数民族的游艺民俗,具有自身的特定性质,其所含的使用价值和功能以及开发方向都不一样。

(二)多元性

民俗本身就是历史发展的产物,在不同的时期、不同的阶段,都会产生各式各样的民俗事象。民俗旅游资源多元性体现在两个方面:一方面,从民俗旅游资源本身来看,民俗旅游资源包含物质形态和非物质形态的民俗,如农业生产民俗、宗教信仰、民间故事、丧葬祭祀、民间歌舞、人生礼仪、传统工艺品等;另一方面,从旅游者的角度来看,旅游者对一个民族或地区的民俗文化需求是从吃、住、行、游、购、娱等多个方面在旅游全过程中来实现的。

(三)原真性

大部分民俗旅游资源,如服饰、饮食、传统民居、丧葬祭祀、节庆庆典等,都保存着一定代代沿袭的核心内容和表现形式,见证着某个地区或民族在特定历史时期的文化事象。民俗旅游资源最大的旅游吸引力就是在于客观真实地反映一个国家或一个地区或一个民族人们的生活原貌,让旅游者感受到一种未加雕琢的"原汁原味"的异域风情。比如:走进藏族的碉房,喝一口香喷喷的酥油茶,听一曲唱腔独特的藏戏;走进慕尼黑的特大帐篷,和参与慕尼黑啤酒节的成千上万的游客一起畅饮,这一切都不需要排练,一切都是质朴而自然的。任何背离真实性原则的"创造"、盲目的"现代化"、过度的"商业化"都会造成对民俗旅游资源的破坏。

(四)文化性

民俗旅游资源在一定程度上是文化的展示形式,具体表现为不同的文化层面,包括物质文化、精神文化和制度文化;文化是民俗旅游的根本因子,民俗旅游扎根于富饶的文化土壤之中,其蓬勃发展得益于以深厚的文化内涵为基础。此外,民俗旅游具有很强的文化价值和文化意义:民俗旅游有利于各民族的文化传承,有助于对民族文化的了解,可以促进物质文明和精神文明建设,并且能增强民族凝聚力。因此,民俗旅游不仅仅是一项促进经济发展的旅游活动,更是一种有利于共建和谐社会的旅游形式。

(五)参与性

民俗旅游资源的参与性是指旅游者在体验民俗的过程中可参与到各种民俗活动中。比如:游客走进傣族竹楼,可以和傣族人民一起欢度泼水节,感受节日的气氛;在林海雪原里,游客可以感受一下狗拉雪橇,坐一坐牛皮船、羊筏子等;走进西北窑洞,游客可以感受窑洞的"冬暖夏凉"。这些形式多样的传统民俗文化不仅以其"神秘感和新鲜感"吸引游客前往体验,还能使更好地传承传统历史。

(六)群众性

民俗旅游资源的群众性是指民俗旅游资源是由人类群体创造的,并世代相习,包括物质、精神及社会等方面的风俗习惯。个人的行为习惯是构不成民俗的。民俗旅游资源的群众性可为调查民俗资源的规模、确定其是否具有开发价值及其开发形式等提供相关依据。

三、民俗风情旅游资源的旅游功能

民风民俗本身具有四大功能,即教化功能、规范功能、调节功能和维系功能。民风民俗开发成旅游资源后,这些功能在旅游中都能很好地发挥出来,转变为旅游功能,具体表现为:

(一)获得知识和美的享受

民俗广泛传承于某一地域或某一民族,存在于人们生活的一切过程,存在于任何季节和时间。通过民俗风情旅游,可以获得很多方面的知识,比如历史知识,曾经民俗学家把民俗称为活的社会"化石",把民俗事象作为"历史的教材"。同时,民俗民风从不同的角度反映社会文化,反映居民生活,具有极高的美学特征,参与民风民俗旅游就是一个极大的美学鉴赏和享受的过程。

(二)满足求新求异的心理

由于地域和民族的差异性,民俗风情形成"十里不同风,百里不同俗"的特征。由于"求新求异"心理的影响,一个地方司空见惯的事情,对另一个地方的人来说却十分新奇。不同的民族,地域之间差异巨大,特色鲜明,民俗民风旅游资源有利于满足旅游者对旅游的新奇心理,具有独特的吸引力。如境外游客走进北京四合院,看到寓意"团团圆圆、红红火火、和和美美的幸福生活"的饺子,不仅要尝一尝,还要喜滋滋地学习包饺子,后来旅行社在设计旅游线路时加入这一项目并一直保留下来。

(三)增进民众间的交流与沟通

当一个旅游者,离开自己的常住地,到异乡去旅游,尤其是到了民俗旅游资源相对集中的地区,必然要和当地人进行各种交往。在交往中,总会接触到许多新奇的事物、新奇的思想,这些会给异地游客带来新奇感,甚至使其产生心灵的颤动,起到潜移默化的作用。在交往中,还可以相互了解,增进感情,加深友谊。因此,民俗风情旅游是增进民众间交流和沟通的良好途径。

(四)陶冶情操,律己修身

美丽的异域风景和纯朴的民风民俗,是旅游地的核心吸引物,吸引成千上万的游客不远千里前去参观或体验,尤其是许多民族尊老爱幼、热情好客、团结互助等良好社会习尚,往往使游客赞叹不已,并从中得到教育和熏陶,从而提高文明礼仪修养和道德水平,这其实也是民风民俗教育功能的体现。

(五)发展经济,实现旅游扶贫

由于边远地区和少数民族聚居地区与外界较为隔绝,交流甚少,相对古老的民俗事象保留得也就越原真,这些地区的民俗旅游资源也就越独特、越纯朴、越神秘,对于异地游客来说,越有吸引力。因此,这些地区发展民俗旅游条件极佳。而我国边远地区和少数民族地区,因为自然和历史等多方面的原因,经济发展相对落后,但其拥有丰富的民风民俗旅游资源,吸引众多游客前往本地"探秘",体验当地民风民俗。一方面,外地游客的大量涌入给当地带来了"财富",实现了财富在区域间的再分配,是一种经济的"注入";另一方面,因其本地旅游业的发展,就业容量加大,产业结构得到改善,旅游业促进当地经济发展的优势也越来越明显。因此,民俗旅游是实现"旅游扶贫致富,缩小地区差别"的有效途径。

四、民俗风情旅游资源开发模式

随着民俗旅游的迅猛发展,民俗旅游资源开发得如火如荼,纵观起来,主要有以下几种:

(一)本原式

民俗旅游资源开发的本原式,是指它以民俗文化的开发而成,强调民俗的"原汁原味",要求绝对完整地展示民俗的风貌,不能有任何形式的篡改,具有原真性的特点,它是最常见也是最能激发游客兴趣的模式之一。

1.天然民俗村寨

天然民俗村寨,源于国外的露天博物馆。中国天然民俗村寨的开发始于20世纪80年代,经过几十年的开发,天然民俗族村寨已分布于许多省区,尤其以少数民族地区为多。天然民俗村寨属于一种原地保护型的民俗旅游资源开发,这种开发具有双面刃的作用,既可以给资源开发地带来可观的经济收入,但也很可能由于遭到外来文化的侵蚀,使当地古朴的民俗变质。

2.原生俗开发

原生俗开发是指在民俗的原生地开发供民俗旅游专用,也可作为自然风光旅游览、名胜古迹游的补充。在非民俗原生地,也可以将原生地的民俗旅游项目移植过来作短期的表演。原生俗开发不像天然民俗村寨建立那样严格,必须以原村寨的民俗为开发基础,有着较大的灵活度。它既可用本地民俗开发,也可以用其他地方的民俗为开发素材;既可开发婚丧喜庆,也可开发衣食住行、信仰禁忌……凡是具有旅游价值的民俗均在开发之列。

(二)集锦荟萃式

集锦荟萃式是指将散布在一定地域范围内的典型民俗集中在一个主题公园内表现出来,让游客用很短的时间、走很少的路、花最少的钱就可以领略原本需要花很长的时间、走很长的路、花费更多的钱才能了解到的民俗文化。这种开发模式最典型的代表是各地民俗文化村的开发,如延安的民俗文化村,坐落在风光秀丽的木兰故里——陕西延安市万花乡村源屯村,毗邻万花山庄,距延安城十五公里,该村群山环抱,溪水清流,野生牡丹簇拥,蕴藏着丰富的旅游资源,荟萃延安各区(县)民间艺术、陕北窑洞、民俗风情、民间服饰、饮食娱乐等于一村,是新建的大型文化游览区。延安民俗文化村从不同角度、不同年代反映了延安的民俗文化、生活习俗,游客在文化村除了可领略不同时期的延安窑洞、民居建筑外,还能欣赏和参与各种民间艺术表演、民间工艺品生产和民间风味食品制作等。

(三)复古再现式

在历史发展和民俗传承中,许多珍贵的民俗文化已经消失了。复古再现式开发就是通过信息的搜集、整理、建设,再现已消失的民俗文化,让游客了解过去的民俗文化。如湖南怀化洪江古商城,里面的工作人员穿着古时的衣服,在戏院、厘金局、钱庄、镖局、淮盐辑私局、油号等都进行实景演出。虽然演出时间都在十几分钟以内,但是如实地展示了当时的生活与民俗,吸引了一批又一批的游客。

(四)资源凝聚式

资源凝聚式开发是指收集各种民俗文物对象,最典型的代表是各地民俗博物馆的出现。博物馆以收藏、展示文物为己任,所征集的文物包括岩石、化石、标本、文献手稿、照片、产品等,反映不同历史时期的自然、政治、经济、文化、人物、事件等方面的器物,一个地方或民族的诸如生活方式、宗教信仰、工艺美术等民俗文物也在收集、陈列之列。民俗文物构成了博物馆这种人文旅游景点的重要内容之一。如洛川民俗博物馆,其建筑采用清代洛川传统的四合院形式,院内既有陕北常见的窑洞,又有关中农村的瓦房,体现出了关中与陕北接合地带的民居特色;房屋外部运用民间木雕、石雕、砖雕等工艺,装饰了各种民俗吉祥图案。民俗博物馆开辟有洛川简史和洛川民俗两大展区。洛川简史以馆藏文物为主,系统地反映了自新石器时代以来洛川地区的历史脉络,是一幅黄土高原古今风情的完整画卷,由黄土高原风情展、古代社会生活展、珍贵石刻造像展、古代宗教画像展等四个陈列馆组成,是旅游者入乡问俗的窗口、旅游休闲的好去处。黄土高原风情展,主要通过图片、文字、实物相结合,动态、静态相补充的陈列方式,展示黄土高原独特的民俗活动。老式织布机可供游客操作体验,皮影戏台可供游客参与表演,如有兴趣,游客还可以在工作人员的指导下进行工艺品制作。古代社会生活展,从民俗学的角度,对精选的二百余件(组)文物进行编排组合,从生产劳动、衣食住行、兵戈相争、民族融合、宗教艺术等方面,勾勒了黄土高原古代社会生活的概貌,它和近现代民俗互为补充,相得益彰,共同构成黄土高原古今风情的完整画卷。珍贵石刻造像展,展出了从北魏到隋代的佛教造像碑数十通,造像精美。古代宗教画像展,展出了绘于康熙三十年(1691)年六十余幅宗教人物画,此画设色用永不退色的矿物颜料,至今仍鲜亮如故,使游客尽情领略民间画师高超的绘画技巧和水平。

(五)节会式

节会式开发主要代表是节庆、集会。现代旅游的重要特征在于娱乐,节会凝聚了一个地区或民族的民俗风情精华,是该地区或民族民俗文化的集中体现,旅游者参与其中,不仅能了解和考察异域他乡的民俗文化,而且能在大众性的狂欢中受到感染和熏陶。利用节会模式,开发民俗旅游的定时定点产品,是民俗旅游资源开发的主要发展方向。如中国陕北旅游文化节,其中的"首届中国陕北民歌艺术节"来自榆林市各区(县)的上百名农民歌手同台献艺,用原生态唱腔充分展示原汁原味的黄土文化。

第三节　民风民俗旅游资源的分布

我国民俗旅游资源丰富,分布广泛。不仅有各具特色的自然风光、风景名胜,还有文物古迹、人文景观、民俗建筑、特殊风俗、民族艺术、传统习俗、节日活动等。合理地开发利用这些资源,有利于进一步推进旅游事业的发展,有利于密切城乡关系、扩大国内外交流、弘扬中华民族文化,有利于调剂与丰富人们的生活质量,推进人类文明进步以及加快我国社会主义现代化建设。我国的民风民俗旅游资源,主要有各民族各地区的民居、服饰、饮食、节日、歌舞、神话、传说、史诗等方面。

一、特色民居

居住是人类生存活动的基本行为之一,由于地理、历史、民族、宗教等因素的影响,各地的居住习惯各具特色。居住民俗作为一大旅游资源,反映着当地社会经济发展状况,是当地居民物质文化和精神文化的综合体现。它作为一种物质民俗事象,不仅吸引着八方来客,也起着传承历史和文化的作用。我国主要的民族民居有以下几点类型:

(一)汉族的典型民居

1.结构巧妙的四合院

四合院,又称四合房,是我国汉族的一种传统合院式建筑,其格局为一个院子四面建有房屋,从四面将庭院合围在中间,故名四合院。

四合院就是三合院前面有加门房的屋舍来封闭。若呈"口"字形的称为一进院落,呈"日"字形的称为二进院落,呈"目"字形的称为三进院落。一般而言,大宅院中,第一进为门屋,第二进是厅堂,第三进或后进为私室或闺房,是妇女或眷属的活动空间,一般人不得随意进入。

四合院至少有3000多年的历史,在中国各地有多种类型,其中以北京四合院为典型。其典型特点是:方形对称的布局和封闭式的外观,以南北中心为主轴,房屋多是砖墙瓦顶,以青色居多。四合院通常为大家庭所居住,提供了对外界比较隐密的庭院空间,其建筑和格局体现了中国传统的尊卑等级思想以及阴阳五行学说。

2.白墙黑瓦的安徽民居

旧时徽州城乡住宅多为砖木结构的楼房。明清时代徽州一般的民居均为大宅,以三合院或四合院最为普遍,多为一明(厅堂)两暗(左右卧室)的三间屋和一明四暗的四合屋,一屋多进。大门饰以山水人物石雕砖刻。门楼重檐飞角,各进皆开天井,通风透光,雨水通过水枧流入阴沟,俗称"四水归堂",意为"财不外流"。各进之间有隔间墙,四周高筑防火墙(马头墙),远远望去,犹如古城堡。徽州山区气候湿润,人们一般把楼上作为日常生活的主要栖息之处,保留土著山越人"巢居"的遗风。院内再用高墙分隔,形成小天井。前庭两旁为厢房,楼下明间为堂屋,左右间为卧室。堂屋一般不用隔扇,为开敞式。楼上厅屋一般都比较宽敞,有厅堂、卧室和厢房,沿天井还设有"美人靠"。厢房开间窄小,进深很浅,故采光性能较好。上层多为"跑马楼"形式,通廊环绕,均用镂雕精细的木栏杆隔扇加以装饰。书房和闺房都在楼上。这样,一方面不受来往客人的干扰;另一方面,主人疲倦或孤独苦闷时可凭窗远眺,得到一种心灵的慰藉和美的享受。

3.聚族而居的客家土楼

客家土楼,也称客家土围楼、圆形围屋,它主要分布在福建省的龙岩市、漳州市,广东省的饶平县、大埔县。土楼结构独特,内部窗台、门廊、檐角等也极尽华丽精巧,实为中国民居建筑中的奇葩。客家土楼主要有三种典型:五凤楼、方楼、圆寨。从整体看,以三堂屋为中心的五凤楼含有明确的主次卑意识,是汉族文化发源地黄河中游流域古老院落式布局的延续和发展,在其群体组合中,只有轴线末端的上堂屋(主厅)采用了坚厚的夯土承重墙。方楼的布局与五凤楼相近,但其坚厚土墙从上堂屋扩大到整体外围,其防御性大大加强。圆寨,仅就名称而言,已表现出两大特性:一方面,在圆形建筑物中,三堂屋已经隐藏,尊卑主次严重削弱;另一方面,寨就是堡垒,它的防御功能上升到首位,俨然成为极有效的准军事工程。如著名的永定客家土楼,坐落在福建省龙岩市永定县内,这里的客家土楼独具特色,有方形、圆形、八角形和椭圆形等形状的土楼共有 8000 余座,圆形的则只有 360 座,最大的圆楼直径为 82 米,最小的是洪坑村的"如升楼",直径为 17 米;最古老的是高顶村的"承启楼",建于公元 1790 年,楼内最多时曾居住 80 余户人家,有 600 多人;最壮丽堂皇的、最有代表性的是洪坑村振成楼。科学实用、富有特色、规模宏大、造型优美、历史悠久的客家土楼,构成了一个奇妙的世界。

4.冬暖夏凉的窑洞

窑洞是中国黄土高原上居民的古老居住形式,这一"穴居式"民居的历史可以追溯到四千多年前。窑洞广泛分布于黄土高原的山西、陕西、河南、河北、内蒙古、甘肃以及宁夏等省区。窑洞一般有靠崖式窑洞、地坑院窑洞、独立式窑洞等形式,其中靠崖窑洞应用较多。

(1)靠崖式窑洞。靠崖式窑洞是指在山坡、土原边缘处开掘窑洞,只能平列,不能围聚成院落,可向洞内深挖,也可向左右两侧扩展,数洞相连,呈现数级台阶式分布,下层窑顶为上层前庭,视野开阔。

(2)地坑院窑洞。地坑院窑洞也称为天井窑。它是在平坦的岗地上先凿成一个正方形的深坑,至少五米以上,边长少则 5~8 米,多则 15~50 米,然后在四壁挖出横窑。出入地坑的长长梯道有的在院内,有的在院外,经过洞进入院子;有的直进,有的拐角,有的回转,形式各异。

(3)独立式窑洞。独立式窑洞也称锢窑。如果没有适宜的地方开挖窑洞,也可以在地面之上,仿窑洞的空间形态,用土坯、砖或石等建筑材料,建造独立的窑洞,称为锢窑。它的室内空间为拱券形,与一般窑洞相同。在外观上是在拱券顶上敷盖土层做成平屋顶。这样做除了美观外,利用土的重压还可以有利于拱体的牢固,平屋顶上可以晾晒粮食等。锢窑由于顶上土层厚,也有冬暖夏凉的效果,而且不受地形限制,平地上就可以兴建。锢窑既保持了一般窑洞冬暖夏凉的优点,同时通风、采光良好,院内排水,克服了土窑洞的缺陷。例如:平遥古民居中的正房就是锢窑,属于地上拱窑。平遥古城处于黄土高原,当地土层深厚,土质呈竖直节理,不易倒塌,地下水位低,雨水少,地表层易保持较干燥的状态,这种优越的自然条件为建造锢窑提供了良好的物质条件。平遥锢窑的一般做法是:墙体内外各砌一皮砖,中间添碎砖石,并用黄土夯实,由于边跨侧墙需抵抗侧推力,其墙体可厚达二三尺;型式正房外檐常加设木结构披檐,披檐下成为过渡空间,同时保证屋内采光;锢窑顶部平台可供晾晒或休息之用,平台墁砖至排水口,屋顶上的雨水可通过窑洞两侧楼梯内的暗道经排水空至院内;由于当地盛产烟煤,民居室内都筑有火炕。

5.粉墙黛瓦的江南民居

江南民居是汉族传统民居建筑的重要组成部分,普遍的平面布局方式和北方的四合院大致相同,只是布置紧凑、院落占地面积较小,以适应当地人口密度较高、要求少占用农田的特点。江浙水乡民居注重前街后河,坐北朝南,注重室内采光;以木梁承重,以砖、石、土砌护墙;以堂屋为中心,以雕梁画栋和装饰屋顶、檐口见长。住宅的大门多开在中轴线上,迎面正房为大厅,后面院内常建二层楼房。由四合房围成的小院子通称天井,仅作采光和排水用,因为屋顶内侧坡的雨水从四面流入天井,所以这种住宅布局俗称"四水归堂"。

(二)少数民族的典型民居

1.壮族干栏式住宅

壮族喜欢依山傍水而居,木楼是壮族人的传统民居。木楼上面住人,下面圈牲畜。无论是什么房子,都要把神龛放在整个房子的中轴线上。前厅用来举行庆典和社交活动,两边厢房住人,后厅为生活区。屋内的生活以火塘为中心,每日三餐都在火塘边进行。

壮族人喜欢把村子建在山脚下向阳、通风好的地方。后山和村边栽上树木,规定不得乱砍滥伐,以保持村庄的生活安全。壮族称屋为干栏,是住房的主要形式,有全栏式、半栏式和平房三种。全干栏房属全楼居式,上层住人,下层养牲畜和存放农具,是传统的住房形式。这种居俗,过去主要是为了防猛兽和防盗贼偷盗牲畜,现在看来,由于楼下圈养牲畜,臭气上升,很不卫生。因此,随着社会的进步,干栏式民居已逐渐改变成人畜分居的平房或楼房式建筑。半栏房以一开间为楼房,楼上住人,楼下养牛羊、放农具等,另一间为平房,平房多为三开间。这是当今壮族住房的主要形式。图8-1所示为干栏式民居。

图8-1 干栏式民居

2.苗族吊脚楼

苗族大多居住在高寒山区,山高坡陡,开挖地基极不容易,加上天气阴雨多变,潮湿多雾,砖屋底层地气很重,不宜起居。因而,苗族历来依山傍水,构筑一种通风性能好的干爽的木楼,叫作吊脚楼。苗族的吊脚楼建在斜坡上,把地削成一个"厂"字形的土台,土台下用长木柱支撑,按土台高度取其一段装上穿枋和横梁,与土台平行。吊脚楼低的七八米,高者十三四米,占地十二三平方米。屋顶除少用杉木皮盖之外,大多用青瓦盖,平顺严密,大方整齐。吊脚楼分两层或三层,最上层很矮,只放粮食不住人,楼下堆放杂物或作牲口圈。两层者则不盖顶层,一般以竹编糊泥作墙,以草盖顶,现多以改为瓦顶。

吊脚楼也叫作吊楼,除苗族之外,也是壮族、布依族、侗族、水族、土家族等族的传统民居,在湘西、鄂西、贵州等地区最多。吊脚楼多依山就势而建,呈虎坐形,以"左青龙,右白虎,前朱雀,后玄武"为最佳屋场,后来讲究朝向,或坐西向东,或坐东向西。吊脚楼也属于干栏式建筑,但与一般所指干栏有所不同,干栏应该全部都悬空,所以称吊脚楼为半干栏式建筑。图8-2

所示为苗族吊脚楼。

图 8-2 苗族吊脚楼

3. 傣族竹楼

由于傣族人多居住在平坝地区,常年无雪,雨量充沛,年平均温度达 21℃,没有四季的区分,所以傣族祖先习惯"多起竹楼,傍水而居"。傣族竹楼是一种干栏式建筑,主要用竹子建造,因而称为竹楼。傣族竹楼是傣族固有的典型建筑。下层高约七八尺,四无遮栏,牛马拴束于柱上。上层近梯处有一露台,转进为长形大房,用竹篱隔出主人卧室并兼重要钱物存储处;其余为一大敞间,屋顶不甚高,两边倾斜,屋檐及于楼板,一般无窗,若屋檐稍高则两侧开有小窗,后面开一门。楼中央是一个火塘,日夜燃烧不熄。屋顶用茅草铺盖,梁柱门窗楼板全部用竹制成。竹楼建筑极为便易,只须伐来大竹,约集邻里相帮,数日便可造成;但也易腐,每年雨季后须加以修补。图 8-3 所示为傣族竹楼。

图 8-3 傣族竹楼

4. 满族口袋房

满族早期的住宅,多坐北朝南,东南向开门,形如口袋,便于保暖,俗名"口袋房"或"斗室"。

满族的住房,过去一般院内有一影壁,立有供神用的"索伦杆"。满族传统住房一般为西、中、东三间,大门朝南开,西间称西上屋,中间称堂屋,东间称东下屋。西上屋设南、西、北三面炕。图8-4所示为满族口袋房。

图 8-4 满族口袋房

5.蒙古族蒙古包

蒙古包古称穹庐,又称毡帐、帐幕、毡包等。蒙古包整体呈圆形凸顶,顶上和四周由一至两层厚毡覆盖。普通的蒙古包,顶高3.3~5.0米,围墙高17米左右。蒙古包大门朝南或东南,内有四大结构,分别为哈那(蒙古包围墙支架)、天窗(蒙语"套脑")、椽子和门。蒙古包最小的直径有300厘米左右,大的可容数百人。蒙古汗国时代可汗及诸王的帐幕可容2000人。蒙古包的大小以哈那的多少来区分,通常分为40个、60个、80个、100个和120个,哈那为120个的蒙古包,面积非常之大,可达6000多平方米,远看如同一座巨大城堡,十分壮观。图8-5所示为蒙古族蒙古包。

图 8-5 蒙古族蒙古包

蒙古包分为固定式与游动式两种样式。半农半牧区大多建造固定式的蒙古包,周围墙壁用土砌成,上面用苇草搭盖;游牧区以游动式的蒙古包较多,一种可拆卸的蒙古包以牲畜驮运来迁移,另一种不可拆卸的蒙古包靠牛车或马车拉运来迁移。蒙古族传统民居流行于内蒙古自治区等牧区,自从有蒙古族以来,人们就开始使用蒙古包,但是究竟从什么时候开始使用的,至今仍无人知道确切的时间。中华人民共和国建立后,蒙古族定居的人增多,仅在游牧区尚保留蒙古包。除蒙古族外,哈萨克、塔吉克等族牧民游牧时也使用蒙古包居住。

6. 藏族碉房

藏族主要分布在西藏、青海、甘肃及四川西部一带,为了适应青藏高原上的气候和环境,传统藏族民居大多采用石构,形如碉堡,所以被称为碉房。碉房一般有三到四层。底层养牲口和堆放饲料、杂物,二层布置卧室、厨房等,三层设有经堂。由于藏族信仰藏传佛教,诵经拜佛的经堂占有重要位置,神位上方不能住人或堆放杂物,所以经堂都设在房屋的顶层。为了扩大室内空间,二层常挑出墙外,轻巧的挑楼与厚重的石砌墙体形成鲜明的对比,建筑外形因此富于变化。图8-6所示为藏族碉房。

图8-6　藏族碉房

藏族民居色彩朴素协调,基本采用材料的本色:泥土的土黄色,石块的米黄、青色、暗红色,木料部分则涂上暗红,与明亮色调的墙面屋顶形成对比。粗石垒造的墙面上有成排的上大下小的梯形窗洞,窗洞上带有彩色的出檐。在高原上蓝天白云、雪山冰川的映衬下,座座碉房造型严整而色彩富丽,风格粗犷而凝重。

7.彝族土掌房

彝族土掌房是一种彝族民房建筑。土掌房分布在滇中及滇东南一带。这一带土质细腻,干湿适中,为土掌房的建造提供了大量方便易得的材料和条件。土掌房冬暖夏凉,防火性能好,非常实用。

土掌房多建于斜坡上,以石为墙基,用土坯砌墙或用土筑墙,墙上架梁,梁上铺木板、木条或竹子,上面再铺一层土,经洒水抿捶,形成平台房顶,不漏雨水。房顶又是晒场。有的大梁架在木柱上,担上垫木,铺茅草或稻草,草上覆盖稀泥,再放细土捶实而成。土掌房多为平房,部分为二屋或三层。彝族的土掌房与藏式石楼非常相似,一样的平顶,一样的厚实。所不同的是,它的墙体以泥土为料,修建时用夹板固定,填土夯实逐层加高后形成土墙(即所谓"干打垒")。图8-7所示为彝族土掌房。

图8-7 彝族土掌房

8.白族特色民居

白族民居的平面布局和组合形式一般有"一正两耳""两房一耳""三坊一照壁""四合五天井""六合同春"和"走马转角楼"等。采用什么形式,由房主人的经济条件和家族大小、人口多寡所决定。白族民居的大门大都开在东北角,门不能直通院子,必须用墙壁遮挡,遮挡墙上一般写上"福"字。

白族一切建筑,包括普通民居,都离不开精美的雕刻和绘画装饰。木雕多用于建筑物的格子门、横披、板裙、耍头、吊柱等部分。建筑物上卷草、飞龙、蝙蝠、玉兔,各种动植物图案造型千变万化,运用自如,更有不少带有象征意义的图案,如"金狮吊绣球""麒麟望芭蕉""丹凤含珠""秋菊太平"等情趣盎然的图案作品。白族木雕巧匠们还特别擅长作玲珑剔透的三至五层"透漏雕",将多层次的山水人物、花鸟虫鱼都表现得栩栩如生。

"粉墙画壁"也是白族建筑装饰的一大特色。墙体的砖柱和贴砖都刷灰勾缝,墙心粉白,檐口彩画宽窄不同,饰有色彩相间的装饰带。以各种几何图形布置"花空"作花鸟、山水、书法等文人字画,表现出一种清新雅致的情趣。

白族很讲究住宅环境的优雅和整洁。多数人家的天井里一般都砌有花坛,种上几株山茶、缅桂、丹桂、石榴、香橼等乔木花果树,并在花坛边沿或屋檐口放置兰花等盆花。

二、风味饮食

饮食民俗是指有关食物和饮料,在加工、制作和食用过程中形成的风俗习惯及礼仪常规。

食俗隶属于生产消费民俗的范畴,是民俗中最活跃、最持久、最有特色、最具群众性和生命力的一个重要分支。中国饮食民俗是构成中国饮食文化的要素,与中国烹饪的关系非常密切。中国烹饪在世界上独享盛誉,是世界三大烹饪流派(另有法国和土耳其)之一,也是中国文化四绝之一。中国有八大菜系,即鲁菜、川菜、粤菜、淮扬菜、闽菜、浙菜、湘菜、徽菜。此外,京菜、沪菜和其他许多菜系也都很有名。所以,中国又有十大菜系甚至是十二菜系之说。总之,中国的饮食种类丰富多彩,饮食文化源远流长。

(一)地方菜系

长期以来,在某一地区由于地理环境、气候物产、文化传统以及民族习俗等因素的影响而形成的风味流派称作菜系。鲁、川、苏、粤菜称为四大菜系,加上湘、徽、闽、浙菜,称为八大菜系,加上京、沪菜,称为十大菜系。

1.鲁菜

鲁菜,是起源于山东的齐鲁风味,是中国汉族的四大菜系之首(也是八大菜系)、中国家常菜之基础,历史源远流长,底蕴深厚。

鲁菜选料考究,刀工精细,技法全面,调味平和,菜品繁多,火候严谨,强调鲜香脆嫩。大众菜品往往突出葱香、蒜香、酱香,风味与发面面食是绝配,因此在我国以发面面食为主食的地区广为流行;高档菜离不开奶汤、清汤、优质食材与上佳的厨艺,大方古朴,味鲜形美,有儒家饮馔风采。鲁菜重汤,色清而鲜,继承了古人善于做羹的传统;并以海鲜见长,承袭了海滨先民食鱼的习俗。孔子倡导的食不厌精、脍不厌细的饮食原则,使鲁菜讲究科学、注意卫生、追求刀工和调料的艺术性,以至于日臻精美。

(1)咸鲜为主,突出本味。原料质地优良,以盐提鲜,以汤壮鲜,调味讲求咸鲜纯正。大葱为山东特产,多数菜肴要用葱、姜、蒜来增香提味,炒、熘、爆、扒、烧等方法都要用葱,尤其是葱烧类的菜肴,更是以拥有浓郁的葱香为佳,如葱烧海参、葱烧蹄筋;喂馅、爆锅、凉拌也都少不了葱、姜、蒜。海鲜类量多质优,异腥味较轻,鲜活者讲究原汁原味,虾、蟹、贝、蛤,多用姜、醋佐食;燕窝、鱼翅、海参、干鲍、鱼皮、鱼骨等高档原料,质优味寡,必用高汤提鲜。

(2)以"爆"见长,注重火功。鲁菜的突出烹调方法为爆、扒、拔丝,尤其是爆、扒为世人所称道。爆,分为油爆、盐爆、酱爆、芫爆、葱爆、汤爆、水爆等,充分体现了鲁菜在用火上的功夫。因此,世人称之为"食在中国,火在山东"。

(3)精于制汤,注重用汤。鲁菜以汤为百鲜之源,讲究"清汤""奶汤"的调制,清浊分明,取其清鲜。用"清汤"和"奶汤"制作的菜品繁多,名菜就有"清汤柳叶燕窝""清汤全家福""氽芙蓉黄管""奶汤蒲菜""奶汤八宝布袋鸡""汤爆双脆"等,多被列为高档宴席的珍馐美味。

(4)烹制海鲜,独到之处。鲁菜对海珍品和小海味的烹制堪称一绝。山东的海产品,不论参、翅、燕、贝,还是鳞、蚧、虾、蟹,经当地厨师的妙手烹制,都可成为精鲜味美之佳肴。

(5)丰满实惠,风格大气。山东民风朴实,待客豪爽,在饮食上大盘大碗丰盛实惠,注重质量,受孔子礼食思想的影响,讲究排场和饮食礼节。正规筵席有所谓的"十全十美席""大件席""鱼翅席""翅鲍席""海参席""燕翅席"等,都能体现出鲁菜典雅大气的一面。

2.粤菜

粤菜即广东菜,狭义指广州府菜,一般是指广州菜(含南番顺),是中国汉族四大菜系之一,发源于岭南;广义由广州菜、客家菜、潮州菜发展而成,以广州菜为代表,是起步较晚的菜系,但它影响深远,世界各国的中菜馆,多数是以粤菜为主,在世界各地粤菜与法国大餐齐名。粤菜集南海、番禺、东莞、顺德、香山、四邑、宝安等地方风味的特色,兼京、苏、淮、杭等外省菜以及西菜之所长,融为一体,自成一家。粤菜取百家之长,用料广博,选料珍奇,配料精巧,善于在模仿中创新,依食客喜好而烹制;烹调技艺多样善变,用料奇异广博,在烹调上以炒、爆为主,兼有烩、煎、烤,讲究清而不淡,鲜而不俗,嫩而不生,油而不腻,有"五滋"(香、松、软、肥、浓)、"六味"(酸、甜、苦、辣、咸、鲜)之说。粤菜时令性强,夏秋尚清淡,冬春求浓郁。粤菜著名的菜点有鸡烩蛇、龙虎斗、烤乳猪、太爷鸡、盐焗鸡、白灼虾、白切鸡、烧鹅等。

3.川菜

川菜起源于四川、重庆,以麻、辣、鲜、香为特色。川菜原料多选山珍、江鲜、野蔬和畜禽;善用小炒、干煸、干烧和泡、烩等烹调手法;以"味"闻名,味型较多,富于变化,以鱼香、红油、怪味、麻辣较为突出。川菜的风格朴实而又清新,具有浓厚的乡土气息。四川菜系各地风味比较统一,主要流行于西南地区和湖北地区,在中国大部分地区都有川菜馆。川菜是中国汉族四大菜系之一,也是最有特色的菜系、民间最大菜系,同时被冠以"百姓菜"。

川菜风味包括成都、乐山、内江、自贡等地方菜的特色,主要特点在于味型多样,即复合味的运用。辣椒、胡椒、花椒、豆瓣酱等是主要调味品,不同的配比,配出了麻辣、酸辣、椒麻、麻酱、蒜泥、芥末、红油、糖醋、鱼泡椒鸡脚香、怪味等各种味型,无不厚实醇浓,具有"一菜一格""百菜百味"的特殊风味,各式菜点无不脍炙人口。川菜在烹调方法上,有炒、煎、干烧、炸、熏、泡、炖、焖、烩、贴、爆等三十八种之多;在口味上特别讲究色、香、味、形,兼有南北之长,以味的多、广、厚著称,历来有"七味"(甜、酸、麻、辣、苦、香、咸)、"八滋"(干烧、酸、辣、鱼香、干煸、怪味、椒麻、红油)之说。

川菜具有取材广泛、调味多样、菜式适应性强三个特征,由筵席菜、大众便餐菜、家常菜、三蒸九扣菜、风味小吃等五个大类组成一个完整的风味体系。川菜在国际上享有"食在中国,味在四川"的美誉,其中最负盛名的菜肴有干烧岩鲤、干烧桂鱼、鱼香肉丝、糁排骨、怪味鸡、宫保鸡丁、五香卤排骨、粉蒸牛肉、麻婆豆腐、毛肚火锅、干煸牛肉丝、夫妻肺片、灯影牛肉、担担面、赖汤圆、龙抄手等。川菜中六大名菜是鱼香肉丝、宫保鸡丁、夫妻肺片、麻婆豆腐、回锅肉、东坡肘子等。

4.苏菜

苏菜即江苏菜,起始于南北朝、唐宋时,经济发展,推动饮食业的繁荣,苏菜成为"南食"的两大台柱之一。明清时期,苏菜南北沿运河、东西沿长江的发展更为迅速,沿海的地理优势扩大了苏菜在海内外的影响。

苏菜由金陵菜、淮扬菜、苏锡菜、徐海菜组成。其味清鲜,咸中稍甜,注重本味,在国内外享有盛誉。苏菜的特点是:用料广泛,以江河湖海水鲜为主;刀工精细,烹调方法多样,擅长炖焖煨焐;追求本味,清鲜平和;菜品风格雅丽,形质均美。著名的菜肴有清汤火方、鸭包鱼翅、水晶肴蹄、松鼠桂鱼、西瓜鸡、盐水鸭、清炖甲鱼、鸡汁煮干丝等。

5.浙菜

具有悠久历史的浙江菜品种丰富,菜式小巧玲珑,菜品鲜美滑嫩、脆软清爽,其特点是清、香、脆、嫩、爽、鲜,在中国众多的地方风味中占有重要的地位。浙菜主要由杭州、宁波、绍兴、温州四个流派所组成,各自带有浓厚的地方特色。

杭州菜以爆、炒、烩、炸为主,工艺精细,清鲜爽脆。明清年间,杭州成为全国著名的风景区,游览杭州的帝王将相和文人骚客日益增多,饮食业发展,名菜名点大批涌现,杭州成为既有美丽的西湖美景,又有脍炙人口的名菜名点的著名城市。杭州菜制作精细,品种多样,清鲜爽脆,淡雅典丽,是浙菜的主流。其名菜有西湖醋鱼、东坡肉、龙井虾仁、油焖春笋、排南、西湖莼菜汤等,集中反映了杭菜的风味特点。

宁波菜以鲜咸合一和蒸、烤、炖制海味见长,讲究嫩、软、滑,并注重保持原汁原味,色泽较浓。著名菜肴有雪菜大汤黄鱼、苔菜拖黄鱼、木鱼大烤、冰糖甲鱼、锅烧鳗、溜黄青蟹、宁波烧鹅等。

绍兴菜富有江南水乡风味,作料以鱼虾河鲜和鸡鸭家禽、豆类、笋类为主,讲究香酥绵糯、原汤原汁、轻油忌辣、汁浓味重。其烹调常用鲜料配腌腊食品同蒸或炖,且多用绍酒烹制,故香味浓烈。著名菜肴有糟溜虾仁、干菜焖肉、绍虾球、头肚须鱼、鉴湖鱼味、清蒸桂鱼等。

温州古称"瓯",地处浙南沿海,当地的语言、风俗和饮食别具一格,素以"东瓯名镇"著称。温州菜也称"瓯菜",以海鲜人馔为主,口味清鲜,淡而不薄,烹调讲究"二轻一重",即轻油,轻芡,重刀工。代表名菜有三丝敲鱼、双味蛴蟹、桔络鱼脑、蒜子鱼皮、爆墨鱼花等。

6. 湘菜

湘菜,又叫湖南菜,是中国历史悠久的一种地方菜,早在汉朝就已经形成菜系,是汉族饮食文化八大菜系之一。湘菜制作精细,用料上比较广泛,口味多变,品种繁多;色泽上油重色浓,讲求实惠;品味上注重酸辣、香鲜、软嫩;制法上以煨、炖、腊、蒸、炒诸法见称。湘菜代表菜品有东安鸡、金鱼戏莲、永州血鸭、腊味合蒸、姊妹团子 、宁乡口味蛇、岳阳姜辣蛇、剁椒鱼头等。湘菜以湘江流域、洞庭湖区和湘西山区三种地方风味为主。

湘江流域以长沙、衡阳、湘潭为中心,是湖南菜系的主要代表,它制作精细,用料广泛,口味多变,品种繁多。其特点是:油重色浓,讲求实惠,在品味上注重酸辣、香鲜、软嫩;在制法上以煨、炖、腊、蒸、炒诸法见称。著名代表菜有海参盆蒸、腊味合蒸、走油豆豉扣肉、麻辣仔鸡等。

洞庭湖区以烹制河鲜、家禽和家畜见长,多用炖、烧、蒸、腊等制法,其特点是芡大油厚,咸辣香软。炖菜常用火锅上桌,民间则蒸钵置泥炉上炖煮,俗称蒸钵炉子。其代表菜有洞庭金龟、网油叉烧洞庭桂鱼、蝴蝶飘海、冰糖湘莲等。

湘西山区擅长制作山珍野味、烟熏腊肉和各种腌肉,口味侧重咸香酸辣,常以柴炭作燃料,有浓厚的山乡风味。代表菜有红烧寒菌、板栗烧菜心、湘西酸肉、炒血鸭等。

7. 徽菜

徽菜即安徽菜,是中国著名的八大菜系之一,又称徽帮、安徽风味,起源于南宋时期的古徽州,原是徽州山区的地方风味。由于徽商的崛起,这种地方风味逐渐进入市肆,流传于苏、浙、赣、闽、沪、鄂以至长江中下游区域,具有广泛的影响。根据 2009 年出版的中国徽菜标准,正式确定徽菜为皖南菜、皖江菜、合肥菜、淮南菜、皖北菜五大风味,是沿江菜、沿淮菜、皖南菜的总称。

徽菜的特点主要是清雅纯朴、原汁原味、酥嫩香鲜、浓淡适宜、选料严谨、火工独到、讲究食补、注重本味、菜式多样。烹饪技法主要是滑烧、清炖和生熏法。徽菜以烹制山珍野味著称,擅长烧、炖、蒸,而少爆炒。其烹饪芡大、油重、色浓、朴素实惠,代表菜品有红烧果子狸、火腿炖甲鱼、雪冬烧山鸡、符离集烧鸡、蜂窝豆腐、红烧果子狸、无为熏鸭等。

8. 闽菜

闽菜,是中国八大菜系之一,常以福州菜和厦门菜为底部。后来在发展中形成福州、闽南、闽西三种流派。闽菜具有四大鲜明特征:一为刀工巧妙,寓趣于味,素有剖花如荔,切丝如发,片薄如纸的美誉。二为汤菜众多，变化无穷，素有"一汤十变"之说。三为调味奇特，别是一方。闽菜的调味，偏于甜、酸、淡，善用糖甜去腥膻；巧用醋酸甜爽口；味清淡，可保持原汁原味；善用红糟、虾油、沙茶、辣椒酱、喼汁等调味，风格独特，别开生面。四为烹调细腻，雅致大方，以炒、蒸、煨技术最为突出。食用器皿也别具一格，多采用小巧玲珑、古朴大方的大中小盖碗，愈加体现了其雅洁、轻便、秀丽的格局和风貌。

福州菜，是闽菜的主流，除盛行于福州外，也在闽东、闽中、闽北一带广泛流传。其菜肴特点是清爽、鲜嫩、淡雅，偏于酸甜，汤菜居多。它善用红糟为调料，尤其讲究调汤，予人"百汤百味""糟香扑鼻"之感。代表名菜有佛跳墙、煎糟鳗鱼、淡糟鲜竹蛏、鸡丝燕窝等。

闽南菜，盛行于厦门和晋江、龙溪等地区，并东及台湾。其菜肴具有鲜醇、香嫩、清淡的特色，以讲究调料、善用香辣而著称，在使用沙茶、芥末、喼汁以及药物、佳果等方面均有独到之处。其代表名菜有东壁龙珠、炒鲨片、八宝芙蓉蚶等。

闽西菜，盛行于客家话地区，菜肴有鲜润、浓香、醇厚的特色，以烹制山珍野味见长，略偏咸、油，在使用香辣方面更为突出。其代表名菜有油焖石鳞、爆炒地猴等，具有浓厚的山乡色彩。

(二)地方风味小吃

地方风味小吃是构成中国菜的基本部分。它选用质地优良的烹饪原料，用独特的烹饪方法制作而成，具有一定的影响力。

1.北京烤鸭

北京烤鸭是具有世界声誉的北京著名菜式，由中国汉族人研制于明朝，在当时是宫廷食品。用料为优质肉食鸭北京鸭，用果木炭火烤制，色泽红润，肉质肥而不腻，外脆里嫩，被誉为"天下美味"。

2.特色包子

(1)天津狗不理包子。狗不理包子以其味道鲜美而誉满全国，名扬中外。狗不理包子备受欢迎，关键在于用料精细，制作讲究，在选料、配方、搅拌以至揉面、擀面环节都有一定的绝招儿，在做工上更是有明确的规格标准，特别是包子褶花匀称，每个包子都是18个褶。刚出屉的包子，大小整齐，色白面柔，看上去如薄雾之中的含苞秋菊，一直深得大众百姓和各国友人的青睐。

(2)上海南翔小笼包。南翔小笼包为上海郊区南翔镇的传统名点，素负盛名。因其形态小巧，皮薄呈半透明状，以特制的小竹笼蒸熟，故称小笼包。南翔小笼包采取"重馅薄皮，以大改小"的方法，选用精白面粉擀成薄皮；又以精肉为馅，不用味精，用鸡汤煮肉皮取冻拌入，以取其鲜，洒入少量研细的芝麻，以取其香；还根据不同节令取蟹粉或春竹、虾仁和入肉馅，每只馒头折裥十四只以上，一两面粉制作十只，形如荸荠，呈半透明状，小巧玲珑；出笼时任意取一只放在小碟内，戳破皮子，汁满一碟为佳品，逐步形成皮薄、汁鲜、肉嫩、馅丰的特点。

3.云南过桥米线

过桥米线是云南滇南地区特有的汉族小吃，属滇菜系。过桥米线起源于蒙自地区。过桥米线汤是用大骨、老母鸡、云南宣威火腿经长时间熬煮而成的。过桥米线由四部分组成：一是汤料覆盖有一层滚油；二是佐料，有油辣子、味精、胡椒、盐；三是主料，有生的猪里脊肉片、鸡脯肉片、乌鱼片，以及五成熟的猪腰片、肚头片、水发鱿鱼片；辅料有豌豆尖、韭菜，以及芫荽、葱丝、草芽丝、姜丝、玉兰片和氽过的豆腐皮；四是主食，即用水略烫过的米线。过桥米线鹅油封面，汤汁滚烫，但不冒热气。

4.特色面食

山西刀削面、武汉热干面、北京炸酱面、河南烩面、四川担担面同称为中国五大面食名品，享有盛誉。

(1)山西刀削面。山西刀削面是山西的汉族传统面食，因其风味独特，驰名中外。刀削面全凭刀削，因此得名。用刀削出的面叶，中厚边薄，棱锋分明，形似柳叶；入口外滑内筋，软而不粘，越嚼越香。刀削面的调料(俗称"浇头"或"调和")也是多种多样的，有番茄酱、肉炸酱、羊肉汤、金针菇木耳鸡蛋打卤等，都深受喜食面食者欢迎。

(2)武汉热干面。热干面是湖北省武汉市的汉族特色小吃，原本是武汉的特色美食，后来在湖北很多地方都十分受欢迎。热干面既不同于凉面，又不同于汤面，面条事先煮熟，过冷水和过油后，再淋上芝麻酱、香油、香醋、辣椒油、五香酱菜等配料，更具特色，增加了多种口味。吃时面条纤细爽滑又筋道，酱汁香浓味美，色泽黄而油润，香而鲜美，有种很爽口的辣味，诱人食欲。

(3)北京炸酱面。炸酱面是北京极具特色的传统面食。尤其到了夏天，一碗炸酱面，搭配各式菜码，营养丰富，美味十足。炸酱面的关键就在炸酱上，用料和制作都很讲究。一定要用六必居的干黄酱和天源酱园的甜面酱小火慢熬，肉要选肥瘦相间的五花肉。菜码非常丰富，必不可少的有黄瓜、心里美萝卜、黄豆、豆芽、白菜丝等。当然菜码不局限于这些，完全可以依照自己的喜好或手头的材料来搭配。吃炸酱面的时候大蒜也是不能少的，它可以起到杀菌消毒的作用。

(4)河南烩面。烩面是河南的特色美食，有着 4000 年的历史。它是一种荤、素、汤、菜、饭聚而有之的传统风味小吃，以味道鲜美、经济实惠而享誉中原，誉满全国。烩面按配料不同可分为羊肉烩面、牛肉烩面、三鲜烩面、五鲜烩面等。烩面是以优质高筋面粉为原料，辅以高汤及多种配菜，是一种类似宽面条的面食，汤好面筋，营养高。洛阳的水席、开封的包子、郑州的烩面，是河南齐名的三大小吃。

(5)四川担担面。四川担担面为全国著名面食之一，是四川的独特风味，始创于 1841 年，因最初是挑着担子沿街叫卖而得名。其配料有红酱油、化猪油、麻油、芝麻酱、蒜泥、葱花、红油辣椒、花椒面、醋、芽菜、味精等十多种，加上碎肉，十分可口。担担面的经营者一向荤素兼有，既有面条，又是有"抄手"(馄饨)。

三、民族服饰

服饰的发展，受很多客观因素与主观因素的影响。首先是自然环境，尤其是气候；其次，服饰还与当地的生产方式、生活方式有关；其三，服饰的传承，与一个民族的历史及文化联系紧密。服饰主要由服装与饰物两部分组成，即一部分是由上衣、裤、帽、鞋袜等组成的服装，另一部分是由人体的头、手、足、颈等部位所佩戴、刻绘和装饰的各种饰物组成。我国有 56 个民族，每个民族服饰习俗各不相同，如色彩艳丽的蒙古袍、做工精细的藏袍、维吾尔族的绣花帽、纳西族人的七星披肩；苗族人的银首饰等。服饰是一个民族的外在标志，是游客最能直接体验到的异域风情。

(一)汉族服饰

汉族是中国的主体民族，汉族的传统民族服饰是汉服。相传汉服由黄帝发明，西周起汉服已具备基本性质，到了汉朝已经全面完善并普及。汉服又称为汉装、华服，既有交领右衽，又有直领圆领,袖子分为广袖、小袖、胡垂袖等。

汉服历史悠久,款式众多,历朝历代皆有自己的特点,但主要特征不变。汉服又有礼服和常服之分。从形制上看,主要有"上衣下裳"制(裳在古代指下裙)、"深衣"制(把上衣下裳缝连起来)、"襦裙"制(襦,即短衣)等类型。其中,上衣下裳的冕服为帝王百官最隆重、正式的礼服,深衣(袍服)为百官及士人常服,襦裙则为妇女喜爱的穿着。普通劳动人民一般上身着短衣,下穿长裤。配饰、头饰是汉族服饰的重要部分之一。古代汉族男女成年之后都把头发绾成发髻盘在头上,以笄固定,加之以冠,以示成年。

中西合璧的中山装和被誉为"东方传统女装"的旗袍被称为"国服"。中山装是由孙中山先生提倡的。1912年,中华民国政府通令将中山装定为礼服,并修改中山装造型,立翻领,对襟,前襟五粒扣,四个贴袋,袖口三粒扣,后片不破缝。由于中山装简便、实用,自辛亥革命起便和西服一起开始流行。当新中国领袖的照片第一次出现在世界媒体上后,这套衣服也随之名闻世界。旗袍起源于16世纪中期满族人民的民族服饰,因当时旗人穿着,故称旗袍。旗袍造型与妇女体型相适合,线条简练,优美大方,以它浓郁的民族风格,体现了中华民族传统的服饰美。

另外,惠安女服饰和浙江舟山渔民的笼裤也是一大特色。惠安女服饰的特点是"封建头、节约衫、民主肚、浪费裤",即头披花头巾、戴金色斗笠,上穿湖蓝色斜襟短衫,下着宽大黑裤。花头巾的花大多是小朵的蓝色花,衬以白底,显得活泼、亮丽;头巾紧捂双颊,只露眉眼和嘴鼻,衬出惠女含蓄和恬静的美。惠安女子的特色服饰在汉族女子服饰中独树一帜,是中国传统服饰精华的一部分,被誉为"巾帼服饰中的一朵奇葩",具有较高的实用艺术价值和民俗文化研究价值。舟山渔民笼裤,上穿襻布衫加背褡,下穿宽大的裤子,海风一吹,像鼓起来的灯笼。渔民笼裤不仅经济实用,穿着方便,而且讲究美观,心灵手巧的汉族渔家姑娘,在笼裤衩口两旁,用彩线绣上图案或花纹,使笼裤更添美丽风采。

(二)少数民族服饰

中国少数民族服饰,不仅为自然风光添色加彩,而且制作技术精湛,深受异国他乡游人喜爱。因此,少数民族服饰是一类重要的人文旅游资源。

傣族服饰淡雅美观,既讲究实用,又有很强的装饰意味,颇能体现出傣族人热爱生活、崇尚中和之美的民族个性。傣族服饰在民族服饰中相当具有特点,尤其是傣家少女的服饰更是婀娜多姿。傣族妇女服饰上身淡雅,下身大红大花,扎包头,头发上插各种花、梳子或装饰等,与过去基本相同。傣族男子的服饰差别不大,一般常穿无领对襟或大襟小袖短衫,下着长管裤,以白布、水红布或蓝布包头。

苗族男子穿对襟衣,外面套件小背褡,脚上打绑腿,头带花格丝帕,腰上围宽腰带。苗族女子的服饰比男子讲究,衣服一般要绣花滚边,头戴丝帕,前低后高,堆积成螺形或椭圆形,颜色分青、白两种。苗族妇女特别喜欢银饰,头上、手上、胸前都配有各种图案和花纹的银饰,走起路来,叮当作响,格外引人注目。

彝族青年男女服装色彩鲜艳,喜用红、黄、绿、橙、粉等对比强烈的颜色,纹样繁多。中年人服装的纹样较青年人少,使用颜色为天蓝、绿、紫、青、白等色,素雅庄重。老年人多用青、蓝布,一般不做花,仅以青衣蓝边或蓝衣青边为饰。服装的花纹、花边有浓厚的民族地方色彩和生活气息:有日、月、星、云、天河、彩虹等天象图案,有山、河等大自然图案,有鸡冠、牛眼、羊角、獐牙等动物图案,有叶、花、火镰、发辫、几何图形等植物和什物图案。装饰品美丽庄重、色彩鲜明、花样繁多,多以金、银、铜、玉、石、骨等为原料,铸造、打制、压制、镶嵌、雕刻部分为本地手工工匠制作。过去凉山彝族男女多赤足,在冬天或出远门时,脚穿用麻绳或草绳编织的草鞋,内穿羊毛织成的形似靴子的毡袜,或裹棉、毛绑腿以护脚和御寒。

赫哲族的鱼皮衣更是令人叹为观止。鱼皮衣是把鲢鱼、鲤鱼等鱼皮完整地剥下来,晾干去鳞,用木棒槌捶打得像棉布一样柔软,用鲢鱼皮线缝制而成。受满族服饰的影响,鱼皮衣多为长衣服,主要是妇女穿用。其样式象旗袍,腰身稍窄,身长过膝;袖管宽而短,没有衣领,只有领窝;衣裤肥大,边沿均有花布镶边,或刺绣图案,或缀铜铃,显得光亮美观。鱼皮套裤,有男女两种。男人穿的上端齐口,裤脚下沿镶黑边,冬天穿上狩猎可以抗寒耐磨,春秋穿上捕鱼可防水护膝。不过,随着物质生活的不断提高,赫哲族服装的材料及式样也发生了根本性变化。鱼皮不再是赫哲族的遮体服饰,而是作为一种民间工艺被收藏于艺术宝库博物馆之中。

此外,蒙古族男女身材健硕,穿滚边长袍,男子下端没有"开启",无彩色滚边;女子的下摆开襟有彩色滚边,男女都喜欢扎红、黄、绿等颜色的绸缎腰带。藏族的藏袍具有明显的高原特色,长及脚面,袖子宽大且长,既无口袋,亦无纽扣,穿时只要在腰间束一根带子,日常用品诸如木碗、小糌粑袋等可放在胸前。布朗族、佤族、景颇族妇女的筒裙亦很有特色。

四、节会庆典

民间节庆是指民间传统的庆祝或祭祀的节日和专门活动。各民族的传统节日都是该民族经济生活、宗教信仰、文化娱乐、社会交往和民族崇拜等民风民俗的集中体现,是古老的民族文化习俗的重要组成部分。最能体现风土民情和民俗习惯的就是丰富多彩的岁时节俗,无论是中国还是外国,这方面体现都非常突出。中国传统节日有春节、元宵节、清明节、端午节、中秋节。少数民族节日有火把节、泼水节、新米节、开斋节、雪顿节等。节日不仅活跃了民众生活,也让旅游者丰富了知识,感受到了不同的民族风情。此外,少数名族的信仰、禁忌,以及节日、娱乐民俗也是多姿多彩的,使旅游资源更加丰富多样。

(一)汉族传统节日

1.春节

春节又称过年,俗称新年,是中国最隆重的传统节日。中华人民共和国成立后,将农历正月初一定为春节,如今除了汉族外,蒙古、壮、布依、朝鲜、侗、瑶等民族也过春节。春节活动从腊月二十四开始,经过除夕、春节,直到正月十五元宵节结束。春节活动因时因地而异,主要有以下内容:操办年货、做新衣、掸尘、祭灶、祭祖、吃团圆饭、守岁、贴春联、挂年画、拜年、放爆竹、吃年糕饺子和元宵、舞狮子、扭秧歌、闹花灯等。随着社会的发展及经济的进步,现代人又赋予春节新的内容,由于我国休假制度的改革,春节成为人们外出旅游的一个黄金周,春节也成了象征团圆、兴旺、对未来寄托新希望的一个佳节。

2.元宵节

元宵节,即农历的正月十五,又称上元节、元夕节、灯节,起源于汉朝时期,是中国传统节日之一。不同的地区庆祝元宵节的活动不一样,大致有吃元宵、打太平鼓、猜灯谜、踩高跷、舞狮子、扭秧歌、逛灯会、送孩儿灯、划旱船、走百病等。

3.清明节

清明节,又叫踏青节,按阳历来说,它是在每年的 4 月 4 日至 6 日之间,古时也叫三月节,已有 2000 多年历史,是我国的传统节日之一,也是最重要的祭祀节日。清明节除祭祖和扫墓以外,还有踏青、郊游、荡秋千、踢足球、打马球、插柳、拔河、斗鸡等户外活动。

4.端午节

端午节为每年农历五月初五,又称端阳节、五月节、五日节。在春秋之前,端午节是祛病防疫的节日,后因爱国诗人屈原在此日殉国明志而演变成中国汉族人民祭奠屈原以及缅怀华夏民族高洁情怀的节日。端午节有吃粽子、赛龙舟、挂菖蒲(除菖蒲之外,还挂蒿草、艾叶、熏苍术、白芷等)、喝雄黄酒的习俗。端午节为国家法定节假日之一,并被列入世界非物质文化遗产名录。

5.中秋节

中秋节,是我国最重要的传统节日之一,为每年农历八月十五。"中秋"一词,最早见于《周礼》。根据我国古代历法,一年有四季,每季三个月,分别被称为孟月、仲月、季月三部分。因此秋季的第二月叫仲秋,又因农历八月十五日,在八月中旬,故称中秋。到唐朝初年,中秋节才成为固定的节日。中秋节一般有吃月饼、赏月、烧斗香、树中秋、点塔灯、放天灯、走月亮、舞火龙等习俗。

6.重阳节

重阳节为每年农历九月初九,二九相重,称为重九,民间在该日有登高的风俗,所以重阳节又称登高节,还有重九节、茱萸节、菊花节等说法。由于九月初九"九九"谐音是"久久",有长久之意,所以人们常在此日祭祖与推行敬老活动。2012年12月28日,法律明确每年农历九月初九为老年节。

(二)少数民族节日

1.那达慕大会

蒙古族那达慕大会在每年七八月份举办,内容包括射箭、赛马和摔跤比赛。那达慕大会起源于草原上一年一度的祭敖包。敖包以石块堆放而成,原来是道路和境界的标志,后来成为祭祀场所。最初带有宗教色彩,意在通过祭敖包,祈求吉祥幸福,同时也举办一些体育活动,后来演变成那达慕大会。那达慕大会十分隆重,每当举办时,方圆百里的蒙古族牧民都要穿上节日盛装,扶老携幼,带着蒙古包和各种食物,从四面八方赶去参加。

2.歌圩节

三月三歌圩节流行于广西、云南等壮族聚集区域,是男女青年进行交际的好时机。每逢歌圩,方圆数十里的男女青年都聚集在歌圩点以歌传情。小伙子在歌师的指点下与中意的姑娘对歌。通常是男青年先主动唱游览歌,遇到合适的对象,便唱起见面歌、邀请歌。女方若有意就答应。男青年再唱询问歌,彼此有了情谊,再唱爱慕歌、交情歌。歌词皆即兴发挥,脱口而出,贴情贴景。歌声是条红线,牵引着两颗爱心,若姑娘对眼前小伙子的人才、歌才都满意,便趁旁人不注意,悄悄将怀中的绣球赠与意中人,"他"则报之以手帕、毛巾之类的物品,然后歌声更加甜蜜,遂订秦晋之好。歌圩节期间,还举行抛绣球、碰红蛋、踢毽子、抢花炮等多种多样的文体活动并举办各种庙会。

3.火把节

彝族火把节是所有彝族地区的传统节日,是彝族最隆重、最盛大、场面最壮观、参与人数最多、最富有浓郁民族特征的节日,更是全族人民的盛典。火把节流行于云南、贵州、四川等彝族地区,白、纳西、基诺、拉祜等族也过这一节日。火把节多在农历六月二十四或二十五日举行,节期三天,人们白天饮酒、摔跤、斗牛、射箭、赛马等,夜晚在村头、寨边、广场上举行篝火晚会,男女青年通过火把接火而萌生爱情。

4.泼水节

傣族泼水节又名宋干节,阿昌、德昂、布朗、佤等族也过这一节日。到了节日那天,傣族男女老少穿上节日盛装,妇女们则各挑一担清水为佛像洗尘,求佛灵保佑。"浴佛"完毕,人们就开始相互泼水,表示祝福,希望用圣洁的水冲走疾病和灾难,换来美好幸福的生活。入夜,村寨鼓乐相闻,人们纵情歌舞,热闹非凡。整个节日期间,除有赛龙船、放高升、放孔明灯、泼水、丢包等传统娱乐活动外,还有斗鸡、放气球、游园联欢、物资交流等新的活动。

5.花儿会

花儿又称少年,是青海、甘肃、宁夏等省区民间的一种民歌。花儿会是回、土、东乡、撒拉、保安、裕固等族的传统歌会。花儿会期间,远近的百姓都登山对歌,多时人数可达上万。届时人们撑着伞,摇着扇,或拦路相对,或席地而坐,歌词多为即兴创作,极具生活气息。花儿会主要活动内容包括拦歌、对歌、游山、敬酒、告别等。花儿会也是青年男女选择对象的极妙场合,他们以歌为媒,向对方表白心迹。此外,花儿会期间还有物资交流等活动。

6.三月街

三月街亦称观音市、观音街、祭观音街,是白族传统盛大节日,也是白族传统的民间物资交流和文娱活动盛会,流行于云南大理等地。每年夏历三月十五日起在大理城西点苍山中和峰麓举行,为期五至七天。每逢三月街时,街上人山人海,商贸云集,货物琳琅满目。人们按照传统习惯,白天进行贸易,晚上在宿营地唱歌跳舞,热闹非凡。

此外,藏族的浴佛节、雪顿节、望果节,苗族的芦笙节,维吾尔族的古尔邦节,黎族的三月三,高山族的丰年祭等都是极具吸引力的少数民族传统节日,吸引了大量的国内外游客。

民风民俗类型多样,其特色鲜明、体验性强、接受度高,广泛地存在于每一个群体与个体的生活中,具有强大的吸引力、生命力和可开发性。民俗民风资源具有强大的旅游功能,已成为民俗民风旅游发展的基础。我国历史悠久,疆域辽阔,民族众多,民风民俗旅游资源丰富多彩,拥有发展民俗旅游得天独厚的条件,随着旅游资源的深度和广度开发,回归传统、面向民俗、寻找文化差异的民风民俗旅游必然成为新的增长点。掌握民风民俗旅游的特点和功能,了解我国民风民俗旅游资源的分布和文化内涵,有利于更加合理地开发各地民风民俗旅游资源,从而开发出真正符合地域特点、满足市场要求的民俗旅游产品。

第八章　乡村旅游资源

学习目标

1. 掌握乡村旅游资源的定义及特点
2. 了解乡村旅游资源的分类以及详细介绍
3. 熟悉乡村旅游资源的价值,熟练掌握乡村旅游资源的评价方法及应用
4. 重点掌握乡村旅游资源可持续发展存在的问题及其解决建议

主要内容

1. 乡村旅游资源的概述与特点
2. 乡村旅游资源的分类与介绍
3. 乡村旅游资源的价值与评价
4. 乡村旅游资源的可持续发展

　　当今社会,特别是对于生活在都市环境中的人们,面对来自社会、经济、文化、精神等方面的巨大压力,都市居民乐于追寻一种释放压力的娱乐方式,田园环境便吸引了人们的眼球。人们对田园牧歌式生活方式的怀旧情结成为今日乡村旅游发展的巨大推力。

　　在中国,乡村旅游已成为一种时髦,不仅消费群体日益扩大,更成为各个地方和各级政府开办、开发的新热点。如今,新农村建设正成为各级政府的工作重点之一,乡村旅游正可以派上用场。因此,乡村旅游的潜力巨大,在可以预见的未来,前景是光明的。

第一节　乡村旅游资源概述

一、乡村旅游资源的概念

　　从广义上来看,乡村旅游资源就是指在现实条件下,能够吸引人们产生旅游动机并进行旅游活动的各种有一定内涵和特色的自然、人文、物质及精神的乡村旅游景观,这些景观能为旅游者提供游览、观赏、知识、乐趣、度假、疗养、娱乐、休息、探险猎奇、考察研究、社会交往等功能和服务。也就是说,乡村旅游资源是以自然环境为基础、人文因素为主导的人类文化与自然环境紧密结合的文化景观,以乡村独特的生产形态和特殊的环境所产生的农业生产、农村生活、农村风情等客观体。

　　从狭义上来表述,乡村旅游资源是指在乡村地域范围内,能对旅游者产生吸引力,满足旅游需求并可产生经济、社会和环境效益的各种乡村特色景观。

二、对乡村旅游资源的其他认识

(一)不同学科角度的认识

从不同学科的角度来认识乡村旅游资源,可以更加全面地把握其含义。

从经济学角度来看,可以把乡村旅游资源看作是一种原材料,参与经济活动的生产过程,从投入原材料到生产出产品,最后供给消费者消费。乡村旅游资源作为一种"原材料",主要体现在乡村资源,包括土地、生物多样性、历史建筑等。当这些有价值的原材料被旅游经营者发现并投入生产,这些乡村资源就成为了乡村旅游资源,并发挥其价值。

从景观学角度来看,乡村旅游资源不仅是一种景观,更是具有独立空间属性的物质实体。乡村旅游资源的数量、类型、品位、地方性组合特征和乡村居民的友善好客等居民态度构成了乡村旅游资源的主要特征。而乡村旅游资源开发程度、基础设施建设、经济更新条件等作为乡村旅游开发与利用的重要条件。由此,乡村旅游资源可以被认为是在乡村地域范围内能够被利用的景观及景观资源,无论是对乡村居民或城市居民都能够产生吸引力,并满足旅游需求的乡村事物、事件、过程、活动、任务、乡村文化、乡村民俗、口头传说、民间艺术、乡土教育等资源。

从人文学角度来看,乡村旅游资源不仅限于地文景观、水域风光、生物景观等自然旅游资源,也包括古代文化遗迹、现代消闲娱乐及经济购物等旅游资源。

从旅游学角度来看,真正的乡村旅游资源必须具备使游客感受乡村气息、回归自然和体验乡村生活的功能。

(二)其他相关认识

更多的学者将乡村旅游资源看作是可以对旅游者产生吸引力,从而让旅游消费者前来开展旅游活动,并且在旅游业中被开发利用后能够带来一定的经济、社会以及生态等各个领域的综合效益的一类资源。因此,乡村旅游资源立足于自然环境,以人文因素为主导,从而形成一种人类文化和自然环境融为一体的文化景观。

一般来说,乡村旅游资源之所以得到更多的关注,是因为现代社会演进的过程中,人们在旅游方面的意识出现了新的动态变化。立足于新资源观等理论框架分析可知,现代人对于旅游资源的类型和内容方面的认识有了新的内涵和发展,现代旅游需求出现多样化的变化,都使得乡村旅游资源关注度提升,并需要进行重新的认知和了解。总体来说,现代乡村旅游资源的内涵范围不断扩充,种类日益丰富。

最为根本的是我国经济水平的大幅提升,使得人们物质生活水平上升到一定的高度,从而使得民众在精神层面上的追求快速增加,而旅游作为一种在较高层面上的精神需求成为我国民众普遍参与的活动。民众在旅游领域的审美观念差异性不断凸显,决定了现代旅游日益呈现出个性化和多样化的特点。综观来看,我国旅游领域的热点也不断变化,依次从初期以观光游览历史名城、名山大川为重点,逐渐转换到了田园生活这一中心上。正是由于现代旅游的内涵趋于丰富和更加成熟,促使旅游资源的内涵和外延都明显增加,这种发展趋势在乡村旅游领域也得到了充分的体现。

在现代乡村旅游领域里,在传统意义上不属于"旅游资源"的事物、一些特征模糊的资源以及在以往不属于人们观念中的事物都发展成为现代旅游开发的有价值的对象,甚至成为现代乡村旅游资源的重要组成部分。举例来说,乡村领域的传统模式娱乐活动、中国南北方特色民居,包括北方的土炕和南方花雕小床等都成为了现代乡村旅游资源。因此从现代旅游领域来看,只要是可以在一定程度上满足现代旅游者需求的事物就可以看作是有价值的旅游资源。

在乡村领域,农家居民清幽闲适的氛围、田园风光的自然清新、乡村食品的天然绿色以及乡里乡亲的淳朴热情,对希望接触自然、回归自然的城市居民来说,都属于有很大价值的旅游资源。范围广阔的农村区域和收入水平不断提升的工薪阶层,统统构成了客观存在的而不是虚构的广大的卖方和买方市场,这一观念的悄然变化引起了旅游资源概念的巨大变化。所以,只要有旅游者的存在,并非只有名山大川、名胜古迹才能成为乡村旅游资源,乡村中一切生产、生活条件和过程均可成为乡村旅游资源开发的对象。

第二节　乡村旅游资源的特点

一、人与自然的和谐性

作为旅游资源的乡村景观是人类长期以来与自然环境相互作用、相互影响形成的文化景观。这种景观的形成过程无一不是人与地理环境不断磨合的过程。当人们掌握自然规律,遵循生态学的原理,人地关系协调时,大自然就给人们以恩惠,促进了乡村社会经济的发展;反之,则受到大自然的惩罚。人们经过与自然环境的反复较量,逐渐认识并掌握了自然规律。因此,人们对自然环境长期改造和适应形成的乡村景观是人与自然共同创造的和谐的文化景观。

二、资源分布的广泛性

世界上除高山、沙漠和酷寒地带外,广泛分布着从事农业的居民。在自然条件的基础上,人们通过世代不断的努力,创造了具有各自特色的乡村景观,它们广泛分布于世界各地,其中不少可以作为乡村旅游资源,故乡村旅游资源在空间分布上具有极其广泛性的特点。

三、资源类型的多样性

乡村旅游资源的组成既有自然环境,又有物质成分、非物质成分,其内容丰富、类型多样。既有农村、牧村、渔村、林区等不同的农业景观和集镇、村落等不同特点的聚落景观,还有各地区丰富多彩的民族风情,所以乡村旅游资源具有多样性的特点。

四、资源特色的地域性

乡村旅游资源与自然环境、社会环境的关系十分密切。在不同的环境影响下,形成了不同的景观类型。即使同一种景观类型,在不同的自然条件下又有不同的特征,如不同气候带形成了相应的农业带。而由政治、宗教、民族、文化、人口、经济、历史等要素组成的社会环境的差异性又往往形成不同的乡村民俗文化,如民族服饰、信仰、礼仪、节日庆典等。由于地球上自然环境和社会环境的地域差异性,形成了乡村旅游资源具有明显地域性的特点。

五、资源形成的系统性

在人与自然环境长期作用下形成的乡村旅游资源,是自然环境和社会环境各要素组成的复杂而和谐的统一整体,任何要素的变化都会引起乡村景观的变化。乡村景观既受自然规律的支配,也受社会规律的影响,形成了一个复杂的系统。故乡村旅游资源具有整体性和系统性的特点。

六、资源变化的季节性

乡村旅游资源的季节性既表现在人们一年内有规律的生产、生活活动,也表现在随四季的变化而形成的自然环境、农业生产和社会生活的季节变化和明显的周期性的特点,所以乡村旅游资源具有季节性的变化规律。

七、资源内涵的民族性

民族文化是乡村旅游资源的重要内容,各民族都有本民族特有的文化。信息交流频繁的城市,原来的民族文化较多地融合了其他民族的文化,形成了多民族文化的交融,使原有的民族文化发生变异。而广大乡村,由于地理区位、交通和信息条件的限制,民族文化的传承性较强,使传统的原汁原味的民族文化能较完整地保留下来,故乡村旅游资源有明显的民族性特点。越是民族性强的旅游资源,越具有吸引力。

八、资源发展的时代性

乡村文化景观是一定历史时期的产物,深深地反映了时代的特点。随着社会的进步、科学技术的发展和文化的交流,乡村景观也会发生相应的变化。从乡村景观的变化中可以清晰地看到时代发展的轨迹,所以说乡村旅游资源具有时代性的特点。

九、资源开发的保护性

乡村生态环境是一个自然生态系统和社会系统共同组成的更为复杂的生态系统,且相当脆弱,一旦破坏就较难恢复。乡村生态环境不仅是旅游活动的客观环境,也是广大农民赖以生存与发展的基础,因此开发利用时必须遵循生态学的规律,把保护乡村生态环境放在首位,始终坚持保护性开发原则。

十、雅俗共赏的文化性

乡村各种民俗节目、工艺美术、民间建筑、音乐舞蹈、婚俗禁忌、趣事杂说等都被赋予浓厚的文化底蕴。乡土社会的"浓厚的区域本位主义和家乡观念特色的非规范性"特点,加上民间文化的悠久历史及丰富内涵,使其具有神秘性与淳朴性,对于游客来说是一种极大的诱惑。

十一、旅游功能的独特性

我国乡村地域辽阔,种类多样,受城市化影响较小,绝大多数地方保持着自然风貌,加上众多风格各异的风土人情、乡风民俗,使乡村旅游在活动对象上具有独特性。在特定地域上形成"古、始、真、土"的特点,具有城镇无可比拟的贴近自然的优势,为游客返璞归真、重返自然提供了条件。

十二、可实践性和体验性

乡村旅游不仅仅是单一的观光游览项目,它是包含观光、娱乐、康疗、民俗、科考、访祖等在内的多功能复合型旅游活动。游客可通过直接品尝农产品(蔬菜瓜果、畜禽蛋奶、水产品等)或直接参与农业生产与生活实践活动(耕地、播种、采摘、垂钓、烧烤等),从中体验农民的生产劳动和乡村的民风民俗,并获得相关的农业生产知识和乐趣。

第三节　乡村旅游资源的分类与介绍

一、按综合性视角分类

就旅游而言,乡村是个小天地大世界,旅游资源极为复杂。下面我们以综合性视角,从成因、属性、特征、开发、利用等层面,对乡村旅游资源进行划分。

(一)乡村田园景观旅游资源

自然田园风光是乡村旅游资源中最主要的构成部分,包括大规模连片的农田带、多种类型的经济果林与蔬菜园区,一定面积的天然或人工水面等。

其中,农田景观资源是生物自然过程与人类干扰相互作用形成的,是各种复杂的自然和社会条件相互作用的结果。同时,农田斑块的大小、形状和廊道的构成以及农田内农作物和其他物种的丰度、分布、生产力及抗干扰能力都制约和影响着农田景观资源的形成。

另外,经济园林和蔬菜园林是目前新农村建设中发展农村经济、促进农民增收的重要途径,也是旅游服务业高速发展形势下重要的旅游资源。其中,观赏蔬菜是既可食用又可观赏的一类新型蔬菜的总称,它是集食用、观赏、绿化、美化于一体的多功能蔬菜类。在 20 世纪 30 年代,日本、欧美等国家和地区开始结合观光农业研究开发观赏蔬菜。20 世纪 90 年代,我国大陆也开始在上海、北京等地发展观光农业,观赏蔬菜的概念也随之出现。

现代居室中的田园风格设计当然倡导"回归自然",只有结合自然,才能在当今快节奏的社会生活中获取生理和心理的平衡,因此田园风格力求表现自然的田园生活情趣。而这样的自然情趣正好迎合了人们对于自然环境的关心、回归和渴望之情,所以也造就了田园风格设计在当今时代的复兴和流行。

(二)乡村聚落景观旅游资源

聚落是人类活动的中心,它既是人们居住、生活、休息和进行社会活动的场所,也是人们进行生产劳动的场所。我国乡村聚落分为:①集聚型,即团状、带状和环状村庄;②散漫型,即点状村落;③特殊型,表现为帐篷、水村、土楼和窑洞。乡村聚落的形态、分布特点及建筑布局构成了乡村聚落景观旅游资源丰富的内涵。这些旅游资源景观具有整体性、独特性和传统性等特点,反映了村民们的居住方式,往往成为区别于其他乡村的显著标志。

乡村聚落是指居民以农业为经济活动主要形式的聚落。在农区或林区,村落通常是固定的;在牧区,定居聚落、季节性聚落和游牧的帐幕聚落兼而有之;在渔业区,还有以舟为居室的船户村。一般说来,乡村聚落具有农舍、牲畜棚圈、仓库场院、道路、水渠、宅旁绿地,以及特定环境和专业化生产条件下的附属设施。小村落一般无服务职能,中心村落则有小商店、小医疗诊所、邮局、学校等生活服务和文化设施。随着现代城市化的发展,在城市郊区还出现了城市化村这种类似城市的乡村聚落。

乡村聚落景观是人类聚居和生活场所所形成的景观资源,它不单是房屋建筑的集合体,还包括与居住直接有关的其他生活设施和生产设施。它既是人们居住、生活、休息和进行各种社会活动的场所,也是人们进行生产的场所。乡村聚落景观作为人类适应、利用自然的产物,是人类文明的结晶。乡村聚落景观的外部形态、组合类型无不深深打上了当地地理环境的烙印。同时,乡村聚落景观又是重要的文化景观,在很大程度上反映了区域的经济发展水平和风土民情等。当然,乡村聚落景观也对地理环境和人类的经济活动产生作用。

世界上的乡村聚落景观千差万别,多是以农业活动和农业人口为主,规模较小。乡村聚落通常是指固定的居民点,只有极少数是游动性的,由各种建筑物、构筑物、道路、绿地、水源地等物质要素组成,规模越大,物质要素构成越复杂。其建筑外貌因居住方式不同而异。例如,婆罗洲伊班人的大型长屋,中国闽西地区的土圆楼及黄土高原的窑洞,中亚、北非等干燥区的地卜或半地下住所,某些江河沿岸的水上住所,游牧地区的帐幕等,都是比较特殊的聚落外貌。乡村聚落具有不同的平面形态,它受经济、社会、历史、地理诸条件的制约。历史悠久的村落多呈团聚型,开发较晚的区域移民村落往往呈散漫型。乡村聚落经济活动的基本内容是农业,习惯上称为乡村。

乡村聚落景观是地表上重要的人文景观。其建筑用材、所占位置、发生发展的原因,反映了人类活动和自然环境之间的综合关系,特别体现在与自然地理环境之间的关系上。

(1)地形。地形对乡村聚落的影响十分明显。平原地区聚落较为集中(多为集村),规模较大,聚落住宅排列有序,形态多为团状;山区的聚落多依山而建,高矮参差,成为山村或山区集镇。如苗族的吊脚楼,即依山而建,整个楼房前房的前半部是用木柱撑在斜坡上,铺以木板,再在上面建造住宅,远远看去好像悬空一样,整个村寨显得雄伟险峻。而且山区的许多住宅多用石料建造,就地取材形成一种特有的聚落外观;山区的村落一般规模较小,且聚落住宅排列杂乱无章(多为散村)。

(2)降水。各个地区降水量的大小会直接影响到房屋建筑的形态,这在农村中反映最为明显。一般说来,降水丰富的地区,聚落住宅房屋多为斜顶,有利于雨水下流,降水越丰富,屋顶坡度越大,而且降水较多的地区,一般也较潮湿,聚落住宅还要防潮,所以一些少数民族地区的民居建筑多采用木竹架空式,即干栏式结构(也就是俗称的吊角楼),以利于通风、消暑、防潮。而在降水较少的地区,聚落住宅的屋顶坡度较小。在气候资源特干旱的地区甚至屋顶都是平的。此外,我们还不难发现:降水较多的地区,如中国南方屋顶出檐长,可以使屋顶过多的雨水下泄时"射程"远,有利于保护墙下不被雨水冲蚀;而降水较少的地区,如中国北方屋顶出檐较短,因为他们无雨多之忧。从屋檐口看,中国南方屋檐口向外挑出很多,这既能避雨,又有遮阳之功效;而中国北方屋檐口向外挑出较少,也因无多雨之患。

(3)气温。气温高的地区,聚落地区墙壁较薄,房间较大,窗户较小,从而达到防暑的效果;气温低的地区,聚落地区墙壁较厚,房间较小。再就合院式民居而言,中国北方多为分散式,南方多为聚合式。东北、华北气候寒冷,冬天日照角度小,为了争取较多的阳光,故分散房屋,加大院子,以增加阳光接触面,延长日照时间,并且很注重房屋的朝向(多为座北朝南)。青藏高原昼夜温差极大,终年风强雨少,故采用石造的平顶厚墙建筑,白天利于厚墙吸热,到了夜晚厚墙散热,恰可增温去寒。在冬季寒冷的地区,为了避免寒风的侵扰,避风的墙壁往往不开窗。中国北方冬季盛行偏北风,因此窗户一般不朝北开,门也是朝南开的。南方地区的房屋朝向比较乱。在长江三角洲地区,气候潮湿炎热,房屋建筑采用敞厅、天井通廊等开畅通透的布局,墙的外面多抹白灰以减少阳光的吸热效应。而到了长江流域与华南地区,光热充裕,为减少日照,故合院采用聚合式,中庭狭小,以便遮阴。

(4)水源。聚落一般尽量靠近水源,特别是有方便清洁的生活用水,故多沿河流两岸、湖泊四周分布,形成"小桥流水人家"的景观。在沙漠地区,聚落则分布在绿洲地区或取地下水方便的地区。即使在中国广大的湿润地区,聚落分布也明显受到用水的影响,在水源供给充足、水网稠密的地区,聚落比较集中,规模较大。在水源供给匮乏,水网稀疏的地区,聚落比较分散且规模较小。如在江南地区,聚落一般分布在山麓和开阔的河谷平原,这与居民用水等有关。山区的孤村或寺院也多建在泉水出露处。长江三角洲地区,河网密布村庄之间多靠舟楫往来,很多村庄皆沿河分布,临水而建,真可谓"人家尽枕河"了。

影响村庄聚落的因素除自然地理环境外,还受社会经济文化因素的制约。如农业生产方式,经济发展,传统风俗习惯,文化背景等。总之,影响乡村聚落的因素是多方面的,任何乡村聚落的形式、发展、衰亡都是某种主导因素与其他多种因素共同作用的杰作。

(三)乡村建筑景观旅游资源

乡村建筑包括乡村民居、乡村宗祠以及其他建筑形式。不同地域的乡村民居代表一定的地方特色,其风格迥异,给游客不同的感受。如青藏高原的碉房,内蒙古草原的毡包,喀什乡村的"阿以旺",云南农村的"干栏",苗乡的寨子,黄土高原的窑洞,东北林区的板屋,客家的五凤楼、围垄及土楼等,千姿百态,具有浓郁的乡土风情。

乡村宗祠建筑,如气派恢弘的祠堂、高大挺拔的文笔塔、装饰华美的寺庙等,是乡村发展的历史见证,反映出乡村居民生活的某一侧面。

碉房是中国西南部青藏高原以及内蒙古部分地区常见的居住形式。这是一种用乱石垒砌或土筑而成的房屋,高有三至四层。因外观很像碉堡,故称为碉房。碉房的名称至少可以追溯到清代乾隆年间。碉房的墙体下厚上薄,外形下大上小,建筑平面都较为简洁,一般多方形平面,也有曲尺形的平面。因青藏高原山势起伏,建筑占地过大会增加施工困难,故一般建筑平面占地面积较小,而是向空间发展。一般来说,碉房多为多层建筑,底层可以作牲畜的圈,二层可以作人和物的居室、储藏室等,三层可以作经堂,供佛像、点酥油灯等。我们也能看到的三层或更高的碉房,大多是旧贵族所修。也有的碉房只修平房。

西藏各地也有碉房,但风格却各有不同。比如拉萨的碉房多为内院回廊形式,放眼望去,全是碉房的窗户,进入院内,如同进了迷宫。而山南地区的碉房则多有外院,人们可以很方便地进入户外活动。但所有的碉房楼顶都是平顶,人们可以经常在楼顶活动,比如散步、娱乐等。在家家户户的楼顶,四角都比其他地方高出许多,这些高角会挂满五彩经幡。重大节日或家中有比较重要的事情时,会在屋顶煨桑敬神等。

"阿以旺"是新疆维吾尔族住宅常见的一种建筑民居形式,是一种带有天窗的夏室(大厅)。这种房屋连成一片,庭院在四周。带天窗的前室称阿以旺,又称夏室,有起居、会客等多种用途。后室称冬室,是卧室,通常不开窗。住宅的平面布局灵活,室内设多处壁龛,墙面大量使用石膏雕饰。

干栏是中国古代一种下部架空的居住建筑形式。它具有通风、防潮、防兽等优点,对于气候炎热、潮湿多雨的中国西南部亚热带地区非常适用,包括广西、贵州、云南、海南岛、台湾等地区。这类民居规模不大,一般三至五间,无院落,日常生活及生产活动皆在一幢房子内解决。对于平坎少、地形复杂的地区,尤能显露出其优越性。应用干栏民居的有傣族、壮族、侗族、苗族、黎族、景颇族、德昂族、布依族等民族。傣族民居多为竹木结构,茅草屋顶,故又称为竹楼。竹楼一般分为上下两层的高脚楼房,高脚是为了防止地面的潮气,竹楼底层一般不住人,是饲养家禽的地方,上层是人们居住的地方,竹席铺地,席地而坐,有宽大的前廊和露天的晒台,外观上以低垂的檐部及陡峭的歇山屋顶为特色。壮族称干栏建筑为麻栏,以五开间者居多,采用木构的穿斗屋架。下边架空的支柱层多围以简易的栅栏作为畜圈及杂用。上层中间为堂屋,是日常起居、迎亲宴客、婚丧节日聚会之处。围绕堂屋分隔出卧室。侗族干栏与壮族麻栏类似，只是居室部分开敞外露较多，喜用挑廊及吊楼。同时侗族村寨中皆建造一座多檐的高耸的鼓楼，作为全村人活动的场所。鼓楼村村各异，争奇斗巧，是侗族一项宝贵的建筑遗产。苗族喜欢用半楼居，即结合地形，采用半挖半填、干栏架空一半的方式。黎族世居海南岛五指山，风大雨多，气候潮湿。其民居为一种架空不高的低干栏，上面覆盖着茅草的半圆形船篷顶，无墙无窗，前后有门，门外有船头，就像被架空起来的纵长形的船，故又称船形屋。景颇族、德昂族的干栏建筑的屋顶皆有民族的独特形式。而布依族的民居原来亦是干栏式房子，但居住在镇宁、安顺、六盘水一带的布依族，由于建筑材料的限制，则完全改用石头做房子，但其原型仍是干栏式规式。

窑洞是中国黄土高原上居民的古老居住形式，这一"穴居式"民居的历史可以追溯到四千多年前。窑洞广泛分布于黄土高原的山西、陕西、河南、河北、内蒙古、甘肃以及宁夏等省区。在陕甘宁地区，黄土层非常厚，有的厚达几十公里，人们创造性利用高原有利的地形，凿洞而居，创造了被称为"绿色建筑"的窑洞建筑。窑洞一般有靠崖式窑洞、下沉式窑洞、独立式窑洞等形式，其中靠崖式窑洞应用较多。过去，一位农民辛勤劳作一生，最基本的愿望就是修建几孔窑洞，有了窑娶了妻才算成家立业。男人在黄土地上刨挖，女人则在土窑洞里操持家务、生儿育女。窑洞是黄土高原的产物，它沉积了古老的黄土地深层文化。

土楼是分布在中国东南部福建、江西、广东三省的客家地区，是以生土为主要建筑材料、生土与木结构相结合、不同程度地使用石材的大型居民建筑。其中分布最广、数量最多、品类最丰富、保存最完好的，是福建土楼。已被严格确认的福建土楼建筑有 3000 余座，主要分布在福建省龙岩永定县、漳州南靖县和华安县，其中又以客家土楼为代表。土楼的兴建高潮是在中国动乱与客家族群由中原向南方迁移之际。这些时期包含唐末黄巢之乱、南宋政权南移与明末清初。直至 17 世纪之后，客家人最后定居于中国东南沿海，土楼分布地点以中国闽、粤地区为大宗。土楼分为长方形楼、正方形楼、日字形楼、目字形楼、一字形楼、殿堂式围楼、五凤楼、府第式方楼、曲尺形楼、三合院式楼、走马楼、五角楼、六角楼、八角楼、纱帽楼、吊脚楼（后向悬空，以柱支撑）、圆楼、前圆后方形楼、前方后圆形楼、半月形楼、椭圆楼等 30 多种，其中数量最多的是长方形楼、府第式方楼、一字形楼、圆楼等。

（四）乡村农耕文化景观旅游资源

我国农业生产源远流长，乡村劳作形式种类繁多，有刀耕火种、水车灌溉、围湖造田、渔鹰捕鱼、采药摘茶等，这些都充满了浓郁的乡土文化气息，体现出不同的农耕文化，对于城市居民、外国游客极具吸引力。

刀耕火种文化，又称原始耕种文化，是原始人类进行农业生产的一种社会存在形态，是原始社会生产力水平极为低下的表现。刀耕火种文化的表现遍及世界各地。其突出特点是人们在进行农业生产的时候，用各种原始刀器砍伐地面植被来拓荒，为了获得足够的肥料，纵火烧山，利用其灰烬种植作物。即便是现在，世界上还有很多偏僻贫穷的地方保留着这种落后的生产方式。现在有些地方还有"烧火粪"的习俗，就是刀耕火种文化的一种遗风，其文化带来的种种后遗症是深重的。刀耕火种文化所反应出的人们农业耕种特点是生产方式初级化、耕作水平低下化、收成效益恶性化。

翻车又名龙骨水车，是旧时汉族民间灌溉农田用的龙骨水车，为世界上出现最早、流传最久远的农用水车，是一种刮板式连续提水机械，是中国古代汉族劳动人民发明的最著名的农业灌溉机械之一。曹魏时,经过改制的翻车用于灌溉。《后汉书》记有毕岚制作翻车,三国马钧加以完善。翻车可用手摇、脚踏、牛转、水转或风转驱动。龙骨叶板用作链条,卧于矩形长槽中,车身斜置于河边或池塘边,下链轮和车身一部分没入水中。驱动链轮,叶板就沿槽刮水上升,到长槽上端将水送出。如此连续循环,把水输送到需要之处,可连续取水,功效大大提高,操作搬运方便,还可及时转移取水点,即可灌溉,亦可排涝。中国古代链传动的最早应用就是在翻车上,是农业灌溉机械的一项重大改进。

(五)乡村民俗文化景观旅游资源

乡风民俗反映出特定地域乡村居民的生活习惯、风土人情,是乡村民俗文化长期积淀的结果。乡村传统节日五彩纷呈,汉族有元宵节、清明节、端午节、中秋节等,藏族有浴佛节、雪顿节等,彝族有火把节等,傣族有泼水节等。

另外,农村的游春踏青、龙舟竞渡、赛马、射箭、荡秋千、赶歌、阿西跳月等各种民俗活动都具有较高的旅游开发价值。乡村风俗习惯,如我国各地的舞龙灯和舞狮子、陕北的大秧歌、东北的二人转、西南的芦笙盛会等都脍炙人口。还有各地民间工艺品,如潍坊年画、贵州蜡染、南通扎染、青田石刻以及各种刺绣、草编、泥人、面人等,无不因其浓郁的乡土特色而深受游客青睐。

二、按文化特性分类

把乡村作为特定的地域文化单元,按乡村旅游资源的文化特性,乡村旅游资源分为三大部分。

(一)乡村物质文化景观

乡村物质文化景观是乡村人集体或个体智慧的外在显现部分,具有可视性、可触性的特点。它包括乡村建筑、乡村服饰、乡村乡土纪念品、乡村工艺品及乡村的特殊地域田园风光等。乡村建筑如陕北窑洞、福建北部永定土楼建筑等。乡村服饰是乡村人审美意识的外在显现,它具有一定地域性、时代性、民族性特点,如土家族村落的土家织锦、壮族村落的蜡染布等。乡村工艺品是乡土艺人所创,它反映了乡村人心灵手巧的一面,如蒙古村落的鼻烟壶、重庆綦江县农村的版画。乡村地域风光是由于乡村人在选择聚居地时,有的是为了防御,有的是被迫迁移,但不管怎样都是为了生存,由于生存方式各异而造成地域风光特色的差异,如鄂伦春乡村的林海雪原风光、海南黎寨的热带雨林风光。

(二)乡村制度文化景观

乡村制度文化指的是一定地域乡村人群为维护乡村社会的稳定、秩序而约定俗成的伦理道德及礼仪规范。它一般体现在乡村的权力制度、乡村礼仪规范、乡村节庆程序方面。乡村的权力制度,指乡村在长期历史过程中为了防御或维护乡村的凝聚力、树立乡村形象而约定俗成的权力规范。乡村权力制度由权力主持人(一般由族长或具有较高文化素养的人担任)、权力组织、权力奖惩制度组成。

在汉族古老村落,一旦某位村民犯戒或有功,权力主持人就会组织权力组织讨论,然后在乡村祠堂实行奖惩。乡村这种制度文化在汉民族地区随着法制的普及正逐渐消亡,但在偏远少数民族村落仍然存在。乡村礼仪规范包括乡村日常礼仪与重大礼仪两部分。日常礼仪又包括饮食礼仪、婚丧嫁娶礼仪等方面。乡村节庆程序是集中体现乡村礼仪规范的制度规范,乡村节庆可分为生产节庆、青年节庆、纪念节庆、新年节庆等。

(三)乡村精神文化景观

乡村精神文化景观指一个乡村作为一个稳定共同体所具有的共同的心理结构与情感反应模式等。通常表现为乡村人的性格、价值观、人生哲学等,它潜存于物质文化景观与制度文化景观里。这是无形的,游客只有通过长期的体验才会领悟。如客家人(广东东部、闽北、赣南)的性格具有中原地区的内敛性特点,这一点与当地人的开放性性格形成强烈反差。这种性格决定卜的物质文化景观之———民居建筑表现为以宗祠为中心,分三个圈层的同心圆结构。最外一层是防御外来入侵需要,中间一层是客家人居住区,最里一层是宗祠。

在乡村景观构成中,精神文化景观是内核,决定了其他两种文化景观。制度文化景观是精神文化景观与物质文化景观的过渡部分,是维系乡村一体的纽带之一。物质文化景观是其表现形式。

第四节　乡村旅游资源的价值与评价

一、乡村旅游资源的价值

(一)满足人们求知的需要

乡村能满足人们获取乡村知识、开阔视野的需要。乡间村落的选址、发展演变、文化意蕴、乡村社会结构关系都具有一定的地域特色和科学文化内涵,形成了与其他地区尤其是城市有显著区别的乡村景观风貌。

(二)满足人们旅游审美的需要

中国传统乡村受儒家文化、道家思想以及"风水说"思想的影响,景观构成方面有山有水,有树有花,鸡鸣犬吠,营造出一个世外桃源般的生态村落意象。这与现代都市景观中的高楼林立、人嚷车喧的景象形成鲜明的反差,都市居民回归乡里,可以放松身心、寄情山水。

(三)满足人们休闲娱乐的需要

乡村的节庆、农耕等活动等均具有很强的可参与性,乡村休闲的群聚性,乡村音乐、舞蹈、绘画、工艺制作的淳朴及原始性等都可让游客体验、参与。

(四)满足人们社会归属感的需要

寻根究底,现代都市居民大多与乡村居民有着这样那样的亲密关系,或是亲戚,或是朋友,对乡土、乡音、乡情存在"剪不断、理还乱"的情愫。到乡村寻亲、访友,抑或纯粹地休闲、度假,能满足人们对社会归属的心理需要。

二、乡村旅游资源的评价

旅游资源是开展旅游活动、发展旅游业的物质基础。而旅游资源评价,则是从合理开发利用和保护旅游资源及最大的社会经济效益的角度出发,运用某种方法,对一定区域内旅游资源本身的价值及其外部开发条件等进行综合评判和鉴定的过程。旅游资源评价是在旅游资源调查的基础上所进行的更深入的研究工作。此外,评价目的在于确定旅游资源质量的高低、开发潜力大小,为制定合理的旅游发展战略和资源开发方案提供科学依据。

旅游资源评价是科学开发和利用旅游资源的前提。通过对一定区域内旅游资源的评价,可以对旅游资源的品位、特质、开发条件等有一个全面而客观的认识,从而明确该旅游资源在同类旅游资源或在所处区域中的地位,确定不同旅游资源的开发序位,为指导旅游开发规划等提供科学的判断标准或理论依据。

(一)乡村旅游资源评价的基本原则

1.静态分析与动态预测相结合的原则

旅游业发展涉及旅游主体(乡村旅游者)、旅游客体(乡村旅游资源)、旅游媒体(旅游企业或乡村旅游经营者)三方面因素及其三者之间的关系。因此,在进行评价时,需要对乡村旅游资源与旅游媒介做现实静态的调查分析和未来发展趋势的动态预测。

2.重点优先和综合考察相结合的原则

乡村旅游资源内容丰富多彩,但相比之下,总会有一种或一些突出的旅游资源在某一个地方、某一个时间段对某一群旅游者有着极大的吸引力,于是就应当首先着重对此类旅游资源进行分析评价。但同时应注意旅游业最突出特征之一是综合性,旅游的六大要素之间要相互协调发展,这一切有关行业和部门的发展不能忽视,否则,短缺方面必将会成为乡村旅游发展的"瓶颈因素"。

3.三方利益相结合的原则

在对乡村旅游资源进行评价时,要注意乡村旅游所带来的经济效益、社会效益和环境效益相结合的原则。

4.区域产业与旅游业关联度与贡献度相结合的原则

产业的关联效应在现代经济发展中已越来越明显,尤其在第一、三产业发展过程中。而且正是通过游玩观赏,使它与区域经济发展的贡献度已紧密结合在一起,所以产业与旅游业结合已成为现代旅游业发展的又一特色。

(二)乡村旅游资源定性评价

定性评价强调观察、分析、归纳与描述,是一种运用分析与综合、比较与分类、归纳与演绎等逻辑分析的方法,对评价所获的数据、资料进行思维加工。该方法使用简单、应用广泛、包含内容丰富,但只能反映资源的概况,受主观因素的影响较大。对乡村旅游资源作定性评价主要是根据旅游者对旅游评价客体的整体质量的评价高低。

(三)乡村旅游资源定量评价

定量评价法是通过统计、分析、计算,用具体的数量来表示旅游资源及其环境等级的方法。其过程包括明确评价目的、选择评价方法、确定评价内容、进行运算求出结果及总结分析。对旅游资源定量评价,指标权重的准确与否在很大程度上影响综合评价的准确性和科学性。随着研究的深入,指标权重值的确定方法也由最初的依据研究者的实践经验和主观判断来确定权重,逐步发展为用德尔菲法(Delphi,也称专家咨询法)确定权重。但应用此法,权重分配的难度和工作量(反复次数)随指标数量的增多而增大,甚至难以获得满意的结果。近年来,用层次分析法(AHP)确定权重越来越受到研究人员的重视,并在很多方面得到应用。但随着判断矩阵的增大,数据前后矛盾,判断差错率很高,难以满足一致性的要求。为了解决上述矛盾,采用德尔菲法(Delphi)和层次分析法(AHP)相结合的办法,来确定指标的权重,从而获得更加客观科学的评价结果。

第五节　乡村旅游资源的可持续发展

一、乡村旅游资源可持续发展中存在的问题

广大农村蕴藏着极其丰富的自然资源和人文资源,这是我国发展乡村旅游事业的源泉。目前,许多乡村已经利用这些自然资源,开发成了旅游景观、景点、景区。然而,虽然农村的自然生态旅游资源开发潜力巨大,但不少具有鲜明特色的地方却没能得到开发,而且已开发的乡村旅游景区在资源的利用方面存在诸多问题。

(一)总体规模较小,档次低

乡村旅游作为农业与旅游业相结合的产物,其发展需要有实质性和相当规模的农业内容为依托,合理利用乡村绿色生态资源,将自然资源优势可持续地转变为旅游经济优势,从而既可以保证农业生产效益的实现,又可以促进旅游业的发展。但实际上,乡村旅游资源的开发经营总体规模偏小,档次较低,有效利用不足。不少地方把乡村旅游仅仅等同于"农家乐",而把"农家乐"又等同于去吃"农家饭"。

(二)乡土文化城市化,破坏程度大

乡村旅游地的最大资源特色是有别于城市风貌的"乡村性"。对乡土文化资源的科学规划和合理开发,是实现乡村旅游发展的关键要素。然而,目前许多乡村旅游地的建设严重地出现了现代城市化建设的倾向。随着农村经济的不断发展,农民收入水平逐步提高,农民生活和居住条件不断改善,并日益呈现出工业文明与农业文明特色并列、现代设施与传统风物杂陈的乡村发展现状,古朴的乡村气息日渐丧失,"视觉污染"问题日益严重,发展乡村旅游所需的农耕文明氛围难以营造。而一些乡土文化浓郁、生态环境良好的乡村旅游地,又往往因为缺少必要的策划、论证和规划,在建筑形式和材料、设施设备等方面刻意模仿城市,其结果是乡村旅游地的人工痕迹过于明显,乡村旅游地逐步城市化,或者非城非乡,极大地破坏了乡村资源的乡村性和原真性,削弱了乡村旅游的魅力。

(三)产品开发程度低,层次粗浅

乡村旅游资源通过科学规划和合理利用,可以有效转化为相关旅游产品,进而满足游客需求,实现经济效益。但为了满足旅游者猎奇心理而破坏乡村文化资源的原真性,不应成为乡村旅游开发的价值取向。然而,有的乡村旅游地不在产品创新上动脑筋,产品开发程度很低。一是乡村旅游产品错位发展不足。由于旅游产品的错位和深度开发不足,提供的产品层次较低,服务的项目大同小异,个性彰显不力,乡村旅游地给旅游者留下"千村一面"的印象。这种设计类型趋同、千篇一律的发展模式,不仅会使游客日久生厌,而且造成彼此间激烈的竞争,增大了市场风险,导致一些地区开发效益下降。二是乡村旅游地重观光轻休闲度假的现象普遍。旅游体验涉及观光、休闲度假、专项旅游等,但目前乡村旅游地主要集中于观光旅游,而观光客逗留时间短,不可能产生足够的消费,"门票经济"突出,因此,游人的消费潜力有待发掘。

(四)季节性与周期性强

由于农业生产和社会生活的季节变化,以及农村自然环境的季节变化,使得乡村旅游资源具有明显的季节性和周期性特点。这致使乡村旅游旺季过旺,导致客源过于集中,旅游服务设施不能满足游客的需要,环境不堪重负而遭破坏;而淡季过淡、过长,客源不足,大量旅游接待

设施闲置,淡旺季对比鲜明。季节性太强也会使其他旅游企业,如宾馆饭店、旅行社、旅游车辆、旅游餐厅等效益也难以提高,不利于吸引资金进行再投入,限制了乡村旅游规模的扩大。

(五)缺乏统一的规划管理

现实中,不少地方没有将乡村旅游资源的开发纳入区域旅游开发的大系统,进行统筹安排、全面规划,对乡村旅游资源开发和利用的盲目性很大,最终导致资源开发的形式单一、水平不高、档次低下、特色不强,在地域上分布较广,组织线路的难度较大,从而缺乏对客源市场的吸引力,难以形成集聚效应和规模效应。有些地区随意性利用,暂时性发展,导致对资源的极大破坏。从行业管理上看,一些地区对乡村旅游资源开发经营的管理力度不够,立法管理尚不健全,大多数乡村旅游协会也形同虚设,许多开发和经营行为得不到应有的规范。无证经营的现象普遍存在,不重视卫生、环保的现象较为突出。

二、对乡村旅游资源可持续发展的相关建议

(一)提高经营管理水平,增加乡村旅游的经济效益

经济的可持续发展要求效益的取得应以资源的有效利用和有效管理为前提,根据都市旅游者对乡村旅游的特定需要,针对乡村特有的旅游资源,开发有特色、吸引力强的乡村旅游产品,并通过有效管理和合理控制,从而获得最大的经济效益,促进乡村经济的繁荣发展。

延伸农村产业链,建立以当地农产品加工为龙头的企业,对当地土特产和手工艺品、纪念品进行深加工、精加工,力求上规模、上档次,为旅游者提供多样化的旅游商品农产品,刺激旅游消费,拉动市场需求,既可以完善农村产业结构,又可以提高乡村旅游的经济效益。农民还可以采用旅游与果园、菜园、经济作物、家禽家畜养殖相结合的乡村旅游经营模式,向游客提供绿色无污染的粮食、蔬菜、家禽,带动相关农副产品的销售,吸引游客进行餐饮消费,使农产品直接面对消费者,减少中间流通环节,降低经营成本,提高乡村旅游的经济效益。

(二)保护乡村传统文化,突出乡村旅游特色

乡村旅游文化的保护必须借助地方政府的力量,制定保护地方文化和社区特色的法规,并通过有效宣传,使旅游者充分尊重乡村社区文化和风俗习惯,同时鼓舞当地居民自尊、自爱,使他们相信通过旅游这种方式,可以增强他们对所在社区的社会认同感和对文化的尊重。

在乡村旅游产品的开发与建设中,要突出本土文化特色,要深入挖掘乡村旅游资源的文化内涵,保持乡村环境的真实性,营造传统文化的乡土气息和氛围,增加文化含量、知识性、参与性,留住游客,延长其逗留时间,树立"打造精品"的理念。要将乡村的环境旅游与文化旅游紧密结合起来。同时,应当依托乡村文化旅游资源和环境旅游资源,调查和分析市场需求特征,根据个性化的消费需求设计出不同的、层次性十分鲜明的产品,这样不仅可以吸引大批中高端市场的旅游者,而且也可以吸引中低端市场的游客,从而有效地扩大市场份额,并通过发展乡村旅游促进整个乡村社区的发展。

(三)保护自然生态环境,促进乡村旅游的可持续发展

对乡村旅游的自然生态环境的保护主要有以下三个方面:①按照循环经济的"3R"原则来发展乡村旅游,对旅游资源与旅游环境进行系统地、综合地开发与保护。在生态系统意义上形成无污染、零排放的现代乡村循环经济产业链,实现乡村旅游的长期、和谐、可持续发展。②加强对乡村旅游景观的保护。不要轻易拆除有地方特色的古房旧屋,不要大兴土木,不要将乡村建筑现代化。当然,在条件许可的情况下,可修建一些具有地方特色和乡土气息的建筑。乡村

旅游地的建设要尽量保持原汁原味。③加强对经营管理人员和游客的环境保护教育。对进入旅游区的所有人员（包括旅游社区居民和游客）开展以环境保护为主要内容的宣传教育活动，可以用标本、图片、图书资料、影视、录像、宣传手册等介绍景区概况、宣传生态环境知识。

（四）坚持乡村社区和居民收益的原则，积极促进社区参与旅游

乡村旅游对乡土民俗文化、乡土地域特征强烈的依附关系决定了乡村旅游的发展，最终离不开当地居民的积极参与，这就需要纯朴的民风来创造一个对旅游者具有亲和力、吸引力的氛围环境和合理的利益分配机制来保障乡村旅游可持续发展的生命力。

让当地居民普遍参与到乡村旅游活动中，成为乡村旅游可持续发展的主体，只有这样才能让居民真正从乡村旅游中受益，实现乡村旅游强村富民的功能。居民要参与旅游经济决策和实践、旅游规划和实施、环境保护、社会文化发展规划的制定和方案的实施；乡村社区的参与要能在规划中反映居民的想法和对旅游的态度，以便规划实施后，减少居民对旅游的反感情绪和冲突，从而实现乡村社区旅游可持续发展的主要目标。

在乡村旅游发展中，政府应逐渐从主导向扶持、引导转移，注意开发与社区建设结合起来，以充分调动各方的积极性。可考虑的收益途径主要有：①通过引导以土地、宅基地或出租或入股获得租金、股金。②通过发展乡村旅游业由农民成为农业工人获得薪金。③通过开发特色乡村商品或自加工产品从销售中获得收入。④政府对准失地农民建立公共财政，使农民享受到与城市居民一样的社保、医保等保障金。⑤保证有一定比例的旅游收入用于乡村发展建设，使社区直接受益。

第九章　旅游资源开发

学习目标

1. 了解旅游资源开发的概念
2. 掌握旅游资源开发的背景条件
3. 掌握旅游资源开发的条件分类
4. 掌握旅游资源开发模式的分类

主要内容

1. 旅游资源开发的概念
2. 旅游资源开发的特点
3. 旅游资源开发的原则
4. 旅游资源开发的内容
5. 旅游资源开发的背景条件
6. 旅游资源开发的资源条件
7. 旅游资源开发的市场条件
8. 旅游开发模式的具体分类

　　旅游资源是旅游产业的基础,旅游资源开发的科学、正确与否关系到旅游发展的成败。合理的旅游资源开发必须遵循科学的原理和得当的方法。通过本章的学习,应掌握旅游资源开发的概念与模式,清楚旅游资源开发的原则,熟悉旅游资源开发的基本内容,了解区域旅游资源开发的主要模式与典型案例。

第一节　旅游资源开发概述

一、旅游资源开发的概念

　　开发是指人们利用某些工具或者其他方法对资源和其他方面进行发掘和综合利用的过程。旅游资源开发是指在一定范围内依靠旅游资源吸引和接待旅游者而进行的一系列与旅游相关的设施建设和技术经济活动。这是一项比较复杂的系统开发活动,包括旅游整体的规划、旅游设施的建设、旅游资源特色的宣传活动,既是社会经济活动又是旅游资源的生态保护活动。旅游开发是一种较为综合性活动,需要旅游资源地部门以及相关政府部门的支持和协作。

二、旅游资源开发的特点

1.地域性

地域性主要是指旅游资源是在特定的条件下形成的,需要一定的自然条件或者历史条件才能形成,旅游资源的分布具有很强的地域性。所以,旅游资源的开发也具有很强的地域性,旅游资源是旅游开发的物质承载基础。开发一定的旅游资源需要在一定的地域范围内进行,在很多情况下地域不同,开发的条件和开发程度都是不一样的。

2.综合性

旅游资源的开发是一项比较综合性的工程,需要各方相关部门的通力配合。一般由当地政府主持,从当地的特点出发,从旅游景区的规划、布局、基础设施建设的资金筹集等都需要政府的大力支持。在我国许多旅游景区一般都是政府筹集资金建设的,这常常是政府行为。政府主导旅游景区的开发,同时在汲取专家学者建议的基础上做好综合性的旅游开发规划。旅游资源的开发不仅仅是一种对资源本身的开发,也是对当地的经济社会资源的开发,包括基础设施的建设(公路、桥梁)、景区的季节性规划、旅游区的生态保护等。旅游资源开发是一个综合性的经济社会活动。

3.系统性和阶段性

旅游资源是一个复杂的大系统,其本身就具有系统和层次性,像旅游资源的前期、中期后期开发,都需要分步骤、分阶段进行。开发过程中要注意阶段性,即要分期、分批、有重点地优先开发某些项目,不能不加选择地盲目开发,更不能不分先后地全面开发。

三、旅游资源开发的原则

1.保护优先原则

保护优先原则要求在开发旅游资源时要优先保护当地的旅游资源。为使旅游资源可持续利用,就必须加强对旅游资源的保护。开发应服从保护,在保护的前提下进行开发。一旦旅游资源遭到破坏就很难恢复到原样,所以必须坚持保护优先,做到保护与开发并举。资源得到妥善保护,开发才能得到收益;开发取得收益,反过来可促进保护工作。

2.以市场为导向原则

旅游的开发归根到底是为了促进经济社会的发展,因此,旅游资源的开发一定要以市场为需要。旅游资源开发前一定要进行市场调查和市场预测,准确掌握市场需求及其变化规律,清晰地了解游客的喜爱偏好,确定开发的主题、规模和层次。不以市场为导向的旅游开发是注定要失败的。

3.独特性原则

旅游资源贵在稀有和独特。其质量在很大程度上取决于与众不同的独特程度。有特色,才能吸引游客,有特色,才会有竞争力。

4."三效"统一原则

旅游资源开发必须推动当地社会、经济、文化的发展,同时也符合社会的正当利益和生态保护的平衡,即经济效益、社会效益和环境效益相结合。当"三效"发生矛盾时,经济效益服从于社会效益和环境效益。

旅游资源开发原则关系如图9－1所示。

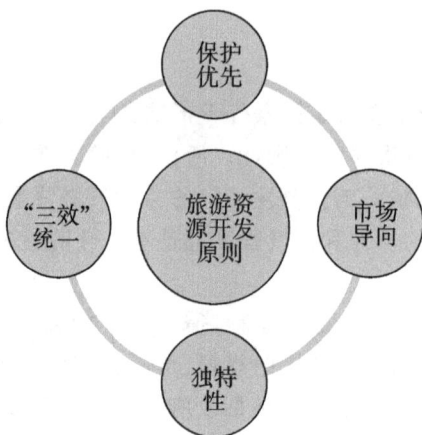

图 9-1　旅游资源开发原则关系图

第二节　旅游资源开发的内容

旅游资源开发的目的就是使旅游资源为旅游业所利用,从而使其潜在的资源优势转变成现实的经济优势,促进旅游业的发展。因此,旅游资源开发的内容不仅包含旅游资源本身的开发、利用,还包括旅游配套设施建设、相关外部条件的开发与改造、旅游环境的建设等。具体来说,包括以下六方面的基本内容。

一、景区、景点的规划和建设

任何一种旅游资源不经过有意识的开发和建设是无法融入旅游业开展大规模的旅游接待活动的,只不过在开发的深度和广度上有所差异。因此,景区、景点的规划和建设是旅游资源开发的核心部分,也是整个旅游开发工作的立足点。不论自然景观还是人文景观,旅游资源都是在特定的自然、历史、社会背景下形成的,绝大多数资源本身与旅游活动没有直接联系,因而缺乏旅游活动开展的基本条件,如游步道、赏景平台、休憩设施、游客中心、旅游厕所等。这也就对旅游资源开发和建设提出了客观要求。这种建设从内容、形式上说,既可以是对尚未利用的旅游资源的初次开发,也可以是对已经利用了的景观或旅游吸引物的深度开发,或进一步的功能发掘;既可以是对现实存在的旅游资源的归整和加工,也可以是从无到有的一个新景点的创造。从其性质来看,既可以是以建设为主的开发活动,也可以是以保持维护为主的开发活动。并且,从动态来说,这种开发活动的内容、性质也是发展变化的。

二、建设和完善旅游配套设施

具有观赏性的旅游资源是旅游者到达旅游地后游览的主要目标,但在此过程中旅游者还有吃、喝、住、行等一系列基本需求,这就决定了旅游地必须建设向旅游者提供相关服务所必需的旅游配套设施,包括旅游服务设施和旅游基础设施两种。一般包括住宿、餐饮、交通,还包括旅游者在旅游途中的休憩之所,游客自驾游所必需的停车位等。完善的技术配套设施是满足旅游者旅游满意度的重要指标。每当旅游黄金周,很多旅游地游客爆满,基础设施不能满足游客的基本需求,从而造成旅游满意度很低。

三、完善旅游服务功能

旅游服务是旅游产品的核心。旅游者购买并消费旅游产品除了在餐饮和旅游生活中消耗少量有形物质产品外,大部分是接待和导游服务的消费。所以旅游资源只是旅游活动的吸引物和旅游产品的基本条件.其开发必须注重旅游服务的完善。从旅游供给的角度来看,旅游服务包括商业性的旅游服务和非商业性的旅游服务。前者多指当地旅行社的导游和翻译服务、景区的讲解服务、交通部门的客运服务、酒店餐饮业的食宿服务、商业部门的购物服务、银行部门的金融服务及其他部门向旅游部门提供的营业性接待服务;后者则包括当地为旅游者提供的旅游问询服务、入境服务及当地居民为旅游者提供的其他义务服务。这两方面都需要不断加强和完善。

四、加强宣传推广,开拓客源市场

发展旅游业就是开发旅游地本身所拥有的旅游资源,利用一切有利条件满足市场的旅游需求,发展完善的产业结构,获得预期的经济效益和社会效益。因此,旅游资源的开发并不仅仅是简单地将目标集中于旅游资源本身进行景区开发和配套设施建设等,还必须进行市场开拓,加强宣传,二者相辅相成,缺一不可。随着经济生活水平的提高,越来越多的人选择在假期旅游出行,旅游地的选择受到诸多因素的影响,因此,旅游地自身的宣传是吸引游客选择的重要因素。利用一切可以利用的条件,利用信息化宣传手段,不仅仅在电视、广播中宣传,也要充分利用微信、微博等最新的社交工具去宣传,扩展客源地,在不同的人群中宣传。

五、旅游资源保护

旅游资源的开发者和经营者在经济效益的驱动下会积极地投资开发,但这种思路往往会忽视旅游资源的保护,造成生态破坏等。那些被自然或人为因素破坏或损害的旅游资源,若不及时加以整治和修复,就会继续衰退,有些会完全消失,无法恢复。因此,旅游从业者和当地群众要树立资源保护的观念,把开发与保护并重的思路融入到旅游地的每一个角落,树立可持续发展的理念。同时要建立科学保护旅游资源的机制,定期进行检查、维护,及时发现问题并合理解决,对于破坏旅游资源的行为要严厉制止并着力恢复,从而有效地保护旅游资源,实现旅游资源的可持续开发。

六、营造良好的旅游软环境

旅游软环境包括一个国家或地区的旅游政策、出入境管理措施、政治动态、社会稳定与治安、民风习俗、卫生环境及当地居民的文化修养、思想观念、好客程度等,它可以充分展示旅游资源的地域背景,从而直接或间接地对旅游者产生吸引或排斥作用,进而影响旅游资源开发的效果。游客到达旅游地首先感受到的不是旅游资源的好坏,而是当地的风土人情等一系列的其他因素,游客的满意度在一定程度上是由这些软环境决定的。因此,营造良好的旅游软环境既可突出本地旅游资源的特色,又可提高旅游者对旅游资源的认可度和满意程度。这主要包括:制定有利于旅游业发展的政策;制定方便外来旅游者出入境的管理措施;保持良好的政治环境、安定的社会秩序和整洁的卫生环境;制定完善的旅游指南,提高景区服务人员的基本接待素质;提高当地居民的文化修养,培养旅游观念,养成文明礼貌、热情好客的习惯等。

旅游资源开发的内容如图 9-2 所示。

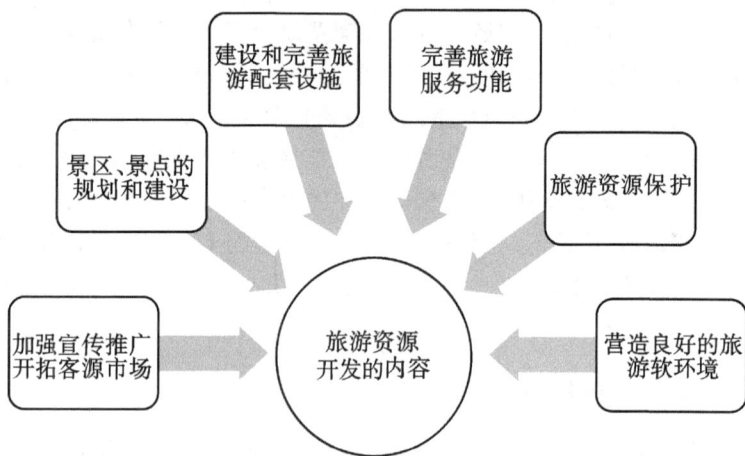

图 9-2　旅游资源开发的内容

第三节　旅游资源开发的条件

一、旅游资源开发的背景条件

旅游资源开发的背景条件主要是指旅游资源所在的地理区位、自然环境、社会经济发展程度以及相应的人文概况。

(一)地理区位

旅游资源所在的地理位置对于资源开发以及今后旅游业的发展至关重要。我们所在的地球有百分之七十的海洋和百分之三十的陆地。每个自然旅游资源都有其育成的环境背景。而从相对地理位置而言,每个地区的人文、经济、政治环境各有不同,因此形成了具有特色的人文旅游资源。

1.自然地理位置

自然地理位置可以用绝对地理位置和相对地理位置来描述。

(1)绝对地理位置是从我们所在地球的经纬度来进行定位。每个旅游资源所在地都有其独一无二的经纬度坐标。从数据上而言,绝对地理位置没有资源开发和宣传上的积极意义,但可从旅游者心理和感观上进行大致的描述。比如一说起赤道附近,大家联想到的是热带雨林、热情的非洲人民等。而对于近几年比较火的《艺术:北纬 30 度》地理特色节目,也引起了人们对地球北纬 30 度附近地区神秘和特异现象的探讨。而对于南北极的开发一直在持续,而且在旅游业方面有了很大的进展,冰山、企鹅、极光等成了人们对于南北极旅游的最大期待。

(2)相对地理位置主要是以特定旅游者的周围事物为参考点进行比较确定的。它主要是揭示旅游资源的相对优势。例如海陆优势,内陆国家的旅游者更多地渴望海洋旅游资源,居住在北欧的人们非常热衷于前往环地中海区域度假,因此海洋旅游资源对于内陆地区的人民更具比较优势,而沿海地区对于内陆地区是相对地理位置。因此,在进行旅游资源开发时,可以根据资源所在地的相对位置进行其优势和特点的描述。且不仅仅是海陆位置,还可以根据气候、海拔等进行比较。另外,还可以从更广义的时间位置进行古今比较等,形成对旅游资源的立体位置描述,更有助于挖掘旅游资源的特色,增强吸引力。

2.人文地理位置

人文地理位置是为了表达人类需要的地理位置。比如说上海是中国经济最发达的城市之一。这个描述的就是上海的经济地理位置。而伦敦是英国的首都,所表达的是伦敦在英国的政治地理位置。除了经济地理位置和政治地理位置外,人文地理位置还包括了文化地理位置和军事地理位置等。

(1)经济地理位置。

经济地理位置是指某一事物与具有经济意义的其他事物的空间关系。比如说中东出产石油,指的就是中东地区作为重要的原料出产地的经济意义;中国香港是东亚重要的港口,指的是香港在亚洲交通联结方面的重要地位位置。旅游资源所在地的经济地理位置对于旅游资源开发具有相当重要的意义。旅游业是一个综合产业,旅游业的发展不仅仅是旅游资源开发,还包括旅游交通、住宿等其他方面的开发和建设。旅游资源所在地的经济地理位置对于其今后旅游业的配套以及对于旅游者的吸引力都有相当大的促进作用,有时候甚至是决定性的作用。

(2)政治地理位置。

政治地理位置是自然地理位置的特殊人文化的结果。所谓特殊人文化是指适应于当今社会人文规则尤其是政治构架下的附加结果。大部分具有政治地理位置的城市或地区都是经过特殊考虑和有着特殊经历形成的。比如说北京作为中国的首都,从时间方面而言,历经几千年,有着悠久的历史环境。从空间方面而言,也充分考虑了当时中国各方面政治、军事和经济特点。另外,政治地理位置可以根据人文特点和社会发展需要有所改变。比如说巴西的首都里约热内卢,以前考虑到交通地理位置,是为了满足运输需要而确定的。后来经过认真选择,最后定位在巴西高原东中部位置的巴西利亚。高原上不仅气候温暖如春,还可以从整个国家的战略发展高度对内地进行很好地开发和管理。现在大部分具有政治地理位置优势的地区,往往都体现了一个地区的政治经济文化特色,成为了外来旅游者对该地区首选的旅游地。

(3)军事地理位置。

军事地理位置是在军事上具有重要意义的地区。比如优越的海港、陆地上的制高点等,这些都是从军事方面进行的考虑,对当今世界军事格局仍具有重要意义。从旅游业方面来考虑,一部分具有重要意义的军事地理位置的区域可以用于旅游开发,比如一些航空航天发射基地、训练基地等。还有现在国门所在的城市,是旅游者边境旅游必经之地。而很多古代的军事地理位置的区域则作为旅游资源大力进行开发,如以前具有重要军事意义的嘉峪关,是大漠风光游的重要组成部分。

(4)文化地理位置。

文化地理位置是主要揭示人类文化源地产生的地方。比如古埃及文化发于尼罗河流域,尼罗河流域就成为埃及文化源地的主要地理位置。古巴比伦文化发于两河流域,两河流域就成为世界上一个重要的文化地理位置所在处。又如华夏文明的摇篮——黄河流域,顺理成章地成为中国华夏文明的一个显著文化地理位置。对于现今旅游业发展区域而言,拥有丰富文化内涵的旅游资源更容易受游客青睐,以此为基础成长起来的旅游业发展更持久,更具吸引力和生命力。

(二)自然环境

本书阐述的自然环境是相对于社会人文环境而言的,是狭义的自然环境,是环绕生物周围的各种自然因素的总和,如大气、水、其他物种、土壤、岩石矿物、太阳辐射等。这些是生物赖以生存的物质基础。通常把这些因素划分为大气圈、水圈、生物圈、土壤圈、岩石圈等五个自然圈。这些不同的因素结合起来形成了不同的资源景观,决定了旅游资源本身的特色。

(1)大气圈。

大气圈指的是大气层。整个大气层随高度不同表现出不同的特点,分为对流层、平流层、中间层、热层和散逸层,再上面就是星际空间了。对人类生产生活有直接影响的主要是最接近地面的对流层,云、雾、雨等现象都发生在这一层面。而这些都可以作为特色旅游资源进行挖掘,如日本北海道著名的云海、中国冬季南岳的雾凇等。另外,由于大气圈中的大气成分也因海拔高度的不同有所变化,对旅游者本身活动也产生影响。如大部分旅游者去西藏都会有不同程度的高原反应,这是因为西藏海拔较高,氧气含量只有平原地区的四分之三。因此有一首打油诗是这样劝诫西藏旅游者:轻手轻脚走,千万别喝酒,得空就睡觉,不要大声吼。

(2)水圈。

水圈主要指的是海洋、河流、湖泊等。这是自然旅游资源的主要组成部分。地球上的大江大河、湖泊、地理位置较为优势的海滨是游客热衷向往的旅游地。如旅游业发展较早的欧洲地区,环地中海旅游业一直兴盛未衰。各种形式的海滨度假、游轮旅游、海洋探险等都在海洋的基础上发展而来。而中国具有盛名的三峡大坝和三峡游,是人类在改造江河的基础上产生的具有吸引力的旅游产品。另外,海洋中不同于陆地的水生生物也能成为旅游资源被开发。如海洋馆,还有一些盛产海鲜的旅游地等。地球有三分之二的地方是水,对于海洋旅游资源的开发今后将会更加广阔和深入。

(3)土壤圈、岩石圈。

土壤圈和岩石圈是不可分割的两个生态系统。土壤圈是覆盖于地球陆地表面和浅水域底部的土壤所构成的一种连续体或覆盖层,是岩石圈顶部经过漫长的物理风化、化学风化和生物风化作用的产物,也是岩石圈的最外层。在旅游开发中,土壤圈和岩石圈共同构成了一些地质地表奇观。如澳大利亚西部的波浪岩是天然岩层。由于它像高高的海浪因而得名。露出地面的部分占地几公顷,"浪潮"部分岩石高约 15 米,长约 110 米。还有位于撒哈拉大沙漠西南部毛里塔尼亚境内有个十分壮观的圆形地貌,直径为 30 英里,这就是有名的"撒哈拉眼"。其圆形的成因至今成迷,也成为猎奇探险旅游者的天堂。

(4)生物圈。

生物圈是指有生命活动且受其影响的区域,包括了大气圈的底部、水圈大部、岩石圈表面。这是一个相互交错、极其复杂的生态系统。生物圈的各种生物可以分为生产者、消费者和分解者。根据生物圈的特点不同,又可分为森林生态系统、草原生态系统、湿地生态系统、淡水生态系统、农田生态系统、海洋生态系统、城市生态系统等。这些都是旅游资源的构成要素,是旅游业开发的基础。

作为自然环境的这几个部分,构成了相互影响的整体(见图 9-3)。

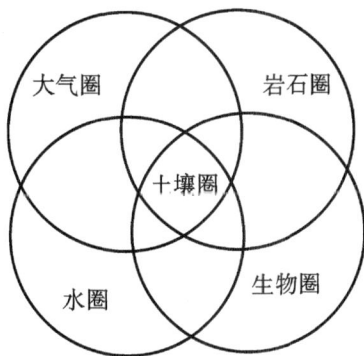

图 9-3 自然环境

(三)社会文化环境

社会文化环境是指长久以来人类社会所形成的社会结构、社会风俗和习惯、信仰和价值观念、行为规范、生活方式、文化传统、人口规模与地理分布等。不同的国家和民族因其文化背景不同,形成了不同的风俗习惯、宗教信仰、价值观念及生活方式。相较于不同地区的旅游者,这些都可以看作旅游资源,都对其具有吸引力。其中人口、社会风俗、价值观等对旅游业影响较为巨大。

1.人口因素

人口因素包含了年龄、性别、收入、职业、家庭规模、生命周期以及文化程度等因子。

近百年来,欧洲历经了二战过后的"婴儿潮",人口一度暴增,到后来逐渐回落,现在欧洲许多国家都鼓励人口生育,还有一些国家颁布了很多优惠的移民政策,希望保持正常的人口增长,以保证社会经济的正常运行。另外,欧美国家经济发展较早,收入和文化程度较之于发展中国家更高,旅游业起步较早,旅游形态较为成熟,旅游体系更加完善,旅游观念更为成熟。这些都是旅游资源开发的先决条件。

而亚洲一些国家,如中国、印度人口基数仍然巨大,人口密度大。但进入 21 世纪后,人口增长逐渐减缓,日本、中国开始步入老龄化社会,对整个社会结构产生了巨大影响。今后的旅游业将更加适应老龄化社会的需要。

旅游资源和旅游者是主体和客体的关系。在不盲目进行旅游资源开发的基础上,必须要先行考虑旅游者的旅游需要,有针对性地进行开发。

2.社会风俗

社会风俗也称为社会风俗习惯,是人们自发形成,并为社会大多数人经常重复的行为方式。社会风俗对人们行为的控制是非强制性的,是潜移默化的,是特定社会的产物,它与社会制度变革有密切关系。不同的国家地区、民族都有不同的社会风俗,主要通过节日娱乐、衣食住行、婚丧嫁娶等方面体现。

从节日方面来看,对西方国家影响较大的节日主要是圣诞节、复活节、感恩节等。圣诞节通过发圣诞卡、装饰圣诞树、吃苹果、吃火鸡等进行庆祝。不同地区的人们过圣诞节还会在饮食等方面表现出特异性。多数西方国家在复活节期间要举行盛大的游行,并且穿戴一新,把家里打扫干净,预示着新的开始。这两个节日都与西方宗教基督教有密切的关系。感恩节是美国的传统节日,主要流传于北美国家。感恩节旨在感谢生命中遇到的一些人和事。感恩节这一天,美国举国上下,热闹非凡,有许多戏剧表演、化装游行、体育比赛等。除了美国拥有自己的感恩节,加拿大、巴西、埃及、希腊等国家也拥有属于自己的感恩节,不同国家庆祝感恩节的习俗各有不同。中国的传统节日是清明节、端午节、中秋节、春节等。这些节日与中国的传统文化有关系。清明节是祭祖的重要节日,是为了宣扬孝道。端午节是为了纪念爱国诗人屈原而设立的节日。中秋节和春节则是合家团圆的节日。每个节日都有相应的饮食、娱乐纪念活动,这些也是国外旅游者最喜欢来中国感受东方文化的重要节日。

从衣食住行方面而言,不同的民族都有不同的特点,特别是少数民族地区,尤其体现在衣着和饮食方面。比如,我国的少数民族中的白族崇尚白色,服饰款式各地略有不同,以白色衣服为尊贵,多用绣花布或彩色毛巾缠头,穿白上衣、红坎肩,或是浅蓝色上衣,外套黑丝绒领褂,右衽结纽处挂"三须""五须"银饰,腰系绣花短围腰,下穿蓝色宽裤,足蹬绣花鞋。已婚者挽髻,未婚者垂辫于后或盘辫于头,都缠以绣花、印花或彩色毛巾的包头。在白族姑娘的头饰上,蕴含着一个大家非常熟悉的词语,它就是"风花雪月"。现今大多数白族聚居的大理一带,也是各国旅游者争相前往之地,并被众多媒体评为世界50个必去的旅游地之一。

婚丧嫁娶更是能体现一个地区、民族特点的风俗习惯。中西方在这些方面有很大的不同。在西方,这些习俗和宗教联系较紧密。因此在具体行为上,更能体现宗教特色和信仰。而中国婚丧嫁娶受民间传说影响较大,各少数民族更有极富特色的婚嫁方式。如土家族、藏族、彝族、壮族、撒拉族的"哭嫁",摩梭族的"走婚"等。简单的婚礼包含了这些民族的传统文化内涵,可对这些旅游资源深入挖掘,并以此为载体向旅游者展现其丰富的社会风貌和人文精神。

社会风俗是一个较为复杂的人文系统。随着社会的发展进步和民族大融合,一些风俗习惯渐渐揭开了其神秘面纱,并为世人所知晓和期待。一些节日庆典也不再局限于某一国家和地区,已成为全世界人们共同庆祝的节日。如春节在全世界的盛行,也象征了中华文化在全世界范围内的传播。而西方的情人节、圣诞节在东方盛行,也使得人们多了表达感情的机会和通道。

能够对旅游者产生吸引力的资源都可被称作旅游资源。旅游资源与吸引力之间存在一定的逻辑关系。一般认为旅游资源越丰富,越具有特异性,对旅游者的吸引力就更大。旅游资源所在的地理区位,是从宏观对旅游资源的开发条件进行分析。从这些方面,能够给旅游资源开发者以及旅游者提示,从而对旅游资源有大致的判断和综合分析。

3.价值观

价值观是基于人的一定的思维感官之上而作出的认知、理解、判断或抉择,也就是人认定事物、辨别是非的一种思维或取向,从而体现出人、事、物一定的价值或作用。价值观具有稳定性、持久性、历史性、选择性、主观性的特点。价值观对动机有导向作用,同时反映人们的认知和需求状况。不同环境背景下的旅游者具有不同的价值观,他们对于是否需要旅游、去哪里旅游、如何完成旅游等都有不同的认识和选择。如欧洲有些国家旅游者都形成度假的旅游意识,认为旅游就是放松身体,放松心情;亚洲一些发展中国家的居民,仍然选择走马观花式的旅游方式。如中国古代居民一般都很少远游,除了受当时社会条件的制约,在价值观方面,也有一些"父母在,不远游"的思想。而现在随着经济的发展和社会的进步,即便是春节这样全家团圆的节日,也有很多人选择举家出门旅游,用不同的方式共度春节。价值观对于人们的旅游需求和动机产生了很大影响,进而影响旅游资源的开发。

判断一个资源是否能运用于旅游业,最核心的要看该资源对旅游者的吸引力程度。因此要对该资源进行类型、结构、等级的评价。

二、旅游资源开发的资源条件

(一)资源类型

我国对旅游资源进行了分类,并且编有中国旅游资源分类表,几乎囊括了所有的资源类型,包含了8主类、31亚类、155个基本类型。其中的8主类和31亚类如表9-1所示。

表9-1　旅游资源分类

主类	亚类
A 地文景观	AA 综合自然旅游地
	AB 沉积与构造
	AC 地质地貌过程形迹
	AD 自然变动遗迹
	AE 岛礁
B 水域风光	BA 河段
	BB 天然湖泊与池沼
	BC 瀑布
	BD 泉
	BE 河口与海面
	BF 冰雪地
C 生物景观	CA 树木
	CB 草原与草地
	CC 花卉地
	CD 野生动物栖息地
D 天象与气候景观	DA 光现象
	DB 天气与气候现象
E 遗址遗迹	EA 史前人类活动场所
	EB 社会经济文化活动遗址遗迹
F 建筑与设施	FA 综合人文旅游地
	FB 单体活动场馆
	FC 景观建筑与附属型建筑
	FD 居住地与社区
	FE 归葬地
	FF 交通建筑
	FG 水工建筑

主类	亚类
G 旅游商品	GA 地方旅游商品
H 人文活动	HA 人事记录
	HB 艺术
	HC 民间习俗
	HD 现代节庆

(二)资源结构

资源结构是指各不同类型旅游资源的组合和比例关系。它不仅仅是各旅游资源在数量上的比例关系,还是各资源要素在空间和时间上的组合、搭配关系。所以资源结构是一种时空结构关系,同时也是立体结构。

1.空间结构

空间结构是旅游资源在空间上相互作用所形成的空间聚集程度及聚集状态,体现了旅游活动的空间属性和相互关系,是旅游活动在地理空间上的投影。旅游资源空间通常表现为点、线、面的空间组织关系,"点"即旅游资源分布地,旅游线路则是连接各资源点的通道,"面",即景点(景区)以空间斑块形式镶嵌于旅游目的地的地理基质上。国内外学者对于旅游资源空间结构有了很多研究,尤其是对具体的旅游地及空间结构模型得出了很多结论。如王硕等分析了甘肃省 162 家 A 级旅游景区的空间结构特征,提出了"区域集聚,线性分布"的空间结构模式;张锦河等对皖南旅游资源的空间分布形态以及空间网络结构的连通性、通达性进行了全面的分析;王恒等对大连市旅游景区空间结构和交通网络进行了研究。这些研究对象范围大到旅游地,小到旅游景点,都基本上遵循了研究方向和原则。

(1)密度。

一般而言,一个旅游地旅游资源越丰富,相对地理范围内资源密度较大,开发难度越小,对于游客的吸引力较大。对于旅游业而言,可以在一个区域范围内集中进行开发和产业布局,对于旅游景点(景区)的链接、组合也相对简单容易。对于旅游者而言,不用在旅游交通上花费太多时间和金钱就能在一个地区进行较为丰富的旅游活动,满足了游客的消费心理和休闲度假的需要。对于当地旅游业的发展和游客的满意度都能产生双赢的结果。

(2)均衡性。

旅游资源结构的均衡性是指资源等级的高低组合和优化配置。这是与资源密度密切相关的因素。资源密度与均衡性要协调一致。一般是从较大区域来进行研究。资源开发和产业发展往往遵循"以点连线""以线带面"的原则。"点"指的是重点,也就是等级较高或知名度较大或开发比较成熟的旅游资源,起着连接和辐射的作用。一个区域范围内的旅游资源也有轻重之分、高低之别。重点开发知名度大、等级较高的旅游资源,带动其他旅游资源的开发,进而形成有主有次、张弛结合的旅游节奏。因此,在对旅游资源空间均衡性进行判定时,也要对开发的先后顺序进行研究。

（3）连接度和通达度。

连接度分析旅游资源的空间分布状态,映射出旅游系统空间结构的一个方面,资源能否得到有效开发,旅游是否能科学组织,还取决于各资源的连通状况。连接度是表示交通网络的发达程度。通达度是衡量一个区域内旅游资源各节点间移动的难易程度,即每个旅游节点出发到其他节点的通畅程度,表征旅游资源点之间联系的快捷性。旅游资源进行开发,旅游产业进行布局,并且在对旅游线路进行组织中,往往进行环形的布局。通俗地说,就是让游客不走回头路。因此,连接度和通达度是重点考虑因素。首先,要看各旅游资源节点有无直接的交通线路,能不能实现客流的顺利流转。其次,能不能实现游客在各节点上以最少的时间和花费做最快的转移。这个取决于旅游资源所在地本身的交通基础状况,还要进一步考虑实现通达性的开发难度。

当然,在实际旅游资源开发中,除了密度、均衡度、连接度和通达度之外,还要根据实际情况因地制宜,增减一些考虑因素。

2.时间结构

从狭义上而言,时间结构主要指的是旅游资源在时间上的悠久程度。一般主要针对于人文类的旅游资源研究较多。旅游业本身是以文化为灵魂的产业,历史越悠久,所承载的文化信息越多,越经得起时间考验,越能延长旅游资源的生命周期。因此,一个地区如果有历史较为悠久的旅游资源,并且搭配现代的旅游辅助设施,以体现其文化精髓,让游客穿越般地感受从古至今的文化,这是旅游资源充分发挥其文化魅力、旅游产业开发的重要目标。

旅游资源本身在搭配上而言,人文和自然是相辅相成的。以自然资源类型为主的旅游区域,也收到当地人文氛围的影响,旅游业本身就是人为参与程度较高的产业。而以人文资源为主的,也须辅以自然风光作为调剂来提升游客的旅游感受。因此,无论是基于当今状态的旅游资源空间结构,还是基于古今的旅游资源时间结构,都是旅游资源开发必须考虑的重要条件。

（三）等级评价

在对旅游资源空间结构进行分析时,已经提到过均衡性的问题。里面涉及了关于资源的等级评价。中华人民共和国国家质量监督检验检疫总局在 2003 年发布了《旅游资源分类、调查与评价》中华人民共和国国家标准。该标准依据"旅游资源共有因子综合评价系统"赋分。本系统设"评价项目"和"评价因子"两个档次。评价项目为"资源要素价值""资源影响力""附加值"。其中"资源要素价值"项目中含"观赏游憩使用价值""历史文化科学艺术价值""珍稀奇特程度""规模丰度与几率""完整性"等 5 项评价因子。"资源影响力"项目中含"知名度和影响力""适游期或使用范围"等 2 项评价因子。"附加值"含"环境保护与环境安全"1 项评价因子。评价项目和评价因子用量值表示。资源要素价值和资源影响力总分值为 100 分,其中:"资源要素价值"为 85 分,分配如下:"观赏游憩使用价值"30 分、"历史科学文化艺术价值"25 分、"珍稀或奇特程度"15 分、"规模、丰度与几率"10 分、"完整性"5 分。

"资源影响力"为 15 分,其中:"知名度和影响力"10 分、"适游期或使用范围"5 分。"附加值"中"环境保护与环境安全",分正分和负分。每一评价因子分为 4 个档次,其因子分值相应分为 4 档。旅游资源评价赋分标准如表 9-2 所示。

表 9-2 旅游资源评价赋分标准

评价项目	评价因子	评价依据	赋值
资源要素价值（85分）	观赏游憩使用价值（30分）	全部或其中一项具有极高的观赏价值、游憩价值、使用价值	30～22
		全部或其中一项具有很高的观赏价值、游憩价值、使用价值	21～13
		全部或其中一项具有较高的观赏价值、游憩价值、使用价值	12～6
		全部或其中一项具有一般观赏价值、游憩价值、使用价值	5～1
	历史文化科学艺术价值（25分）	同时或其中一项具有世界意义的历史价值、文化价值、科学价值、艺术价值	25～20
		同时或其中一项具有全国意义的历史价值、文化价值、科学价值、艺术价值	19～13
		同时或其中一项具有省级意义的历史价值、文化价值、科学价值、艺术价值	12～6
		历史价值、文化价值、科学价值、艺术价值具有地区意义	5～1
资源要素价值（85分）	珍稀奇特程度（15分）	有大量珍稀物种，或景观异常奇特，或此类现象在其他地区罕见	15～13
		有较多珍稀物种，或景观奇特，或此类现象在其他地区很少见	12～9
		有少量珍稀物种，或景观突出，或此类现象在其他地区少见	8～4
		有个别珍稀物种，或景观比较突出，或此类现象在其他地区较多见	3～1
	规模、丰度与几率（10分）	独立型旅游资源单体规模、体量巨大；集合型旅游资源单体结构完美、疏密度优良级；自然景象和人文活动周期性发生或频率极高	10～8
		独立型旅游资源单体规模、体量较大；集合型旅游资源单体结构很和谐、疏密度良好；自然景象和人文活动周期性发生或频率很高	7～5
		独立型旅游资源单体规模、体量中等；集合型旅游资源单体结构和谐、疏密度较好；自然景象和人文活动周期性发生或频率较高	4～3
		独立型旅游资源单体规模、体量较小；集合型旅游资源单体结构较和谐、疏密度一般；自然景象和人文活动周期性发生或频率较小	2～1
	完整性（5分）	形态与结构保持完整	5～4
		形态与结构有少量变化，但不明显	3
		形态与结构有明显变化	2
		形态与结构有重大变化	1

评价项目	评价因子	评价依据	赋值
资源影响力(15分)	知名度和影响力(10分)	在世界范围内知名,或构成世界承认的名牌	10~8
		在全国范围内知名,或构成全国性的名牌	7~5
		在本省范围内知名,或构成省内的名牌	4~3
		在本地区范围内知名,或构成本地区名牌	2~1
	适游期或使用范围(5分)	适宜游览的日期每年超过300天,或适宜于所有游客使用和参与	5~4
		适宜游览的日期每年超过250天,或适宜于80%左右游客使用和参与	3
		适宜游览的日期超过150天,或适宜于60%左右游客使用和参与	2
		适宜游览的日期每年超过100天,或适宜于40%左右游客使用和参与	1
附加值	环境保护与环境安全	已受到严重污染,或存在严重安全隐患	-5
		已受到中度污染,或存在明显安全隐患	-4
		已受到轻度污染,或存在一定安全隐患	-3
		已有工程保护措施,环境安全得到保证	3

　　根据这些划分标准,把旅游资源单体分为一到五级五个等级。其中:五级旅游资源称为"特品级旅游资源";五级、四级、三级旅游资源被通称为"优良级旅游资源"。依据旅游资源单体评价总分,将其分为五级,从高级到低级为:五级旅游资源,得分值域≥90分;四级旅游资源,得分值域≥75~89分;三级旅游资源,得分值域≥60~74分;二级旅游资源,得分值域≥45~59分;一级旅游资源,得分值域≥30~44分;此外还有未获等级旅游资源,得分≤29分。二级、一级旅游资源被通称为"普通级旅游资源"。

三、旅游资源开发的市场条件

　　旅游资源开发的市场条件是以市场需求为导向对旅游资源开发进行评价。旅游业是以文化为载体、以经济为促力的产业,在不断挖掘其文化内涵的同时,也要注重开发其经济价值。

(一)游览价值

　　旅游资源的游览价值是旅游资源进行市场开发的先决条件。前文提到了旅游资源是对旅游者具有吸引力的资源,并且旅游资源等级越高,各方面的价值越高,对旅游者的吸引力也越大。但是,并不是所有吸引力越大的旅游资源就能够被用于旅游业开发,它还受到政治、科技、经济等方面因素的制约。如十多年前就已经被炒得沸沸扬扬的太空旅游、亚太空旅游,到现在虽然有些人成功实现了,但作为大众旅游产品仍然不够成熟。主要原因在于科技难题需要突破,另外成本太高也阻碍了太空旅游产品市场的进一步扩大。因此,旅游资源的游览价值主要指的是旅游资源质量的高低及其组合状况、地域组合状况。

1.旅游资源质量

旅游资源的质量主要通过其美学价值和历史文化价值来体现。美学价值主要描述自然旅游资源,历史文化价值主要用来描述人文旅游资源,各自侧重点不同。用现在旅游业内一句俗成的话说,就是"人无我有""人有我优""人优我特"。也可以说在同类型资源中,旅游资源的质量高低是一种比较优势。

2.资源的集群状况

有些旅游资源的质量或许很高,但是在某一定的区域范围内只是单一的景点,没有其他的景观相配合,无法形成相呼应的景观集群,也会大大降低其吸引力。在开发上,投入巨大,但是回收期太长或者投资回报率较低,缺乏开发条件,游览价值不大。

3.资源的地域组合状况

旅游资源所在的区域范围内最好不要有雷同的相近的旅游资源,否则缺乏比较优势。如果其在质量上还稍逊一筹,那么该旅游资源游览价值不大。因此,旅游资源要在一定区域范围内占据主导权或优先权。质量稍差,如果能先于其他同类资源开发,占据一定的市场,形成配套的旅游设施,那么其具有一定的开发价值。要么,就一定要以遥遥领先的质量优势进行市场拓展。

(二)客源市场条件

判断旅游资源是否具有开发价值时,要对其客源市场进行定位,科学预测。然后以此为基础,对客源市场进行分析。客源市场分析主要做以下几个方面的工作:

1.客源市场的位置

首先要求调查研究客源地的地理位置、与目的地的距离以及区域特征。客源市场太远会导致旅游花费减低,从而影响旅游者的旅游决策。客源市场太近太狭窄,旅游开发的经济价值较小。另外,客源市场的区域特征,也决定了旅游资源开发方向和布局。

2.客源市场的社会经济发展状况

一般而言,社会经济发展状况与旅游业的成熟程度呈正比。从全球来看,欧洲和北美是世界上经济最发达的两个区域,也是旅游业发展最好的区域。社会经济越发达,人们的社会保障越完善,闲暇时间越多,人们出游的机会更多、频率更高,消费水平也更高。因此,以经济水平较为发达的区域作为客源市场,其旅游资源开发的价值越大。

3.旅游者旅游消费行为特征

首先是:公众对旅游活动的态度和参与兴趣;客流量的季节性变化;旅游者的人口统计学特征,如年龄、性别、职业、受教育程度等。这部分内容往往是通过实地调查才能获得,这项工作既耗时又费钱,但却非常重要。其次是研究市场制约因素,如旅游产品空间竞争力、市场竞争态势等。最后,通过以上内容对客源市场的游客数量、人均消费、消费总值进行预测等,形成旅游资源的投资价值评估结论,以供进行旅游开发时参考。

(三)资源环境承载力

旅游资源承载力是在一定时间条件下、一定旅游资源的空间范围内的旅游活动能力,即满足游人的最低游览要求,包括心理感应气氛以及达到保护资源的环境标准,是旅游资源的物质和空间规模所能容纳的游客活动量。资源环境承载力强调了土地利用强度、旅游经济收益、游客密度等因素对旅游地承载力的影响,在内容上包括了资源空间承载量、环境生态承载量、经济发展承载量、社会地域承载量等基本内容,一个旅游地的旅游承载力是这些承载力的综合能力。

1. 资源空间承载量

资源空间承载量是指一定时间内旅游资源的特质和空间规模能够容纳的旅游活动量。同样是人文类旅游资源,主题公园能够承载较多的旅游活动量,修复起来也相对容易。而壁画石窟等旅游资源则由于其资源特点,能够容纳的活动量越小,资源的保护效果更好。

2. 环境生态承载量

环境生态承载量是指一定时间内旅游接待地区的自然环境所能承受的最大限度的旅游活动量。这种限度一旦被突破,旅游资源所处的自然环境就会被破坏。

3. 经济发展承载量

现代旅游是经济和社会发展到一定高度的产物,同时各国和国内各地的旅游接待能力受到当地的经济和社会发展水平的限制,这个限度就是旅游的经济发展的承载量。

4. 社会地域承载量

由于每个旅游接待地区的人口构成、宗教信仰、民情风俗和社会化程度不同,每个旅游地的居民与旅游者数量和行为方式也不相同。二者之间可能存在一个最大的容忍上限,这个限度则被称为社会地域承载量。

5. 感应氛围承载量

感应氛围承载量即游客的数量应限制在不破坏游兴的范围之内,否则就达不到旅游目的。

资源环境承载力是以往旅游业中最容易轻视的问题,但也是资源开发过程中和开发以后对旅游业影响较大的因素。就目前来看,在热点旅游景区的旅游旺季,往往会出现超出其最大承载力的旅游现象。这种状况,一方面对旅游资源的破坏十分巨大,得不偿失;另一方面,大大降低了旅游者的旅游感受,不满意程度增加。而旅游景点或旅游地具有生命周期,一般可以分为开发期、发展期、成熟期、衰退期。按照资源最大承载力内的指标进行旅游资源的开发和旅游者的接待,对资源的保护起了积极的意义,也可以延长其生命周期。从长远来看,这是防患于未然的最直接的方法和手段。

(四)目的地居民的接受程度

目的地居民的接受程度有的学者也用心理承载力进行描述。目的地居民对于当地旅游资源的开发如果采取积极态度,会对整个开发过程和以后的经营环境产生意想不到的效果。

如果目的地居民认为旅游资源的开发是有益处的,他们会切实地保护旅游资源,协助旅游资源开发工作,甚至献策献力,并且自觉抵制对旅游资源开发不利的行为。在某些旅游资源开发中,目的地居民的衣食住行、日常行为本身就是旅游资源。为了体现当地资源的原生态效果,不仅仅需要对硬件进行建设,还需要对目的地居民日常生活中所体现的传统文化进行开发保护。这就需要目的地居民的配合。只有真实的日常生活才能完美展现当地人文旅游资源的内在魅力。

但是现实情况是,由于旅游业的开展,旅游者的大量涌入,物价水平飞涨,公共设施供不应求,反而影响了当地居民的日常生活,大量的当地居民搬离原住地,使得整个旅游地有其外壳,少了灵魂,让旅游资源失色不少。更有甚者,在一些经济欠发达的地区,旅游业的开发变相称为一种资源掠夺。外来资本对当地资源进行开发,旅游业雇佣当地居民从事一些简单低薪的旅游岗位。这样的旅游资源开发既忽视对旅游资源的保护,也不重视对当地居民社会经济生活的长远发展,更多的是为了经济利益。这也引起了当地一些有识之士的反对,导致旅游业开发的重重矛盾。

第四节 旅游资源开发的模式

所谓旅游资源开发的模式,实际就是针对旅游资源的特点、优势和当地的经济社会发展状况,选择建设和开发的形式,根据区域资源品位、经济现状和开发潜力等条件,确定今后协调和发展的组织体系。由于旅游资源性质、规模、价值、区位条件及区域经济发达程度、文化背景、自然环境和社会条件等多方面因素的不同,利用的广度和深度不一,其开发模式也就不一样。旅游资源根据不同属性的分类、开发主体不同而分为不同种类的开发模式。

一、根据旅游资源品位的好坏分类

1.旅游资源丰富、区位条件良好的区域

丰富的旅游资源(人文或者自然旅游资源)提供了巨大的旅游吸引力,同时区位条件良好。依据当地条件开发模式主要选择的方面在于观光服务设施建设。这一类的旅游地一般旅客量比较大,主要考虑旅游总量的问题和旅客的观光感受。加大观光旅游和服务设施建设,丰富旅游活动行为结构,增加游客的购物、娱乐、演艺等休闲度假设施和项目,完善旅游服务功能和旅游活动行为结构,提升旅游档次。加大交通、住宿和餐饮的基础性消费建设力度;同时开发娱乐和休闲的消费内容,使不同的游客都能享受旅游的内容,从而显著拉动旅游产业发展,增加旅游综合收益。

以北京为中心的旅游区域即属于这种模式。北京的人文景观旅游资源十分丰富,如故宫、天坛、天安门广场、颐和园、长城、毛泽东纪念馆、雍和宫、明十三陵、清西陵胡同文化等。除深度开发的历史文化旅游项目以外,北京还有许多现代旅游项目,尤其在2008年奥运会后留下的奥运旅游资源,有着巨大的旅游吸引力,如鸟巢、水立方、奥林匹克公园等。同时,北京作为中国的首都,有着特别的旅游意义。依托历史文化遗产进行产业链的有效整合和延伸,深挖和激活北京综合性的旅游资源,采取大景区建设、大品牌营销、大要素配置等举措,大力建设充足的旅游接待设施(宾馆、道路、机场、厕所等),增加高等级旅游接待设施(大型会展中心、高档宾馆);优化城市基础设施和自然环境,提升和增加旅游资源质量与数量(如奥运遗产等),使旅游服务水平升级。将城市旅游与文化、休闲、娱乐、商业完整地结合在一起,促进文化与旅游产业的有机融合,形成北京地区最完善的文化旅游产业集群。从而大大提升了北京的旅游形象,使其始终成为吸引国内外游人的长盛不衰的旅游热点。

2.旅游资源丰富、区位较差的区域

这类旅游区域在开发过程当中要着重解决其交通条件和基础服务设施。这一类的旅游地如庐山、九寨沟、黄龙、雅鲁藏布江等。旅游资源较为丰富的地区,自然旅游资源非常具有优势,但是一般位于中西部地区,距离经济发达地区较远,辐射区域较小,同时交通条件不优越,限制了辐射的力度。一般以山区为旅游景点的区域因为自然条件的限制,其基础设施较为薄弱,无法建设较大规模的酒店、停车场、购物广场等。针对这种区域的开发模式主要有:加大宣传推广力度,增强外在形象的吸引力,使其成为国内外旅游的温点乃至热点;完善其交通条件,可以根据游客的主要来源地增加其公路和铁路的建设能力,加大其交通的辐射范围;同时在基础设施条件上,在不破坏自然环境的条件下加大住宿、停车场之类的建设;也可在景区稍近地

方加大基础设施建设,作为景区的一个临时过渡点,连接游客和景区,这样可使游客在旅途中可以得到充足的休息,进而得到较为舒适的旅游体验。

3．区位条件和旅游资源各有欠缺的区域

这一类景区应注意增建相应的人造景观,打造具有特色的现代化旅游产品,完善旅游活动行为结构,丰富旅游产品体系,并与毗邻地区开展旅游合作,以增强旅游区域的吸引功能。以深圳为中心的旅游区域即属于这种模式。深圳是改革开放以来新崛起的现代都市,毗邻港澳,区位颇佳,但原有自然和人文景观旅游资源匮乏。近几十年来,深圳着力打造并成功运营了以锦绣中华、中国民俗文化村、世界之窗、欢乐谷、东部华侨城和欢乐海岸等为代表的国内知名主题公园群,接待游客人数、销售额及经济效益等均位居全国各大城市首位,华侨城集团与美国迪士尼公司等位列全球旅游景区集团八强,成为亚洲唯一的入选者;不断完善多种旅游功能,旅游产品体系类型日益丰富,形成了"主题公园""都市风情""滨海休闲""高尔夫之都"等四大旅游特色;同时大力推进深港、深澳和广深珠区域旅游合作,深圳遂成为粤港澳旅游圈和整个南中国旅游圈大格局中的核心环节之一。如今,深圳已成为中国最重要的城市旅游目的地之一。

二、根据旅游资源开发的主体分类

1．政府主导模式

政府主导模式是指在旅游资源开发过程中,政府占主导的开发地位,社会或者旅游投资公司参与的一种开发模式。政府主导模式的主要表现为:①制定一个清晰实际的开发计划和目标。并按计划组织旅游开发公司和当地的居民进行开发,避免旅游资源的过度开发和环境的破坏。②对旅游资源地进行大规模的基础设施投资,优化旅游资源环境。基础设施对于旅游资源的开发是至关重要的,很多旅游资源得不到开发和利用就是因为政府对基础设施的投入不够或者没有充足的资金来投入。应加大基础设施的建设,完善旅游资源地区的交通、住宿和娱乐设施。③指定完善切合实际的的旅游规划政策,协调旅游管理当局和投资者的关系,营造和谐的旅游投资环境。④成立相关的旅游管理部门,对旅游资源进行管理和跟踪,有效保护旅游资源。

以政府为主导模式的旅游资源开发区域主要适用于生态资源开发区、休闲度假区以及对自然资源保护要求较高的地区。这种主导模式有利于旅游资源的统一规划和开发,有利于协调各方的关系,同时在资金筹措上也比较方便,有利于旅游资源区的快速开发,形成经济和社会效应。

2．公司主导模式

公司主导模式是指旅游公司在政府正确规划指导下对当地的旅游资源进行开发的模式。这种旅游公司一般是旅游企业和当地居民的股份公司,它不仅仅是一种公司更是当地旅游资源的相关利益者的联合。作为主导旅游资源开发的投资公司,必须要考虑到多方面的责任,既要考虑到公司的盈利能力,又要考虑到自己的社会责任,在追求公司利益的同时也要承担起对当地的社会责任。保护当地的旅游资源,避免过度开发,做到合理利用资源;保护当地的生态环境,避免出现生态危机;扩大当地居民的就业,促进当地居民的收入,提高当地的经济社会发展水平。因此这种公司主导的开发模式要处理好几种重要的关系:①资源开发和保护的关系。当地政府与旅游投资公司签订合同,规定责任和义务,避免公司在追求利润的同时忽视对环境

的保护,杜绝投资旅游公司的短期利己行为,防止掠夺性质的旅游资源开发行为。②资源开发和当地建设的关系。在旅游资源开发建设的过程中,处理好与当地的关系。因为在旅游资源开发时一定是和当地的居民社区发生联系的,因此要协调好与当地的关系。③资源开发和可持续发展的关系。依靠开发商充足的资金、技术和人才,利用较低的资源开发成本,取得较高的经济效益,而当地居民可以发挥自己当地的传统优势,使得旅游产业更加丰富多样,双方可以相互依存、相互发展,从而推动旅游产业的可持续发展。

这种旅游资源的开发模式比较适合于当地的经济发展较为落后、政府无法取得充足的资金进行开发的情况。但是这种开发模式需要征得当地政府对于经营权的许可,使得公司在较长的时间段内拥有旅游资源的经营权,从而避免短期行为。

3. 社区主导模式

社区指导模式一般是指当地的社区居民和旅游开发公司联合开发旅游资源的情况。通常情况下,社区基本上承担起了政府的角色,同时又是当地居民的代表,这就决定了在这种主导模式中,社区具有双重身份,既是参与者又是管理者。例如四川九寨沟自然保护区,在一定程度上是社区主导模式的典型。保护区管理局既具有行政单位的性质,又具有当地社区的性质。该区管理局在旅游发展过程中承担起了政府职责,负责景区内的生产、生活、文卫、治安和环境保护;成立了联合公司以更好地经营和保护旅游资源,居民也可以在社区的管理之下自主经营;修建综合服务中心,统一管理景区内的餐饮和购物,该服务中心股份管理局占到51%,当地居民占到49%。从旅游经营和开发上看,这种管理就是社区主导、居民参与的开发模式。

社区主导模式有着诸多意义:①有利于景区内旅游资源的统一规划和开发,能做到开发和保护的双重发展。②有利于景区内协调和处理旅游企业和社区居民的关系,构建和谐的旅游景区。③有利于旅游经济和环境的可持续发展。

三、根据旅游资源的属性分类

1. 自然旅游资源

自然类旅游资源是旅游资源的重要一类。针对自然旅游资源,开发模式主要的选择在于发展和保护并存。大多数的自然旅游资源多以设立自然保护区为主要的形式。自然旅游资源一旦造成破坏,则有无法挽回损失的独特性质,因此,进行旅游资源开发活动时,客观上要求开发速度减缓,经济收益不能成为该类旅资源开发的首要追求目标。针对自然保区的旅游开发,应当实施保护优先、选择性发展的适当规模模式。

(1)旅游资源开发可行性的评估。评估包括生态安全评价和旅游潜力分析,规划应当针对待评估的自然保护区的特殊性,得出旅游不可行报告或旅游可行报告。旅游可行报告中应当详尽描绘旅游资源开发的可行性部分,并作为未来开发的主要依据和指导方针。生态安全评价的任务是利用环境学、生态学、地理学、物学、统计学、管理学、社会学等多学科的综合知识,采用定量风险分析技术手段,预测、评价旅游资源开发对自然保护生态系统可能造成的损伤和对未来的影响程度。旅游潜力评价的内容主要是:调查可开发旅游资源,评估自然保护区旅游的市场价值和经济效益;着重预测市场的地域范围、客源数量、客源类型、客源消费水平以及市场的发展动态;特别是自然保护区大多客观存在可进入条件差、景区分散、空间距离远、生态极为脆弱的特点,旅游潜力评价应当详细分析开发旅游资源可能带来的投资风险。通过分析市场价值后,方可进行基于生态安全的旅游生态化设计,具体内容包括项目规划、基础设施建设、教育系统和公众参与项目。

（2）投资主体的选择。如果自然保护区的旅游投资主体选择不当,则其开发行为可能会对环境造成不可逆转的破坏。遴选出环境友好的旅游投资者更多地进入自然保护区开发,是目前自然旅游区必须重视的环节。使环境友好的旅游投资者的资金进入自然旅游区的开发,有利于合理调控区域内旅游投资导向,有利于吸引高水平的开发商进入自然旅游区;也有利于旅游经济从数量和速度为主向协调发展模式转变,有利于精品旅游产品的诞生,并最终形成良性反馈。

（3）基础设施的完善和建设。自然旅游资源如溪流、高山险峰等,在地势地貌上不利于基础设施的建设。基础设施的建设往往需要付出很大的经济成本,如登山的栈道、石阶、索道和盘山公路等,修建难度大,技术、安全性要求高,往往会付出比较大的经济建设成本。同时受困于地貌地势,在住宿、餐饮、娱乐设施上也无法保证大批量的人群使用,所以此类旅游资源需要科学计算出合适的游客规模,使得旅游基础设施得到充分利用又不至于超出承载力。

（4）科学有力的宣传。以当地的旅游资源为中心,突出特色,强化宣传。旅游经济在一定程度上是典型的"注意力经济"。宣传力度在一定程度上决定了旅游景区的知名度。可通过进行电视宣传、举办富有特色的节日活动等传统途径,也可利用移动终端设备等信息化手段来宣传本地的旅游资源。例如开发二维码自助导游系统,通过手机移动终端设备游览旅游景点及相关资源信息,借助智能化平台研发开放式景区自助导览、导游、导航、导购功能。设计符合具有吸引力的"微旅行"线路等,提升区内旅游资源的营销性和推广度。

2.历史文化和宗教类旅游资源

旅游业的发展使得越来越多的人重视历史文化资源的开发,期待历史文化资源在旅游市场中体现出它的经济价值。在开发过程中,应根据历史文化以及宗教类旅游资源的特点,确立主题,综合开发。

主题是历史文化资源开发的核心,其他工作的开展与创新都应围绕这个核心。主题是否体现出当地鲜明而独特的历史文化,是否具有强大的市场吸引力,是开发工作成功与否的关键。主题的塑造需要在对客源市场调查与遗产资源分析的基础上,突出本地历史文化特色,规避或减少重叠性的市场竞争,形成自己强大的竞争力。

充分了解旅游市场的需求状况,分析市场需求结构,掌握市场的发展趋势,并在了解竞争者的基础上进行竞争分析,突出本地历史文化的特色,避免文化的重叠竞争,进行市场细分,选定目标市场。同时进行资源分析,掌握自身的特色,确定恰当的旅游开发主题。

（1）对当地的旅游资源进行整合。历史文化资源的规模往往不大,大多保存得不够完整,单独的一处遗产很难完整地诠释出所要塑造的主题文化,因而需要若干遗产个体,通过在区域资源系统中相互间的关联和互补组合起来,产生组合吸引力,共同演绎主题。遗产的组合,依赖于特色线路的连接。一条与主题相符的特色线路能把各个景点的文化连接起来,能起到很好的过渡作用,让旅游者在不同的遗产地转换时没有很大的文化突兀,很自然地保持了各个遗产文化的连续性。各遗产地通过特色线路的连接,从不同角度展示主题文化,让旅游者从一个立体的、全方位的角度感悟主题。资源组合在一起,旅游者通过旅游活动项目的设置来强化对旅游需求的满足。旅游活动的开展是旅游者与历史遗产的直接对话,旅游者只有通过活动才能感受到历史遗产的艺术价值、历史价值、科学价值以及它所蕴含的反映所处时代方方面面的深层文化。历史文化资源的开发中,首先应保持资源的真实性和完整性,给旅游者一个真实、完整的历史写照。

（2）丰富相关的历史文化等活动来增加对旅游者的刺激。可以为旅游者提供更为丰富的信息,增加表演活动来通俗地演绎文化,增加与旅游者互动来丰富旅游者的亲身体验,增加虚拟科学技术来给旅游者创造一个仿真的历史环境。各种不同活动的互补,全面大量的信息,连续不断的兴奋点,将给旅游者以全面的感官冲击,制造出令人难忘的旅游经历。

（3）营造丰富的资源、多样的氛围。一个恰当的氛围不仅给历史文化资源的展示、旅游活动的开展提供一个良好的背景环境,更有助于旅游者融入景区环境,体验历史文化资源的内涵文化。一个良好氛围的营造要通过改善和优化自然环境、人文环境、管理环境、服务环境来实现。历史文化资源周围的自然环境应得到有效的保护,使得自然环境与历史文化资源相得益彰。人文环境的营造应围绕着历史文化资源的主题文化来展开,建筑、摆设、饰物等都应有利于文化氛围的烘托,应避免周围现代化人文建筑破坏整体意境。

（4）建立高素质的管理队伍,实施科学的管理手段,提供完善的服务。既要保证历史遗产的保护,又要深层次挖掘历史遗产的内涵,为旅游者提供人性化服务,使其拥有一个高质量的旅游经历。

3. 休闲类旅游资源

都市休闲类旅游资源已成为现代旅游资源中重要的一类,随着经济收入的增长和对舒适度的追求,休闲类旅游资源已成为闲暇时人们重要的旅游方向。休闲观光旅游成为当下的旅游风潮。这类旅游资源在开发过程中利用自身特色,追求对游客更好的旅游体验。休闲观光旅游开发模式主要体现在下述几个方面:

（1）利用不同的资源,依托资源的特质,开发具有一定竞争力的休闲观光农业旅游品牌,实行专业化、品牌化、规模化经营方式。例如在杭州各区及周边市、县,形成了系列专业化城乡休闲观光农业旅游品牌,使传统农业资源和生态、自然、休闲、观光、采摘、体验、考察、科普、教育等内容与旅游市场进行了恰当的对接。

（2）利用农村地区自然风景和良好的生态条件,开展形式丰富的农村类旅游。主要依托旅游景点、生态优势或民俗风情,结合新农村建设,建立以"农家乐"为主要形态的乡村特色旅游。同时,充分利用农家庭院、农家生活和乡村文化,开展以"吃农家饭、住农家屋、干农家活、享农家乐"为主题的休闲、娱乐、体验活动,为游客提供餐饮、品茗、避暑、度假等服务。

（3）在发展休闲式旅游过程中,应该扩大经济收益来源,使得旅游资源进入良性循环。充分挖掘农产品研发和加工能力强、市场活跃、商务会展业发达的优势,依托农业龙头企业或特殊设计的农产品交易市场,借助各类农产品博览会和多种形式的以农业资源为依托的节庆活动,创造商机、吸引游客、宣传品牌、带动消费,把乡村旅游和经贸活动有机结合起来。上述各类休闲观光农业旅游单位均能利用当前农业经贸活动,积极参与各类农产品交易会、博览会等,并通过挖掘当地特有的节日、节庆活动,开展休闲观光农业旅游的市场推介活动,扩大市场的影响力和竞争力。

4. 革命纪念类旅游资源

革命纪念类旅游资源是近现代形成的具有历史和纪念意义的旅游资源,这一类旅游资源能激发游客对革命历史的怀念和思考。其在开发过程中的模式选择主要有以下几方面。

（1）确立主题和市场。革命纪念旅游产品开发的要素主要有主题、资源、市场。开发的核心是围绕主题的整合与创新进行的,主题是核心和灵魂,这是其成功与否的关键。创立主题的根本目的就是为了避免或减少旅游市场的恶性竞争,实现合理、有序的市场分割。资源是开发的基础,无论是对资源评价或是产品转化,都是为主题立意服务的,这种主题立意的核心点就是资源的特性和特色;市场则是开发的导向,而基于市场空间的竞争合作与游客需求分析,则是引领市场潮流的弹性产品和依据游客需求趋势设计的产品的选择导向与依据。通过整合与创新旅游地的自然地理背景、历史文化传统、社会心理积淀、经济发展水平等内外环境因素,从多样的旅游对象中依据市场导向,充分考虑外部时空组合,划分具有针对性、独特性的形象和内容来具体围绕主题设计旅游产品。这就是红色旅游产品开发的基本框架。

(2)创新旅游讲解模式。革命旅游景区的解说系统绝大部分以文字、图片录音、视频等为主要形式,但由于篇幅和容量巨大,而且多数为静态展示,旅游者要获得个性化的服务和丰富的信息,真正"读懂"革命文化的精髓,"品出"革命旅游的味道,又离不开讲解员的向导式解说。然而大部分革命旅游景区讲解员的讲解形式单调、内容贫乏,与游客的互动与交流较少,游客与讲解员之间有着一定的心理距离,游客只能是"走马观花",难以在短时间内了解更多感兴趣的信息。讲解员在宣讲过程中既要保持革命旅游解说严肃性的基调,又要营造轻松和谐的旅游氛围,将严肃性与趣味性有机结合,传递出革命文化的内涵与精髓,可以将歌曲、舞蹈、民谣、短剧、快板、小品等曲艺形式与革命旅游的宣讲融为一体,采取动与静、娱乐与教育结合的讲解方式。

(3)利用新技术辅助旅游资源的开发。科技是第一生产力,科技也是革命旅游产业发展的助推器。在旅游资源开发与展示方面,革命旅游资源深厚的文化底蕴必须通过一定手段进行展示,而新兴科技成果的大量运用有助于使抽象文化变成实体,使旅游体验更为深刻,可采用高科技声、光、电技术,用艺术文化形式反映真实的历史事件,给游客带来丰富的感官体验。例如,井冈山斗争全景画声光电影示馆提出"红色经典,现代表述"的设计理念,采用高科技,真实地反映了井冈山斗争时期三湾改编、大井练兵、茨坪安家、井冈山会师、八角楼灯光、龙源口大捷、黄洋界保卫战和挺进赣南闽西等重大历史场景,形象、直观、生动地展示了20世纪二三十年代五百里井冈秀丽山川。走进井冈山斗争全景画声光电影示馆,恍如穿越80年时空,置身于雄浑苍茫的群山之中,亲身领略井冈山斗争史上的波澜壮阔,体验到"五百里井冈山尽现眼底,八十年前烽火再现眼前"的真实情景,给游客强烈的视觉冲击。声、光、电等现代科技手段的使用,刺激了游客感官,加深了旅游体验程度,迎合了市场求奇需求。

参考文献

[1]郭来喜,吴必虎.中国旅游资源分类系统与类型评价[J].地理学报,2000,55(3):294-301.

[2]席守诚.中国地理环境与自然资源[M].北京:中国科学技术出版社,1992.

[3]李兰维.对旅游资源的认识与评价[J].国土与自然资源研究,1990(2):54-55.

[4]陈燕声.中国旅游资源[M].武汉:武汉大学出版社,2013.

[5]石金莲.旅游资源开发与利用[M].北京:中央广播电视大学出版社,2011.

[6]刘长凤,林占生.中国旅游景观赏析[M].北京:化学工业出版社,2013.

[7]王力峰.省域生态旅游资源分类与评价研究[M].桂林:广西师范大学出版社,2012.

[8]于德珍,李核隆,聂绍芳.观赏植物与旅游[J].湖南林业科技,2001,28(4).

[9]苗雅杰,孟伟.中国旅游地理[M].北京:中国物资出版社,2013.

[10]李娜.自然保护区植物旅游资源分类与评价研究[D].北京:北京林业大学,2011.

[11]郭华瑜,张彤.紫禁城与凡尔赛——东西方绝对君权体制下的宫殿建筑比较[J].华中建筑,2001(1).

[12]金寿福.古代埃及人的来世观念与王陵内外部构造的关系[J].学术研究,2005(10).

[13]张维.名人故居旅游文化资源的保护[J].云南大学人文社会科学学报,2001(6).

[14]王学理,秦勇.秦始皇陵工程与兵马俑从葬坑浅探[J].人文杂志,1980(1).

[15]秦红岭.论名人故居的人文价值与保护原则[J].建筑文化,2011(7).

[16]魏俊益.都江堰市观光旅游产品的优化探讨[J].社会科学家,2004(4).

[17]苗长虹,陈德广,李学鑫.旅游资源开发研究——以河南省为例[M].北京:科学出版社,2013.

[18]建宏.旅游地服务产业的绿色化[N].中国旅游报,2006-06-23(6).

[19]王梦奎.中国现代化进程中的两大难题:城乡差距和地区差距[J].农业经济问题,2004(5).

[20]陈福义,范保宁.中国旅游资源学[M].北京:中国旅游出版社,2003.

[21]陈红岭.论民俗旅游——兼论梓北民俗旅游长廊的开发[D].南宁:广西大学,2003.

[22]马耀峰,宋保平,赵振斌.旅游资源开发[M].北京:科学出版社,2005.

[23]陶思炎.略论民俗旅游[J].旅游学刊,1997(2).

[24]邓永进,薛群慧,赵伯乐.民俗风情旅游[M].昆明:云南大学出版社,1997:36-37.

[25]高晶.山西民俗旅游资源开发[D].太原:山西财经大学,2008.

[26]肖自心.旅游资源与开发[M].长沙:中南大学出版社,2005.

[27]赵序,樊光华.中外民俗[M].桂林:广西师范大学大学出版社,2015.

[28]张吉献,李伟丽.旅游资源学[M].北京:机械工业出版社,2015.

[29]张侠.都市旅游发展与政府职能研究[D].武汉:华中师范大学,2009.

[30]李柏文,田里.中国小城镇旅游研究综述[J].旅游论坛,2009(05):678-684.

[31]唐顺英.长春都市旅游发展研究[D].长春:东北师范大学,2002.

[32]熊伟.重庆都市旅游研究与开发[D].重庆:重庆师范大学,2003.

[33]黄菡.大中城市边缘小城镇旅游开发研究[D].厦门:厦门大学,2008.

[34]雷晚蓉.乡村旅游资源开发利用研究[M].5版.长沙:湖南大学出版社,2012.

[35]易金.乡村旅游资源评价与产品开发研究[D].济南:山东大学,2007.

[36]尹占娥,殷杰,许世远.上海乡村旅游资源定量评价研究[J].旅游学刊,2007,22(8):59-63.

[37]胡静,许贤棠,谢双玉.论乡村旅游资源的可持续开发利用[J].农业现代化研究,2007(6):
723-726.

[38]陈文君.都市农业旅游与都市可持续发展研究——以广州为例[J].经济地理,2005,25
(6):915-919.

[39]税伟,陈烈,王山河.城市化与城市近郊乡村旅游开发研究——以成都邛崃市鹤鸣村为例
[J].地理与地理信息科学,2005,21(3):97-100.

[40]国权.上海农业旅游现状与发展对策刍议[J].上海党史与党建,2005(9):53-54.

[41]吴必虎,李咪咪,黄国平,中国世界遗产地保护与旅游需求关系[J].地理研究.2002(9).

普通高等教育"十四五"旅游与饭店管理及会展策划与管理专业系列教材

该系列教材所涉及专业

旅游管理专业	旅行社管理专业
休闲旅游专业	导游专业
饭店管理专业	烹饪专业
餐饮管理与服务专业	会展策划与管理专业

拟出版教材名称

(1)旅游学概论	(24)餐饮服务与管理	(47)会展概论
(2)旅游法规	(25)康乐服务与管理	(48)展台展示设计
(3)中国旅游文化	(26)饭店财务会计	(49)会议策划与管理
(4)旅游资源学	(27)饭店信息化系统管理	(50)展览会策划与管理
(5)旅游美学	(28)饭店实用英语	(51)奖励旅游策划与管理
(6)旅游经济学	(29)酒水知识与吧台实务	(52)节事活动策划与管理
(7)旅游地理	(30)宴会设计	(53)会展场馆经营与管理
(8)旅游心理学	(31)食品营养与卫生	(54)会展市场营销
(9)旅游统计学	(32)厨房管理	(55)展览实务
(10)旅游会计	(33)餐饮成本控制	(56)会展英语
(11)旅游企业财务基础知识	(34)饮食养生	(57)会展电脑设计
(12)旅游市场营销	(35)烹饪原料学	(58)休闲学概论
(13)旅游区开发与规划	(36)烹调工艺学	(59)城市游憩学
(14)旅游公共关系	(37)烹饪化学	(60)度假区开发与管理
(15)旅游服务礼仪	(38)烹饪营养学	(61)娱乐与休闲场所经营与管理
(16)旅行社经营与管理实务	(39)烹饪卫生学	(62)景区与主题公园管理
(17)导游基础	(40)烹饪工艺美术	(63)邮轮游艇管理与服务
(18)导游业务及实训教程	(41)中国饮食文化	(64)度假饭店管理与服务
(19)客源国概况	(42)烹饪设备器具	(65)高尔夫球场管理与服务
(20)旅行社电子商务	(43)面点工艺学	(66)温泉度假区管理与服务
(21)旅游英语	(44)西餐厨艺	(67)文化遗产管理
(22)饭店管理概论	(45)中餐厨艺	(68)世界自然文化遗产
(23)前厅客房服务与管理	(46)烹饪英语	(69)旅游景区管理

欢迎各位老师联系投稿或索取相关课件资源!

联系人:李逢国

手机:15029259886　　办公电话:029—82664840

电子邮件:1905020073@qq.com　lifeng198066@126.com

QQ:1905020073(加为好友时请注明"教材编写"等字样)

图书在版编目(CIP)数据

旅游资源学/唐云松主编. —西安:西安交通大学
出版社,2017.1(2025.8 重印)
ISBN 978 - 7 - 5605 - 9349 - 4

Ⅰ.①旅…　Ⅱ.①唐…　Ⅲ.①旅游资源—高等
学校—教材　Ⅳ.①F590

中国版本图书馆 CIP 数据核字(2017)第 007016 号

书　　名	旅游资源学	
主　　编	唐云松	
责任编辑	李逢国	
出版发行	西安交通大学出版社	
	(西安市兴庆南路 1 号　邮政编码 710048)	
网　　址	http://www.xjtupress.com	
电　　话	(029)82668357　82667874(市场营销中心)	
	(029)82668315(总编办)	
传　　真	(029)82668280	
印　　刷	西安日报社印务中心	
开　　本	787mm×1092mm　1/16　**印张** 10.5　**字数** 262 千字	
版次印次	2019 年 1 月第 1 版　　2025 年 8 月第 4 次印刷	
书　　号	ISBN 978 - 7 - 5605 - 9349 - 4	
定　　价	35.00 元	

如发现印装质量问题,请与本社市场营销中心联系。
订购热线:(029)82665248　(029)82667874
投稿热线:(029)82664840
读者信箱:xj_rwjg@126.com